贸易政策不确定性与中国经济波动的理论与实证研究

◆ 车 明 褚祎鹤 李雨佳／著

西南财经大学出版社
中国·成都

图书在版编目(CIP)数据

贸易政策不确定性与中国经济波动的理论与实证研究/车明,褚祎鹤,李雨佳著.—成都:西南财经大学出版社,2023.8
ISBN 978-7-5504-5860-4

Ⅰ.①贸… Ⅱ.①车…②褚…③李… Ⅲ.①中国经济—经济波动—研究 Ⅳ.①F124.8

中国国家版本馆 CIP 数据核字(2023)第 132307 号

贸易政策不确定性与中国经济波动的理论与实证研究
MAOYI ZHENGCE BU QUEDINGXING YU ZHONGGUO JINGJI BODONG DE LILUN YU SHIZHENG YANJIU
车　明　褚祎鹤　李雨佳　著

责任编辑:李思嘉
责任校对:李　琼
封面设计:墨创文化
责任印制:朱曼丽

出版发行	西南财经大学出版社(四川省成都市光华村街55号)
网　　址	http://cbs.swufe.edu.cn
电子邮件	bookcj@swufe.edu.cn
邮政编码	610074
电　　话	028-87353785
照　　排	四川胜翔数码印务设计有限公司
印　　刷	成都市火炬印务有限公司
成品尺寸	170mm×240mm
印　　张	12.25
字　　数	203 千字
版　　次	2023 年 8 月第 1 版
印　　次	2023 年 8 月第 1 次印刷
书　　号	ISBN 978-7-5504-5860-4
定　　价	78.00 元

1. 版权所有,翻印必究。
2. 如有印刷、装订等差错,可向本社营销部调换。

前言

当时间进入21世纪的第三个十年,世界经济面临着巨大的不确定性挑战。各种黑天鹅事件不断出现,给各国经济的外部环境带来持续性冲击。单边主义与贸易保护主义思潮上升,带来全球经济治理体系发生深层次调整,动荡与变革的加剧正逐渐形成百年未有之大变局。外部经济环境不确定性的增强必然带来贸易政策的不确定性,给全球的分工体系带来深远影响。在当今的国际贸易体系下,地区之间、国家之间贸易摩擦日益加剧,特别是中美之间以加征关税为主要措施的贸易争端仍在持续,推动资本在国家间的转移与流动,第二次世界大战后所逐渐形成的产业链与价值链格局正经历着深层次结构性的变化。

然而,中国、美国作为全球经济总量前两位国家,在经济上实现脱钩是不现实的。虽然经济摩擦在持续加剧,政策的不确定性在加强,但双边贸易仍在向前发展。2022年的数据显示,中美两国的货物贸易总额达6 906亿美元,创下新的历史纪录。因此,在此背景下,以中美贸易摩擦的基本事实为基础,研究贸易政策不确定性及其宏观经济效应的现实意义逐渐凸显。本书不但有助于更深入地理解贸易政策不确定性自身的特点及其与宏观经济运行间的关系,而且能为评估本次中美贸易摩擦对中国未来宏观经济所产生的影响提供决策依据。

本书主要结构如下:第1章内容为绪论,阐述了本书的研究背景、意义、内容、方法、创新与研究不足等内容。第2章的文献综述分别梳理了贸易政策的不确定性对国际贸易、企业经营行为以及其他方面的影响的现有研究,并对相关文献进行了简要评述。第3章通过对比分析法研究贸易政策不确定性的测度方式,并为后文研究内容奠定基础。第4章构建了包含贸易政策不确定性、工业增加值增长率、汇率和资本账户政策不确定性的结构向量自回归模型,探讨贸易政策不确定性和经济波动之间的因果关系。第 5 章构建了包含异质性企业的开放 DSGE 模型来模拟本次中美贸易摩擦对宏观经济运行的影响，分析其所产生的经济波动效应，探讨贸易政策不确定性冲击的主要传导机制。第 6 章构建了一个混合 TVP-SV-VAR 模型分析中国贸易政策不确定性冲击所产生的时变影响。第 7 章对前文的相关研究内容进行了总结，得出本书的研究结论，并提出相关可行性建议。

　　本次研究主要得到以下几点结论：①"不确定性指数法"能够较好地反映此次中美贸易摩擦过程中两国的贸易政策不确定性，且丰富的时变性质还能够体现一段时期内经贸关系紧张与缓和的交替变化；②在通过内生性识别后发现，贸易政策不确定性是中国宏观经济波动的一个原因而非结果；③理论分析贸易政策不确定性对宏观经济运行冲击的传导机制是新厂商的进入与旧厂商的退出；④实证分析显示贸易政策不确定性冲击会导致宏观经济下行，具体而言，宏观经济景气指数会出现一个"驼峰状"的负向偏离，而且对工业增加值同比增长率的负面影响最大。

　　因此，本书主要的政策建议如下：①国家应当加强对贸易政策不确定性的监测，并及时公开相关信息，为企业经营决策提供参考依据；②优化进出口企业营商环境，加强数据流动与信息收集，建立市场化的退出机制，利用多方举措来降低企业经营的沉没成本；③扩大内循环体系，构建国内国际双循环新发展格局，提高宏观经济运行抵御贸易政策不确定性负向冲击的能力；④加强跨周期政策设计，减弱本国贸易政策不确定性。

笔者
2023 年 2 月

目录

1 绪论 / 1
　1.1 研究背景与研究意义 / 1
　　1.1.1 研究背景 / 1
　　1.1.2 研究意义 / 5
　1.2 研究内容与研究方法 / 6
　　1.2.1 研究内容 / 6
　　1.2.2 研究方法 / 9
　1.3 研究创新与不足 / 12
　　1.3.1 研究创新 / 12
　　1.3.2 研究不足 / 13

2 文献综述 / 14
　2.1 贸易政策不确定性的理论研究 / 14
　　2.1.1 贸易政策不确定性的作用机制 / 14
　　2.1.2 贸易政策不确定性的测度方式 / 17
　　2.1.3 关于贸易政策不确定性理论研究的文献述评 / 18
　2.2 贸易政策不确定性的实证研究 / 20
　　2.2.1 贸易政策不确定性对国际贸易的影响 / 20

2.2.2　贸易政策不确定性对企业经营行为的影响 / 22
　　　2.2.3　贸易政策不确定性的其他影响 / 24
　　　2.2.4　关于贸易政策不确定性实证研究的文献述评 / 26
2.3　**内生不确定性的相关研究** / 27
　　　2.3.1　从理论角度解释不确定性来源的相关研究 / 27
　　　2.3.2　从实证角度探讨不确定性内生性的相关研究 / 30
　　　2.3.3　关于内生不确定性研究的文献述评 / 32
2.4　**其他经济政策不确定性的影响研究** / 32
　　　2.4.1　从整体视角分析经济政策不确定性的影响 / 32
　　　2.4.2　财政政策不确定性的影响 / 36
　　　2.4.3　货币政策不确定性的影响 / 38
　　　2.4.4　关于其他政策不确定性影响研究的文献述评 / 40
2.5　**本章小结** / 41

3　贸易政策不确定性测度方式的分析与比较 / 43

3.1　**贸易政策不确定性测度方式的研究现状** / 43
3.2　**"关税测量法"与现实情况的比较分析** / 45
　　　3.2.1　"关税测量法"的基本思想与测度方式 / 45
　　　3.2.2　与现实情况的比较分析结果 / 47
3.3　**"不确定性指数法"与现实情况的比较分析** / 52
　　　3.3.1　"不确定性指数法"的基本思想与测度方式 / 52
　　　3.3.2　与现实情况的比较分析结果 / 54
3.4　**"随机波动率法"与现实情况的比较分析** / 57
　　　3.4.1　"随机波动率法"的基本思想与测度方式 / 57
　　　3.4.2　与现实情况的比较分析结果 / 59
3.5　**本章小结** / 62

4 贸易政策不确定性的内生性识别 / 64

4.1 贸易政策不确定性因果关系的研究现状 / 64
4.2 识别策略与结构冲击约束集 / 67
  4.2.1 识别策略 / 67
  4.2.2 结构冲击约束集 / 68

4.3 实证分析 / 73
  4.3.1 数据来源 / 73
  4.3.2 内生性识别结果 / 74
  4.3.3 方差分解 / 77
  4.3.4 唯一解 / 78

4.4 稳健性检验 / 81
  4.4.1 改变滞后阶数 / 81
  4.4.2 改变经济波动的衡量方式 / 84

4.5 本章小结 / 87

5 贸易政策不确定性影响宏观经济运行的理论分析 / 89

5.1 基于DSGE模型对贸易政策不确定性研究的现状 / 89
5.2 构建DSGE模型 / 90
  5.2.1 家庭 / 91
  5.2.2 最终品生产商 / 92
  5.2.3 零售商 / 93
  5.2.4 批发商 / 94
  5.2.5 资本品生产商 / 95
  5.2.6 在位中间品生产商 / 96
  5.2.7 新进入的中间品生产商 / 98
  5.2.8 政府部门 / 99

        5.2.9 加总变量与宏观均衡 / 100
　5.3 参数校准 / 101
        5.3.1 校准核心参数 / 102
        5.3.2 校准其他参数 / 106
　5.4 数值模拟 / 107
　5.5 传导机制分析 / 110
        5.5.1 新厂商进入 / 111
        5.5.2 名义粘性 / 112
        5.5.3 商品偏好 / 113
        5.5.4 消费习惯 / 114
        5.5.5 投资调整成本 / 115
　5.6 本章小结 / 116

6 贸易政策不确定性影响宏观经济运行的实证分析 / 118
　6.1 贸易政策不确定性与宏观经济运行的研究现状 / 118
　6.2 中国宏观经济运行的基本事实描述 / 119
        6.2.1 宏观经济整体运行情况的基本事实描述 / 120
        6.2.2 宏观经济具体指标的基本事实描述 / 121
　6.3 实证设计与数据来源 / 126
        6.3.1 贸易政策不确定性冲击的识别策略 / 127
        6.3.2 稳健性检验 / 130
        6.3.3 数据来源 / 131
　6.4 实证结果 / 131
        6.4.1 脉冲响应结果 / 131
        6.4.2 预测误差方差分解结果 / 133
        6.4.3 稳健性检验结果 / 134

6.5 时变视角下贸易政策不确定性冲击的影响分析 / 136
    6.5.1 混合 TVP-SV-VAR 模型 / 137
    6.5.2 选择最优模型设置 / 138
    6.5.3 混合 TVP-SV-VAR 模型估计结果 / 141

6.6 本章小结 / 145

7 研究结论与政策建议 / 148
7.1 研究结论 / 148
7.2 政策建议 / 150

参考文献 / 152

附录 / 167
  附录 A 贝叶斯估计 / 167
    A.1 贝叶斯估计的基本思想 / 167
    A.2 贝叶斯估计的相关概念 / 168
    A.3 运用贝叶斯方法估计 VAR 模型中的参数 / 170
  附录 B 结构向量自回归（SVAR）模型 / 171
    B.1 从向量自回归（VAR）到结构向量自回归（SVAR） / 171
    B.2 结构向量自回归（SVAR）的识别问题 / 172
    B.3 与本书相关的冲击识别方法 / 173
  附录 C 中间品生产商最优决策方程 / 179
  附录 D 高阶近似与剪枝算法 / 183
    D.1 二阶近似剪枝算法 / 183
    D.2 三阶近似剪枝算法 / 184

1 绪论

1.1 研究背景与研究意义

1.1.1 研究背景

在改革开放以来的40余年里，中国经济快速发展，与此同时，中国积极参与全球经济一体化的发展。随着国际分工中参与程度的不断加深，中国在国际市场中的影响力和重要性也在不断增强。世界贸易组织（WTO）的数据显示，中国是2018年进出口总量排名世界第一的国家，进出口总额达4.62万亿美元，出口额达2.49万亿美元，约占全球出口总额的12.8%。在出口部门取得良好表现的同时，中国经济对于世界市场表现出较强的依赖性。虽然中国对外贸易依存度在2006—2014年整体处于下降趋势，但2015年以来，下降幅度明显减小。2018年中国外贸依存度约为33.7%，出口依存度约为18.1%，进口依存度约为15.6%。这些比例虽然不算很高，但考虑到中国13.6万亿美元的经济体量，进出口对于中国经济增长的贡献仍十分重要。

加入WTO有力地促进了中国融入全球贸易体系的进程。WTO的数据显示，在加入WTO之后的十年中，中国出口额的年平均增长率为22.7%，而在1992—2001年的十年中，中国出口额的年平均增长率为14.5%。可见，加入WTO前后，中国的出口额出现了巨大的变化。解释这一现象的传统观点认为，中国加入WTO使得中国商品面临的贸易壁垒显著降低，从而促进了出口。近年来，随着经济学研究的推进，一些学者试图从贸易不确定性（trade policy uncertainty，即贸易政策发生变化的可能性）降低的角度对该现象进行解释。Handley 和 Limão（2017）利用2000—2005年中国对美国出口数据对中国出口额大幅增长问题进行研究，发现在中国加入WTO前后，中国商品所面临的美国贸易壁垒基本保持不变，中国对美国出口大幅增长归因于在加入WTO之后，中国所面对美国贸易政策不确定性的减弱，这种政策不确定性减弱所产生的促进效应足以解释2000—2005年中国对美国出口增长三分之一。此外，其他国内外文献的研究结果也表明，贸易政策不确定性对于中国的产品出口具有显著影响。

虽然贸易政策不确定性的减弱有效地增加了中国出口额，促进了中国经济增长，但贸易政策不确定性却并非一直呈现下降的趋势，尤其是在2008年金融危机之后，各国政府采取各种措施来阻止本国经济下滑，这也让人们普遍担心未来可能发生贸易战（Limão & Maggi，2015）。美国前总统特朗普上台执政之后，坚持奉行所谓的"美国优先"政策，退出跨太平洋贸易伙伴协定（TPP），同时提高部分商品的进口税率，挑起与其他国家的贸易摩擦。除美国贸易政策改变外，日本将韩国排除出贸易优惠"白名单"，引起了亚洲内部贸易摩擦，欧盟贸易政策环境由于英国"公投脱欧"而变得不再稳定，南美个别国家政局不稳也增强了潜在的贸易政策不确定性。

在导致全球贸易政策不确定性增强的各个事件中，中美贸易摩擦无疑和中国的关系最为密切，由于美国是中国的第一大贸易伙伴，此次中美贸易摩擦势必会对中国的宏观经济运行产生一定影响，如果同时考虑到中美两国2018年经济总量占全球经济总量的39.1%，中美贸易摩擦也是影响世界经济走势的重要事件。本次中美贸易摩擦自2018年3月22日美国前总统特朗普签署备忘录对中国商品大规模征收关税起，至2020年1月15日两国签署阶段性协议结束，历时近两年，其间部分关键事件及发生时间如表1.1所示。

表1.1　中美贸易摩擦期间影响两国经贸关系的关键事件

日期	事件性质	事件描述
2018.3.22	关税威胁	美国宣布将会对中国商品加征关税
2018.4.4	关税威胁	美国公布第一批加征关税清单，涉及商品总额约500亿美元
2018.5.3	贸易谈判	第一轮中美经贸磋商在北京举行
2018.5.17	贸易谈判	中美全面经济对话中方牵头人刘鹤受邀率队赴美磋商

表1.1(续)

日期	事件性质	事件描述
2018.6.2	贸易谈判	第二轮中美经贸磋商在北京举行
2018.6.16	关税威胁	中国公布第一批加征关税清单，涉及商品总额约500亿美元
2018.7.6	加征关税	中美两国分别开始对340亿美元的进口商品加征关税
2018.7.10	关税威胁	美国公布第二批加征关税清单，涉及商品总额约2 000亿美元
2018.8.2	关税威胁	美国宣布提高第二批清单中商品的加征税率
2018.8.3	关税威胁	中国公布第二批加征关税清单，涉及商品总额约600亿美元
2018.8.22	贸易谈判	第三轮中美经贸磋商在北京举行
2018.8.23	加征关税	中美两国分别开始对160亿美元的进口商品加征关税
2018.9.24	加征关税	中美两国分别开始对第二批加征关税清单中的商品加征关税
2019.1.7	贸易谈判	第四轮中美经贸磋商在北京举行
2019.1.30	贸易谈判	第五轮中美经贸磋商在华盛顿举行
2019.2.14	贸易谈判	第六轮中美经贸磋商在北京举行
2019.2.21	贸易谈判	第七轮中美经贸磋商在华盛顿举行
2019.3.28	贸易谈判	第八轮中美经贸磋商在北京举行
2019.4.4	贸易谈判	第九轮中美经贸磋商在华盛顿举行
2019.4.30	贸易谈判	第十轮中美经贸磋商在北京举行
2019.5.9	贸易谈判	第十一轮中美经贸磋商在华盛顿举行
2019.5.10	关税威胁	美国公布提高第二批清单中商品加征税率的实施时间
2019.5.13	关税威胁	中国公布提高第二批清单中商品加征税率的实施时间
2019.5.13	关税威胁	美国公布第三批加征关税清单，涉及商品总额约3 000亿美元
2019.6.1	加征关税	中美两国分别开始对第二批清单中的商品提高加征税率

表1.1(续)

日期	事件性质	事件描述
2019.6.29	贸易谈判	两国领导人于G20大阪峰会进行会谈，同意重启经贸磋商
2019.7.30	贸易谈判	第十二轮中美经贸磋商在上海举行
2019.8.15	关税威胁	美国公布提高第三批清单中商品加征税率的实施时间
2019.8.23	关税威胁	中国公布第三批加征关税清单，并明确加征关税的开始时间
2019.8.23	关税威胁	美国宣布继续提高此前所有实施的商品加征关税税率
2019.9.1	加征关税	中美两国分别开始对第三批加征关税清单中的商品加征关税
2019.10.10	贸易谈判	第十三轮中美经贸磋商在华盛顿举行
2019.12.13	贸易谈判	中美就阶段性协议文本达成一致
2020.1.15	贸易谈判	中美正式签署第一阶段经贸协议

从表1.1可以看出，在本次中美贸易摩擦过程中，两国的贸易政策走势呈现出明显的不确定性特点：一是两国以进口商品关税税率为代表的贸易政策不断改变，中美相互加征关税的商品范围不断扩大，两国政府公布的三批加征关税清单中几乎囊括了全部来自对方的进口商品；二是在签署第一阶段经贸协议之前，两国共进行了13轮经贸磋商，且关税威胁、加征关税和贸易谈判三类事件交替出现，这种时而缓和、时而紧张的经贸关系让社会各界都难以准确预期中美两国政府对待双边经贸关系的真实态度以及两国未来的贸易政策走向。此外，虽然中美两国在2020年1月签署了阶段性协议，但此前两国相互加征的关税还未完全取消，未来两国进口商品的关税税率是否还会变化仍属未知。

学界早期有关贸易政策不确定性的研究成果主要集中于微观实证领域，相较于宏观经济整体的运行状况，学者们更加关注贸易政策不确定性对国际商品贸易以及相关企业经营决策的影响。近年来发生的"中美贸易摩擦""英国脱欧"等重大国际事件表明：贸易政策不确定性不仅会影响国际贸易市场本身，而且有可能给当事国，甚至给全球经济运行带来重要影响。在此背景下，对贸易政策不确定性自身的特点进行分析并基于宏观视角研究贸易政策不确定性变化的影响，不仅具有一定的理论价值，而且具有较强的必要性和紧迫性。

1.1.2 研究意义

1.1.2.1 理论意义

本书的理论意义主要体现在以下四个方面：一是本书以本次中美贸易摩擦中的基本事实作为标准，对比三种贸易政策不确定性测度方法的准确性，并基于对比结果选择最优的贸易政策不确定性测度方式，提高了本书实证研究准确性的同时，也为其他相关研究者选择贸易政策不确定性测度指标提供参考；二是本书关于贸易政策不确定性的内生性识别结果对贸易政策不确定性的理论模型设置而言具有重要意义，因为只有贸易政策不确定性外生于经济波动，在理论模型中将贸易政策不确定性设计为外生随机波动率过程才合理，否则应该将贸易政策不确定性设置为模型中的内生变量；三是本书在对贸易政策不确定性的影响进行理论分析时，重点考察了贸易政策不确定性冲击对新企业进入行为的影响，进而让理论模型的设置更好地反映现实情况；四是在对理论模型的核心参数进行校准时，本书并未借鉴其他研究者的研究成果，而是基于中国企业和进出口产品的微观数据进行校准，并期望通过这种方式让数值模拟结果更加符合中国实际，同时相关参数的校准结果对未来的研究也具有一定的借鉴意义。

1.1.2.2 现实意义

本书的现实意义主要体现在以下四个方面：一是本书结合客观事实对三种测度贸易政策不确定性的方法进行比较与分析，对构建全面系统的贸易政策不确定性检测指标体系具有一定的参考价值；二是本书中贸易政策不确定性的内生性识别结果对应对贸易政策不确定性的负面影响有重要参考价值，如果贸易政策不确定性是对经济波动的内生响应，就可以通过向公众披露信息或做出政策承诺等方式来缓解政府与公众间信息不对称的程度，进而直接降低贸易政策不确定程度，如果贸易政策不确定性是导致经济波动的外生冲击，则只能通过采取其他相关措施来抑制由贸易政策不确定性上升带来的负面影响；三是本书中在基于理论模型对贸易政策不确定性冲击的影响进行数值模拟时，根据本次中美贸易摩擦的基本事实分别构建贸易摩擦冲击和贸易政策不确定性冲击，使得数值模拟的结论更具时效性和参考价值；四是本书从宏观角度对贸易政策不确定性冲击的影响进行分析，并研究该冲击的时变效应，为评估本次中美贸易摩擦对中国宏观经济运行造成的影响提供了实证依据。

1.2 研究内容与研究方法

1.2.1 研究内容

本书按照"提出问题→贸易政策不确定性自身的研究→贸易政策不确定性的经济效应研究→结论与建议"的研究框架依次展开。首先，回顾梳理了贸易政策不确定性的理论基础及相关研究进展；其次，从两个角度对贸易政策不确定性自身的特点展开研究，一是对三种测度贸易政策不确定性的方式进行分析与比较，选择最优的测度方式，为后文的相关研究内容奠定基础，二是探讨贸易政策不确定性是宏观经济波动的内生响应还是外生冲击，为后文的理论建模方式提供指导；再次，分别从模型和实证的角度对贸易政策不确定性的经济效应进行研究，一是结合中国实际情况构建包含异质性企业的开放 DSGE 模型模拟贸易政策不确定性变化对中国宏观经济运行的影响，并探讨其传导机制，二是综合模型分析结果和现实情况构建冲击约束集，对贸易政策不确定性冲击的经济效应进行实证研究；最后，对前文的相关研究内容进行总结，得出本书的研究结论并提出相关可行性建议。基于上述研究思路，本书内容安排如下：

第 1 章为绪论。绪论部分首先通过论述贸易政策不确定性对我国经济健康稳定发展的重要性，并结合近年来国际贸易环境剧烈变化、多国贸易政策不确定性不断升高的基本事实引出本书的研究背景与选题意义；其次，在明确本书逻辑框架的前提下概述各章的基本研究内容，并对本书研究过程中需要用到相关研究方法进行介绍；最后，指出本书的三个创新点并结合研究中存在的不足展望后续的研究方向。

第 2 章为文献综述。本章将从贸易政策不确定性的理论研究、贸易政策不确定性的实证研究、不确定性与宏观经济运行的因果关系研究、不确定性的其他相关研究四个方面进行文献梳理与总结。经过文献梳理后发现，虽然近年来有关贸易政策不确定性研究成果越来越多，但主要集中在微观实证领域，从宏观视角研究贸易政策不确定性的成果并不多。部分学者已经开始探讨不确定性和宏观经济运行的因果关系，但由于存在变量选择、研究方法和研究视角等方面的差异，学界并未就二者间的因果关系达成共识；政策不确定性作为不确定性研究领域的一个重要分支，虽然近年来涌现的研究成果较多，但这些研究更多的是针对财政政策不确定性和货币政策不确定性带来的影响，分析贸易政策不确定性变化带来的宏观经济影响的文献相对较少。

第 3 章为贸易政策不确定性测度方式的分析与比较。本章的主要内容为分析"关税测量法""不确定性指数法"和"随机波动率法"三种贸易政策不确定性度量方式的异同，并以本次中美贸易摩擦中的基本事实作为标准，对比上述三种测度方法的准确性。在分析"关税测量法"时，首先利用中美两国关税税率数据和"关税测量法"计算出两国商品出口到对方面临的贸易政策发生不利变化的"理论值"，然后基于中美贸易摩擦期间两国相互加征关税的基本事实，计算"坏"事件发生时两国商品出口到对方所面临的贸易政策发生不利变化的"实际值"，最后将其按照各自公布的 HS 产品编码进行匹配，并比较二者之间的异同。在分析"不确定性指数法"时，将中美两国的贸易政策不确定性指数与中美贸易摩擦期间发生的基本事实进行比较，从直观上分析指数与现实的吻合度，以此判断方法的适用性。在分析"随机波动率法"时，本章估计了 2001 年至 2019 年间中国进口商品关税税率的随机波动率，并将估计结果与中美贸易摩擦期间发生的基本事实进行比较，判断该方法测度贸易政策不确定性的可靠性。

第 4 章为贸易政策不确定性的内生性识别。本章主要是探讨贸易政策不确定性变化是导致经济波动的外生冲击，还是对经济波动的内生响应。本章采用结构向量自回归模型作为主要的分析工具，在对结构冲击进行识别时，采用叙事法分别构建重大冲击事件、其他冲击事件和外部工具变量的结构冲击约束集，并利用上述约束集对结构冲击的方向和大小进行限制，借此识别贸易政策不确定性和经济波动之间的因果关系；在明确二者时间的因果关系之后，本章在满足所有结构冲击约束的识别结果中，借助外部工具变量来寻找唯一解，并对该唯一解所产生的结构冲击进行分析；在前文分析的基础上，为检验贸易政策不确定性和经济波动之间因果关系识别结果的可靠性，通过重新选择滞后阶数和改变经济波动衡量指标的方式来进行稳健性检验。

第 5 章为贸易政策不确定性影响宏观经济运行的理论分析。本章的主要内容是通过建立一个包含异质性企业的开放 DSGE 模型分析贸易政策不确定性冲击对宏观经济运行的影响。具体来说，本章在借鉴 Caldara 等（2020）分析框架的基础上，引入企业的进入与退出机制，构建包含非出口企业、出口企业和新进入企业的开放 DSGE 模型，同时基于中国工业企业数据库、联合国 Comtrade 数据库和哈佛大学经济复杂性数据库的相关数据对模型中的核心参数进行校准，借助三阶近似和剪枝算法分离出贸易政策不确定性冲击而产生的经济波动效应，同时结合前文计算结果分别模拟中美贸易摩擦冲击和贸易政策不确定性冲击对各主要宏观经济变量的影响；在得到基准模型的数值模拟结果之后，本章还通过关闭企业进入退出机制、改变名义粘性大小、改变投资调整成本、改变消费习惯参数和改变消费者产品偏好的方式对贸易政策不确定性冲击的传导机制进行分析。

第 6 章为贸易政策不确定性影响宏观经济运行的实证分析。本章的主要内容是从实证角度分析贸易政策不确定冲击对中国宏观经济运行的影响。具体而言，本章将贸易政策不确定性指数作为中国贸易政策不确定性的代理指标，并构建 SVAR 模型分别分析贸易政策不确定性冲击对中国宏观经济整体运行情况和中国宏观经济具体指标的影响。在进行冲击识别时，本章基于第 5 章中 DSGE 模型的数值模拟结果对 SVAR 模型中的同期效应矩阵施加符号约束。同时，为保证冲击识别的准确性，本章还在仔细梳理本次中美贸易摩擦进程的基础上，采用叙事法对贸易政策不确定性冲击进行约束，并利用施加上述约束的 SVAR 模型进行脉冲响应分析和方差分解。此外，考虑到中国贸易政策不确定性冲击可能在不同时间段内的影响存在差异，本章构建了一个混合 TVP-SV-VAR 模型来分析中国贸易政策不确定性冲击所产生的时变影响，比较不同时间段内脉冲响应结果的差异。

第 7 章为研究结论与政策建议。本章的主要内容是对前文的相关研究结论进行总结，并结合中国经济发展的实际情况提出相关可行性建议。

全书的结构框架如图 1.1 所示。

分析思路	对应章节	主要内容
提出问题	1 绪论 2 文献综述	现实背景：中美贸易摩擦期间贸易政策不确定性上升明显 理论背景：从宏观视角研究贸易政策不确定性的文献较少
贸易政策不确定性自身的研究	3 贸易政策不确定性测度方式的分析与比较	运用关税测量法、不确定性指数法、随机波动率法对贸易政策不确定性进行测度，并结合中美贸易摩擦的事实，选出最优测度方法
	4 贸易政策不确定性的内生性识别	基于前一章选择的贸易政策不确定性测度指标，从实证角度对贸易政策不确定性变化和宏观经济运行之间的因果关系进行识别，为后文的理论建模提供参考依据
贸易政策不确定性的经济效应研究	5 贸易政策不确定性影响宏观经济运行的理论分析	建立一个包含异质性企业的开放DSGE模型，分析贸易政策不确定性冲击对宏观经济运行的影响，并通过调整模型参数来分析其中的传导机制
	6 贸易政策不确定性影响宏观经济运行的实证分析	构建SVAR模型分别分析贸易政策不确定性冲击对中国宏观经济运行情况的影响，在分析中基于理论模型的分析结果对结构冲击施加约束；并构建了一个混合TVP-SV-VAR模型来分析贸易政策不确定性冲击产生的时变影响
结论与建议	7 研究结论与政策建议	对前文的相关研究结论进行总结，并结合中国经济发展的实际情况提出相关可行性建议

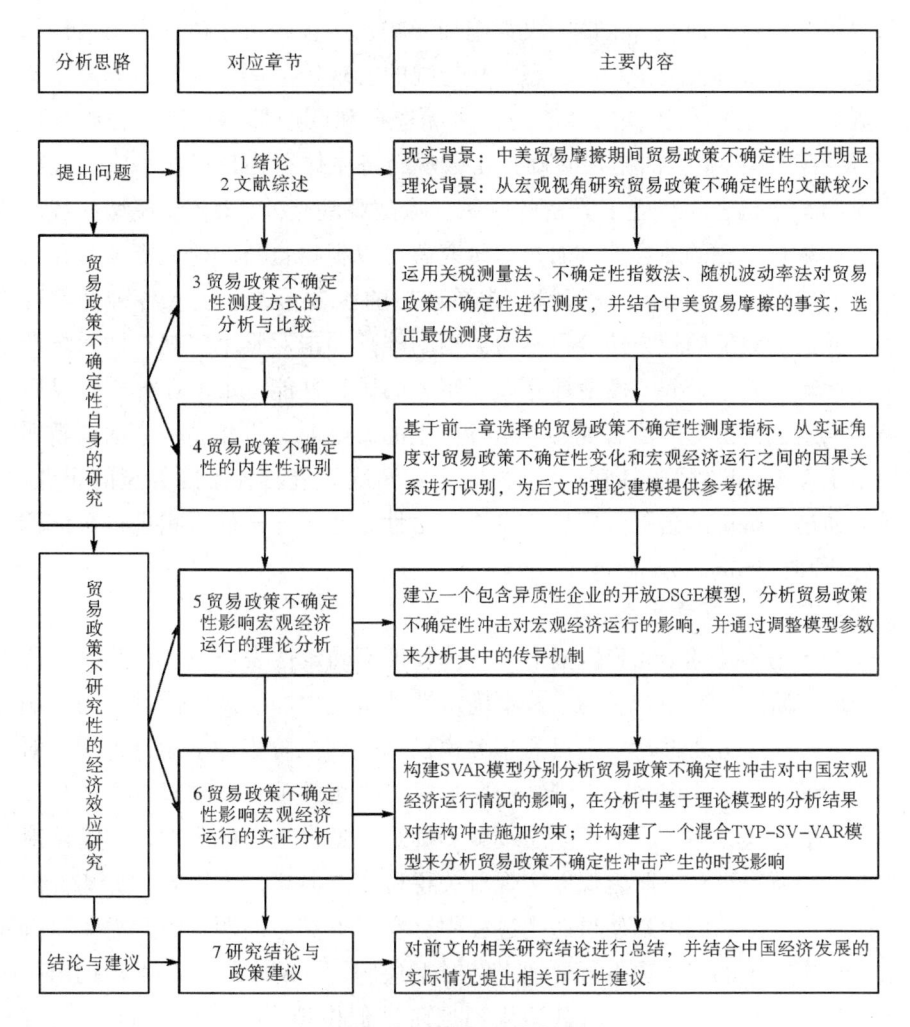

图 1.1 全书的结构框架

1.2.2 研究方法

1.2.2.1 动态随机一般均衡（DSGE）模型

DSGE 模型是当前研究宏观经济波动相关问题的主流分析工具，应用范围十分广泛。在构建 DSGE 模型时，其通常会包括家庭、企业、政府等部门，其中家庭在效用最大化目标的指引下追求资产的跨期最优配置，企业在预期利润最大化的指引下选择资本和劳动的最优需求量（在垄断竞争市场结构假设下还需制定最优产品价格），政府按照给定的财政政策或货币政策方程对其他经济主体的决策施加影响，当各经济主体均做出最优选择时，整个模型便处于均衡状态。和传统的宏观经济理论（如凯恩斯主义宏观经济理论）相比，由经济主体最优选择和政府部门政策方程组成的DSGE模型具有坚实的微观基础，在微观经济主体行为最优化和宏观经济变量动态变化之间建立了紧密的联系。除微观基础外，DSGE模型的优越性还体现在广泛的兼容性方面，即研究者可以根据自身的研究需要，在模型框架内设置相应的经济部门、选择理想的函数形式、引入各种外部冲击，并借助数值模拟方法分析不同类型的外部冲击对整个宏观经济系统产生的影响。鉴于DSGE模型具有如上所述的优异性能，本书在分析贸易政策不确定性冲击对中国宏观经济运行产生的影响时，将建立一个两国新凯恩斯主义DSGE模型，同时结合中国实际情况设置三种不同类型的企业，进而通过二阶矩冲击引入贸易政策不确定性，并对冲击的影响进行数值模拟分析和传导机制分析。

1.2.2.2 剪枝算法

在本书构建的DSGE模型中，贸易政策不确定性表现为进口商品关税税率的二阶矩，在模拟贸易政策不确定性冲击对中国宏观经济运行的影响时，可以通过分析模型中进口商品关税税率受到二阶矩冲击后，各变量对稳态的偏离情况来实现。由于结构冲击对二阶矩的独立影响只有在三阶近似下才能实现，本书在分析贸易政策不确定性冲击造成的影响时，需要对状态空间系统进行三阶近似以实现对关税税率二阶矩冲击影响的分离，但二阶项与三阶项的出现使得迭代过程中存在爆炸路径问题，因此需要对近似过程中产生的高阶项进行处理。针对上述问题，Kim等（2008）提出了剪枝算法（pruning），并将其运用到二阶近似模拟中，随后Andreasen等（2018）将剪枝算法的思想扩展至高阶近似，并将其与Schmitt和Uribe（2004）提出的扰动近似（perturbation approximations）相结合。结合实际研究情况，本书在DSGE模型仿真时采用剪枝算法模拟贸易政策不确定性冲击对各宏观经济变量产生的影响。

1.2.2.3 结构向量自回归模型

在目前分析时间序列数据的相关实证研究中，结构向量自回归（SVAR）模型无疑是最受欢迎的分析工具之一，该模型已被广泛运用于宏观经济波动的研究领域，相较于传统的VAR模型，SVAR模型不仅能够揭示各宏观经济变量与滞后项之间的数量关系，还能够通过同期效应矩阵刻画各变量之间的同期变化关系，进而为观察到的数量关系赋予经济学意义。不过在实证研究过程中，通常都是将 SVAR 模型转化为 VAR 的形式进行参数估计，再施加相关约束进行冲击识别，因此如何对 SVAR 模型施加合理的约束就成为研究的关键。本书主要通过三种方式运用 SVAR 模型：一是施加叙事法约束，即通过梳理本次中美贸易摩擦期间的基本事实构建冲击约束集，对特定时间点上结构冲击的大小和方向进行限制；二是施加符号约束，即结合理论模型的数值模拟结果对 SVAR 模型中各变量间的同期效应关系进行约束；三是 TVP-SV-VAR 模型，即允许 SVAR 模型中的自回归参数随时间改变，且假设结构冲击具有时变波动率，通过这种方式分析贸易政策不确定性冲击的时变影响。

1.2.2.4 随机波动率模型

随机波动率（stochastic volatility）是金融经济学和金融数学中用来刻画金融市场变量特有的时变波动率和相互依赖性的重要概念，其假设变量波动率平方的对数服从一个一阶自回归过程，并利用状态空间模型对随机波动率进行建模。Fernández-Villaverde 等（2015）依据上述思想建立随机波动率模型估计美国财政政策的时变波动率，由于波动率越大，市场主体就越难预测未来财政政策的变化走向，因而在研究美国财政政策不确定性的影响时，将估计出的时变波动率作为财政政策不确定性的代理变量。此外，用这种方式测度不确定性可将一阶冲击（政策水平冲击）和二阶冲击（政策不确定性冲击）进行区分，并准确估算不同时间点上的政策不确定性规模，同时在建模分析时的引入方式也较为简便。Caldara 等（2020）在研究美国贸易政策不确定性的宏观影响时，将美国进口商品关税平均税负的随机波动率作为衡量美国贸易政策不确定性的指标。本书在后续研究过程中，基于随机波动率模型对中国进口商品关税波动率进行估计，同时依据参数估计结果对 DSGE 模型中的相关参数进行校准。

1.2.2.5 贝叶斯估计

在实证研究过程中通常只能使用相对较短的样本对 SVAR 模型中的参数进行估计，在很多时候参数估计结果的准确性很难得到保证。针对这一问题，一些研究者想要通过对 SVAR 模型中的待估参数进行先验性的假定，在估计过程中将研究者依据贝叶斯公式将待估参数的先验信息与数据中包含的信息相结合，这种把参数估计值先验性地限定在某些特殊范围有助于减少参数估计值的方差。贝叶斯估计方法提供了一个相对规范的统计分析框架，使用这种方法可以提升估计效率并最终得到理想的后验估计结果。本书在研究过程中主要有两处需要用到贝叶斯估计方法：一是在估计中国进口商品关税税率的随机波动率时，需要对相关待估参数做出先验假设；二是在分析贸易政策不确定性冲击对中国主要宏观经济变量的时变影响时，需要借助贝叶斯估计来提升 TVP-SV-VAR 模型参数的估计效率。

1.2.2.6 比较分析法

本书首先对"关税测量法""不确定性指数法"和"随机波动率法"三种不同的贸易政策不确定性方法的核心思想与计算方式进行总结与分析，并从信息全面性、计算量和数据结构等方面比较三种测度方式的异同，进而用三种不同的测度方法计算本次中美贸易摩擦期间的贸易政策不确定性，然后将各自的计算结果与本次中美贸易摩擦的基本事实进行比较，对比分析每种方法计算结果的准确性。

1.3 研究创新与不足

1.3.1 研究创新

和既有文献相比，本书的创新主要体现在以下几个方面：

第一，研究视角创新：本次中美贸易摩擦持续时间近两年，中美两国公布的加征关税文件中几乎囊括了全部来自对方的进口商品，考虑到中美两国的经济体量和国际影响力，本次中美贸易摩擦也将对全球经贸格局产生深远的影响。因此，本书并未将关注点集中在微观企业层面，而是试图从宏观视角对贸易政策不确定性的影响进行研究，分别从理论和实证的角度分析贸易政策不确定性冲击对中国宏观经济运行的影响。此外，本书基于本次中美贸易摩擦过程中的客观事实对"关税测量法""不确定性指数法"和"随机波动率法"这三种测度方式进行分析与比较，根据比较结果选择最优的方式去衡量贸易政策不确定性的变化。

第二，理论模型创新：结合中国的经济发展过程中新进入企业对经济增长的贡献超过 40%（李坤望，蒋为，2015），且中国的制造业企业也拥有相对较高的进入率和退出率（毛其淋，盛斌，2013）的基本事实，本书在建模分析过程中通过引入企业进入与退出机制，不仅分析了贸易政策不确定性冲击对企业出口参与决策的影响，还探究了贸易政策不确定性冲击对新进入企业的影响。同时在校准模型参数时，本书根据中国企业级微观数据对不同类型企业进入出口市场的沉没成本进行校准，提高模型设置的准确性。在进行数值模拟时，本书基于联合国Comtrade数据库和哈佛大学经济复杂性数据库提供的中国进出口产品级数据估计中美贸易摩擦期间中国进口商品平均税负变化情况，并分析本次中美贸易摩擦冲击所带来的影响，让数值模拟结果更具现实意义。

第三，实证方法创新：和既有文献直接将贸易政策不确定性变化视为外生冲击不同，首先，本书将不确定性内生性识别的相关方法运用到贸易政策不确定性与经济波动的因果关系识别中，分析中国贸易政策不确定性变化是导致经济波动的外生冲击，还是经济波动的内生响应。其次，在实证分析贸易政策不确定性冲击对中国宏观经济运行的影响时，本书基于DSGE模型的数值模拟结果构建符号约束，同时基于中美贸易摩擦的基本事实构建叙事法约束，并在实证分析过程中同时施加符号约束与叙事法约束进行冲击识别。最后，本书采用混合TVP-SV-VAR模型分析贸易政策不确定性冲击对中国宏观经济运行的时变影响，即在进行实证分析的TVP-SV-VAR模型中，允许部分方程的参数是常数，并依据边际似然准则选择最优的模型设置，尽量避免出现TVP-SV-VAR模型的"过度参数化"问题。

1.3.2 研究不足

囿于笔者的研究精力与研究水平，本书在研究过程中还存在以下两点不足：

第一，在测度贸易政策不确定性时，主要是通过对比分析"关税测量法""不确定性指数法"和"随机波动率法"的准确性，最终选择采用Huang和Luk（2020）公布的贸易政策不确定性指数作为中国贸易政策不确定性的代理变量，本书并未基于该方法重新计算新的指数。因此，在后期研究过程中可以尝试在对几种测度方式的优势进行综合的基础上，寻找新贸易政策不确定性测度方法。

第二，本书在借助DSGE模型分析贸易政策不确定性冲击的宏观经济影响时，构建的开放DSGE模型中仅包含两个国家，也就是说，本书所构建的DSGE模型并未考虑中美贸易摩擦对世界其他国家的影响，也未分析其他国家的相关经济政策对中美双边贸易政策不确定性冲击起到的调节作用，在后期研究中可以尝试将模型框架扩展至多国。

2 文献综述

2.1 贸易政策不确定性的理论研究

2.1.1 贸易政策不确定性的作用机制

贸易政策不确定性的研究是对经济环境不确定性研究的一种延伸，Bernanke（1983）和 Dixit（1989）的研究成果为经济环境不确定性研究奠定了理论基础。其中，Bernanke（1983）认为当投资项目不可逆时，高度不确定性会让企业有动力推迟投资和人员雇佣，当不确定性降低时，企业会增加投资和员工的雇佣。Dixit（1989）的研究强调了投资过程中沉没成本的重要性，他认为当企业投资的沉没成本较高并且面临着经济不确定性时，投资者的等待是有意义的。因为在这种情况下，经济环境不确定性给投资者形成了一个"等待的期权价值"，即投资者如果选择投资，当经济环境恶化时，投资者的部分投资由于是沉没成本而无法收回，这个成本就形成了投资者的潜在亏损。如果投资者选择等待，当经济环境变好时的潜在收益就成了投资者的潜在亏损。当经济不确定性条件下的投资的预期收益高于投资的沉没成本时，投资者才会选择投资，否则，理性的投资人将会推迟投资。Roberts 和 Tybout（1997）的研究成果为 Dixit（1989）的理论提供了有力的现实依据。他们基于哥伦比亚制造业企业的面板数据研究证实了出口商进入沉没成本的存在，并认为该沉没成本存在的主要原因是出口企业需要在前期积累一些关于产品进口国的市场信息，一旦在位出口商退出了出口市场，企业积累的进口国市场信息便开始贬值，如果企业想要重新回到出口市场中就需要重新搜集信息。此外，实证结果还表明，出口沉没成本对企业出口决策存在较大的影响，如果企业前期已经支付出沉没成本，则该企业进入出口市场的概率将会比没有支付沉没成本的企业高60%。

与 Bernanke（1983）和 Dixit（1989）强调整体经济环境的不确定性不同，Rodrik（1991）将研究的重点放在了政策不确定性上，并建立了理论模型来分析政府改革措施对私人投资的影响。其研究结果表明，如果政府新公布的改革措施太过激进，就可能导致市场主体难以准确预期未来的政策走向，甚至对政策的持续性产生怀疑，此时投资决策者会选择推迟投资或直接放弃投资，这样就会在一定程度上抵消改革措施本身的正面效应。因此，与那些侧重于经济市场化的激进改革方案相比，强调政策稳定性和可持续性的改革措施可能会在投资和增长方面产生更好的效果。

Handley 和 Limão（2015）进一步将经济环境的不确定性具体化为贸易政策不确定性，并将 Dixit（1989）和 Rodrik（1991）提出的理论机制运用于贸易政策不确定性的研究。Handley 和 Limão（2015）认为贸易政策不确定性的来源是进口商品所适用的现行税率低于潜在的最高关税税率，当国际贸易环境恶化时，进口国有可能按照潜在的最高关税税率对进口商品征税，企业进入出口市场需要支付较高的沉没成本，因此进口国的贸易政策不确定性可能会给出口企业带来潜在损失，进而一定程度上阻碍了潜在出口企业进入产品出口市场。签订双边或多边贸易协定可以通过消除贸易政策不确定性的方式促进在位出口企业增加投资，同时降低潜在出口企业进入出口市场的门槛。为更好地描述上述机制，笔者构建了一个具有异质性企业的局部均衡模型，通过随机过程的方式引入贸易政策不确定性，在此基础上推导出贸易政策不确定性的表达式以及贸易政策不确定性与出口企业预期利润之间的关系，并利用葡萄牙加入欧洲共同体（以下简称"欧共体"）前后的贸易数据对模型结论进行了实证检验。

Handley（2014）对 Handley 和 Limão（2015）提出的理论机制进行了扩展，认为 WTO 虽然允许成员调整30%的受约束税目的进口关税税率而不需要向受影响的且同为 WTO 成员的贸易伙伴提供任何形式的补偿（Bchir et al.，2006），进而无法有效地消除现行适用关税上升的可能性，但是 WTO 规定的产品进口关税上限低于各国自己制定的关税上限，此时，WTO 成员之间商品进口关税的分布范围就会缩小，因此各国（地区）加入 WTO 之后仍然可以通过降低出口企业潜在最高损失的方式来规避贸易政策不确定性带来的负面影响，进而促进出口企业投资和国际贸易发展。此外，Handley

（2014）还将 Handley 和 Limão（2015）的企业进入决策模型与 Helpman 等（2008）的模型框架进行结合，推导出存在贸易政策不确定性的前提下，潜在关税上限和企业预期利润之间关系的表达式，并证明了关税上限的降低会导致企业进入出口市场的预期利润阈值降低的假设。

虽然缔结双边或多边贸易协定可以通过降低贸易政策不确定的方式来降低出口市场的进入门槛，促进国际贸易规模的扩大，但签订贸易协定的收益仍然会受到多方面因素的影响。Limão 和 Maggi（2015）从理论模型角度对相关影响因素进行了较为系统的分析，研究发现：当经济体更加开放、出口供应弹性较低、经济体更加专业化时，签订贸易协定的收益相对较高；当贸易环境更加不确定时，政府更有动力签署贸易协定，且此时贸易协定对贸易政策不确定性的不利影响的抑制作用更强；当贸易成本发生变化时，随着贸易成本的下降，通过贸易协定降低贸易政策不确定性带来收益相对于降低平均关税水平显得更加重要。

除了影响企业预期经营收益之外，贸易政策不确定性对国际贸易的不利影响还可能存在其他作用机制。Shepotylo 和 Stuckatz（2017）尝试从企业中间品投入的角度分析贸易政策不确定性的不利影响，其在构建理论模型时，将中间品投入引入企业的生产函数中，并认为企业生产过程中使用的中间品由国内中间品和国外中间品两部分组成。分析结果表明，如果企业为了进行生产需要支付部分沉没成本，那么贸易政策不确定性变化会对企业的生产决策产生影响。具体而言，当贸易政策不确定性上升时，企业在生产过程中会使用更多的进口中间品，该国的进口总量将会增加；当贸易政策不确定性下降时，企业在生产过程中会减少进口中间品的投入，该国的进口总量也会相应减少。

上述研究成果均是从企业角度对贸易政策不确定性的影响进行局部均衡分析，但近年来发生的"中美贸易摩擦""英国脱欧"等重大国际事件使研究者开始重视贸易政策不确定性的宏观影响。Handley 和 Limão（2017）首先构建了一个相对简单的一般均衡模型，并尝试从理论角度分析贸易政策不确定性变动对贸易总额、进口商品价格与消费者福利的影响。研究发现，中国企业面临的贸易政策不确定性降低使得美国对中国产品的进口量快速增加，并由此促使美国进口商品价格下降和消费者福利改善。具体而言，贸易政策不确定性的下降可以解释 2000—2005 年中国对美国出口增长三分之一，且通过降低进口商品价格改善了消费者福利，福利改善的效果相当于美国对中国进口商品关税税率降低13%。

Steinberg（2019）首次将DSGE模型分析框架引入贸易政策不确定性研究领域，他在研究"英国脱欧"事件的宏观影响时，假设英国同欧盟之间的贸易政策在"脱欧"谈判结束之前服从一个马尔科夫随机过程，并建立一个包含异质性企业的开放DSGE模型对"英国脱欧"的影响进行数值模拟分析。结果表明，与从未发生过"脱欧"的反事实稳定状态相比，"脱欧"将导致英国与欧盟的贸易流量下降8.2%~44.8%，英国国内消费下降0.5%~1.3%，英国家庭的福利损失现值将达到人均7 000~19 000英镑。与"英国脱欧"事件相比，由"脱欧"方式的多样性引起的贸易政策不确定性所导致的福利成本相对较小，其现值人均不足50英镑。

Caldara等（2020）在研究美国贸易政策不确定性的宏观影响时，虽然也是采用包含异质性企业的开放DSGE模型作为分析工具，但是其在引入贸易政策不确定性时将美国进口商品关税平均税负的随机波动率作为衡量美国贸易政策不确定性的指标，并在数值模拟时将同时施加关税预期冲击和贸易政策不确定性冲击的脉冲响应结果与仅施加贸易政策不确定性冲击的脉冲响应结果进行比较，分析贸易政策不确定性冲击的相对重要性。数值模拟结果表明，贸易政策不确定性冲击会导致投资、消费、出口和产出均出现不同程度的下降，对宏观经济运行的负面影响约占同时施加两个冲击时的三分之一。

2.1.2 贸易政策不确定性的测度方式

从目前的研究情况来看，学者们主要采用以下三种衡量方法：

第一，侧重潜在关税变动幅度的"关税测量法"。具体而言就是出口商品所适用的现行关税税率和潜在最高关税税率的差额。Handley（2014）推导出存在贸易政策不确定性的前提下，潜在关税上限和企业预期利润之间关系的表达式。Handley和Limão（2017）借助Handley（2014）的测度方式针对中国加入WTO前后所面临的贸易政策不确定性进行研究，认为中国在加入WTO前，如果失去美国给予的最惠国待遇，美国有可能对来自中国的进口商品征收Smooth-Hawley关税，该关税的平均税率为31%；而中国在加入WTO以后，获得了成员之间的永久性最惠国待遇，使得潜在关税上限大大降低，因而中国企业向美国出口商品时面临的贸易政策不确定性也相应降低，并认为中国企业面临的贸易政策不确定性TPU与税率

差异 $\left(\frac{\tau_2}{\tau_{\text{MFN}}}\right)$ 间的关系满足 TPU = 1 − $\left(\frac{\tau_2}{\tau_{\text{MFN}}}\right)^{-3}$。与 Handley（2014）的测度方式不同，Pierce 和 Schott（2016）在实证研究中国加入 WTO 前后出口变化时，直接将两类关税的代数差作为贸易政策不确定性的代理变量，即 TPU = $\tau_2 - \tau_{\text{MFN}}$。上述两种测度方式虽然在计算方法上有所差异，但核心思想差别不大，都是通过测度可能出现的关税变化变动幅度来衡量贸易政策不确定性（余淼杰，祝辉煌，2019）。

第二，侧重贸易政策变化可能性的"不确定性指数法"。这种方法即通过文本分析的方式来构建一个"贸易政策不确定性"指数。这种文本分析的方法在经济政策不确定性领域的研究中由 Baker 等（2016）创立，即通过对报纸在不同时间段内的报道内容中同时出现"经济""政策""不确定性"等关键词的次数加以统计和标准化处理，并以此为基础构建多个国家的经济政策不确定性指数。随后 Davis 等（2019）、Huang 和 Luk（2020）将该方法运用于测度不同时间段内中国的贸易政策不确定性，并分别基于不同的中文报纸构建了中国的贸易政策不确定性指数，其中 Davis 等在构建贸易政策不确定性指数时，主要是对《人民日报》和《光明日报》进行文本分析，依据这两家报纸计算出的政策不确定性指数可追溯到 1949 年，可以实现较长时间的不确定性指数对比；Huang 和 Luk 从 2000 年 1 月开始构建贸易政策不确定性指数，虽然指数跨度时间相对较短，但是该指数是基于 10 家中文报纸进行文本分析得到的，因此其包含的信息更为丰富。

第三，侧重进口商品平均关税税率可预测性的"随机波动率法"。这种方法最早由 Fernández-Villaverde 等（2015）在研究美国财政政策时提出，其将美国财政政策工具的时变波动率作为财政政策不确定性的代理变量。Caldara 等（2020）在研究美国贸易政策不确定性的宏观影响时借鉴了上述方法，将美国进口商品关税平均税负的随机波动率作为衡量美国贸易政策不确定性的指标。采用这种方式测度贸易政策不确定性的经济学直觉在于，当平均关税税率的随机波动率越大时，进口商品平均税负的潜在分布范围越大，因此市场主体准确预测进口商品平均税负的难度也就越大，换句话说，此时的贸易政策不确定性也就越强。

2.1.3 关于贸易政策不确定性理论研究的文献述评

从上述研究成果可以看出，前期有关贸易政策不确定性作用机制的研究主要是站在企业角度进行局部均衡分析，探讨贸易政策不确定性变化对企业经营决策的影响。虽然近期相关学者已经开始试图将贸易政策不确定性纳入一般均衡框架进行理论研究，但现有研究成果仍存在一定局限：Handley 和 Limão（2017）构建的模型中部门类型较少，且不允许家户或者厂商进行跨期借贷，这样就在一定程度上限制了该模型对宏观经济运行状况的解释力度；Steinberg（2019）在其构建的开放 DSGE 模型中通过马尔科夫随机过程的方式引入贸易政策不确定性，这种引入方式要求研究者对贸易政策的几种潜在变动结果具有很强的信心，因此在一定程度上限制了该框架的适用性，仅能针对可以明确预判贸易政策未来变化结果的事件展开研究；Caldara 等（2020）通过关税税率二阶矩冲击的方式引入贸易政策不确定性，该处理方法不仅假设较弱，而且能够充分体现贸易政策不确定性的"不可预知"特点，为分析贸易政策不确定性冲击所产生的宏观经济影响提供了一个很好的分析框架，但其所构建的 DSGE 模型中并未包含企业进入与退出机制，即市场中没有新进入的企业，在位企业只是选择是否将产品出口到国外，并不会退出国内市场。该设置与广大发展中国家的实际情况存在出入，因此在将该分析框架应用到其他国家的贸易政策的不确定性问题研究中时，需结合实际情况调整模型设置。

在测度贸易政策不确定性方面，上述三种衡量贸易政策不确定性的方法各有优劣，"关税测量法"的优势在于计算简单，且容易理解，目前已被广泛运用到关于贸易政策不确定性的微观实证分析中，但其缺点在于，一个国家的关税水平在一个时间段内往往是相对固定的，通过这种方式计算出来的结果很难精确刻画出一段时间内贸易政策不确定性变化，同时该方法的假设较强，目前使用该方法测度贸易政策不确定性的研究多是以某个国家加入多边贸易组织或签订双边贸易协定的具体事件作为现实背景；"随机波动率法"计算简便，且放松了对特定研究背景的要求，但和"不确定性指数法"相比，其只能衡量关税的不确定性，并不能反映非关税贸易壁垒的不确定性，在非关税壁垒运用范围越发广泛的情况下，"随机波动率法"的局限也不断凸显；和其他两种测度方式相比，虽然使用"不确定性指数法"进行测度得到的贸易政策不确定性更加全面，且并未对政策制定者的行为施加更多的约束性假设，但是也具有关键词存在一定的主观性、工作量相对较大等缺陷；此外，虽然已有部分学者对上述三种测度方式进行了概括与综述，但在比较三种测度方式的优劣时多是从经济学直觉和方法自身的特点方面进行判断,并未结合实际情况对这三种方法的准确性进行比较。

2.2 贸易政策不确定性的实证研究

贸易政策不确定性作为学术热点问题,近几年引起了国内外研究学者的广泛关注,从学者们的研究结果来看,贸易政策不确定性变化将影响哪些经济变量是学者们关注的重点。在此,本书将从贸易政策不确定性对国际贸易的影响、贸易政策不确定性对企业经营行为的影响和贸易政策不确定性的其他影响这三个方面对学者的研究成果进行梳理。

2.2.1 贸易政策不确定性对国际贸易的影响

Handley 和 Limão(2015)针对葡萄牙加入欧共体这一事件进行贸易政策不确定性的影响研究时,认为葡萄牙在 1986 年加入欧共体之后消除了该国商品出口到欧共体国家面临的贸易政策不确定性,打消了其国内出口商关于未来商品出口有可能被征收普通进口关税的疑虑。进一步的实证分析结果表明,关税壁垒降低仅能解释出口企业增长率的 20% 和贸易规模总增长的 30%,而出口企业增长率的 65% 和贸易规模总增长的一半以上可以归功于消除了贸易政策不确定性,即消除贸易政策不确定性在促进企业进入出口市场和扩大国际贸易规模方面发挥的作用比实际关税壁垒降低还要大。Groppo 和 Piermartini(2014)在研究 1996—2011 年所有 WTO 成员关税数据时发现,即使 WTO 制定的约束性关税税率高于最惠国待遇税率,其关于进口关税税率的承诺也大大降低了各国提高实际适用关税的可能性。Handley(2014)对澳大利亚贸易数据进行研究时发现,虽然加入 WTO 无法完全消除贸易政策不确定性的影响,但是仍然可以通过降低出口企业潜在最高损失的方式来规避贸易政策不确定性带来的负面影响。反事实模拟结果表明,在没有 WTO 关税约束的情况下,澳大利亚在 1993—2001 年的出口产品种类的增长将降低 7%,如果取消所有的进口商品关税且对零关税做出承诺,贸易政策不确定性的下降可以解释为什么有超过一半的贸易产品种类增长。

上述观点在其他学者的研究成果中也得到了验证,其中:Osnago 等

(2015)对149个国家的贸易数据进行研究时发现,平均而言,消除贸易政策不确定性可以将产品出口可能性提高12%,且贸易政策不确定性对贸易规模扩大的阻碍作用约相当于进口商品关税税率上调1.7%~8.7%;Lakatos和Nilsson（2017）针对韩国和欧盟贸易情况进行的研究表明,双边贸易协定对国际贸易的促进作用在其正式实施之前就已经显现,这主要归功于签订双边贸易协定减轻了市场主体对于贸易政策不确定性的担忧;Carballo等（2018）利用美国2003—2011年美国企业的出口数据研究发现,2008年金融危机期间国际贸易"大崩溃"的主要原因是贸易政策不确定性的上升,并认为签订贸易协定可以有效减轻贸易政策不确定性的负面影响,美国和别国签订双边贸易协定将会导致美国的出口量上升约6.5%,这相当于别国GDP增长8%的情况下对美国商品需求量的增长;Ritzel等（2018）认为瑞士分别在2007年和2011年两次修改对最不发达国家采用的免税和免配额市场准入政策降低了这些国家出口服装和纺织品时面临的贸易政策不确定性,结合孟加拉国的出口数据研究发现,瑞士2007年的政策调整使得孟加拉国的出口服装和纺织品出口量增长了约29%,2011年的政策调整使得孟加拉国的出口服装和纺织品出口量增长了约17%;Graziano等（2018）认为英国"脱欧"引起的贸易政策不确定性将导致英国和欧盟的双边贸易额下降,且对欧盟出口商的影响比对英国出口商的影响更大;Greenland等（2019）对1995—2013年18个大型经济体的国际商品贸易情况进行了研究,发现贸易政策不确定性的上升会缩小双边贸易规模,并导致进入国际市场的商品种类减少,此外,贸易政策不确定性的负面影响随沉没成本的增加而扩大。

Handley和Limão（2017）重点研究了中国加入WTO前后,中国对美国出口量的变化,研究结果表明中国在2000—2005年对美出口增长的三分之一归因于中国加入WTO以后所带来的贸易政策不确定性下降。Feng等（2017）在Handley和Limão（2017）的基础上针对中国加入WTO之后对美出口问题进行更加细致的研究,研究结果表明,中国对美国出口量的增加主要是由新进入市场的出口企业带来的,而不是主要由原有的企业扩大出口量所导致的。同时,贸易政策不确定性的降低也改变了中国出口到美国的产品结构,使得中国实际出口的产品变得更加"物美价廉"。Crowley等（2018）的研究表明,贸易政策不确定性的上升不仅会延迟企业进入市场的决策,而且会提升市场中现有企业的退出率。不仅如此,贸易政策不确定性还具有明显的外溢效应，这种外溢效应同时表现为一个企业的经营行为会受到同地区其他企业所面临的贸易政策不确定性的影响，某种商品所面临的贸易政策不确定性还会受到公司内部其他商品面临的贸易政策不确定性的影响。钱学锋、龚联梅（2017）针对贸易政策不确定性研究不再局限于中国加入 WTO 前后的变化，而是分析中国与区域全面经济伙伴关系协定（RECP）和跨太平洋伙伴关系协定（TPP）这两个组织成员间签订的贸易协定对中国制造业出口的促进作用，同时还指出，这种对制造业出口的促进作用主要是通过出口平均额增长率（集约边际）来实现的。汪亚楠等（2020）对中国和其他国家签订自由贸易协定的影响进行了研究，认为贸易政策不确定性会因为签订双边自由贸易协定而降低，进而有利于扩张出口规模和实现出口升级，此外，对外直接投资（OFDI）是影响上述两个效应大小的重要因素。

2.2.2 贸易政策不确定性对企业经营行为的影响

在企业生存和出口持续性方面：周定根等（2019）的研究表明，中国加入 WTO 导致的贸易政策不确定性降低有助于延长企业出口的持续时间，增加产品出口的稳定性，并将这种现象的实现机制概括为信号传递机制和风险调整机制。郭晶、周玲丽（2019）的研究表明出口贸易政策不确定性对企业生存具有显著的负向影响，出口关税对企业生存具有显著的正向影响；进口贸易政策不确定性的影响不显著，进口中间品关税对企业生存具有显著的负向影响；随着贸易政策不确定性的上升，出口关税对企业生存的正效应减弱，进口中间品关税对企业生存的负效应增强。

在产品定价与企业利润方面：徐卫章、李胜旗（2016）研究发现出口企业加成定价能力受到贸易政策不确定性的影响，贸易政策不确定性的降低有助于提高出口企业的加成定价能力，但是这种对企业加成定价能力的影响会有一定的滞后性，同时由于企业类型的不同而体现出明显的异质性。汪亚楠（2018）利用海关数据库和工业企业数据库中的企业数据研究发现，贸易政策不确定性的降低无论是在长期还是在短期都会显著提高企业利润水平。此外，笔者还从时间和空间两个维度分析贸易政策不确定性提高企业利润水平的机制。张平南等（2018）研究发现，中国加入 WTO 后引起的贸易政策不确定性降低导致了企业出口的国内附加值降低。

在产品质量和产品创新方面：苏理梅等（2016）则从产品质量的角度

来分析贸易政策不确定性所造成的影响，不过有趣的是，其研究结果显示，贸易政策不确定性的降低拉低了中国出口企业的平均产品质量，并且该结论在进行稳健性检验之后依然成立。与之不同的是，孙林、周科选（2020）在基于中国—东盟自由贸易区建立的事件进行研究时发现，贸易政策不确定性的降低会促进中国出口产品质量的提升，地区异质性的分析结果表明，东部地区出口产品的质量提升最为明显，企业异质性分析结果表明，外资企业出口产品质量的上升幅度最大。佟家栋、李胜旗（2015）研究了贸易政策不确定性对中国出口企业产品创新的影响，研究结果表明中国加入 WTO 以后产生的贸易政策不确定性降低效应显著提高了中国出口企业的产品创新能力，并在考虑企业异质性的前提下分析了贸易政策不确定性降低造成企业创新能力提升的差异。李敬子、刘月（2019）研究发现，贸易政策不确定性上升时，企业有可能面临国外技术被禁用的风险，因此企业拥有更高的技术研发积极性，同时企业会由于贸易政策不确定性的上升而获得更多的政府补贴，研发意愿的增强和可用资金的增加使得企业的研发投入明显增多。Liu 和 Ma（2020）基于中国加入 WTO 前后企业创新情况的研究表明，贸易政策不确定性的降低显著促进了中国企业的专利申请，且不确定性降低幅度越大的行业的企业新申请的专利数量越多，此外，这种创新促进效应的大小还受到企业所有权、出口低位和沉没成本大小的影响。

在企业储蓄与企业生产率方面：毛其淋、许家云（2018）分析了贸易政策不确定性和企业储蓄的关系。研究发现，贸易政策不确定性会显著降低企业的储蓄率，出现这种降低现象的原因一方面是贸易政策不确定性降低促进了企业产品创新，使得企业在创新研发方面有更多投入；另一方面是贸易政策不确定性的降低贸易政策不确定性下降对企业工业增加值的提升效应明显大于对利润总额的影响。魏悦羚、张洪胜（2019）就中美建立永久正常贸易关系这一事件来研究贸易政策不确定性降低对于企业生产率的影响，发现中美建立永久正常贸易关系导致外资企业的劳动生产率和全要素生产率，并且企业出口越大，对生产率的影响越大。

在企业进口与企业存货投资方面：Schott 等（2017）研究发现，较高的贸易政策不确定性下，企业为了规避未来关税上涨的风险会降低采购频率而提高单次采购规模，大量的存货投资导致企业资金周转效率降低，社会福利受到损失，而贸易政策不确定性较低时，企业不会过于担心未来的采购成本发生大幅度变化，因此会选择一个较高的采购频率，且进行单次采购时选择较小的采购规模，较少的资金占用可以提高企业的经营效率，进而改善社会福利状况。Alessandria 等（2019）从短期视角分析贸易政策不确定性对双边贸易流量的影响，研究发现，在中国加入 WTO 之前，美国进口企业担心中国商品在不久的将来可能被征收较高的关税，因此选择在美国国会关于中国正常贸易伙伴地位的表决结果出来之前增加存货投资，进而导致美国对中国商品的进口量在短期内上升。Imbruno（2019）基于中国海关贸易数据库的数据研究发现，贸易政策不确定性的下降显著促进了中国的进口额，并认为导致这种现象的原因有三个：一是贸易政策不确定性的降低使得中国市场中的产品需求者可以接触到更多的来自发达国家的高质量产品；二是贸易政策不确定性降低促使更多的中国企业从事进口活动，扩宽了需求者接触到不同类型产品的渠道；三是贸易政策不确定性降低使得跨国公司更多地将产业链上游或下游的企业搬迁至中国，客观上增加了对于国外产品的需求。毛其淋（2020）基于中国企业进口数据研究发现，中美永久正常贸易关系的确立带来的贸易政策不确定性下降不仅显著扩大了中国企业的进口规模，还提升了中国企业购买的进口产品质量，与此同时，中国企业购买进口产品的概率和进口行为的稳定性均得到了提升。

2.2.3 贸易政策不确定性的其他影响

贸易政策不确定性对就业的影响：Pierce 和 Schott（2016）分析了贸易政策不确定性与就业的关系。研究结果发现，中国加入 WTO，降低了中国向美国出口企业所面临的贸易政策不确定性，使得美国进口中国的产品增加，同时也导致美国制造业就业率下降。这一结论和 Handley 和 Limão（2017）的研究结论类似，但后者在关注就业的同时也注意到了消费者福利的变化，其认为美国对中国进口的增加虽然减少了就业，但降低了产品价格，进而改善了消费者福利。陈虹、徐阳（2018）基于中国微观企业数据研究发现，贸易政策不确定性的降低促进了中国国内工业企业就业人数的增加，就业规模的扩大主要归功于企业生产产品范围的扩张。孙一平等（2018）基于中国企业贸易数据研究贸易政策不确定性对企业工资不平等的影响进行实证分析。结果表明，贸易政策不确定性的降低会导致企业工资不平等的现象加剧，同时这种对于不同类型的企业表现出明显的异质性。

贸易政策不确定性对金融市场的影响：Bianconi 等（2019）基于美国制造业上市企业股票收益率的研究发现，美国制造业企业股价极易受到贸易政策不确定性的影响，风险敞口较大企业的股票收益率比风险敞口较少的企业高 9.5%，并认为造成这种股票收益率差异的来源是贸易政策不确定性的风险溢价。He 等（2020）使用 2000—2019 年中美两国的月度股市波动和贸易政策不确定性指数研究发现，贸易政策不确定性对中国股票市场和美国股票市场的影响存在差异。具体而言，美国贸易政策不确定性对中美两国股票市场的影响都相对较大，时变脉冲响应结果表明，中美贸易冲突对美国股票市场有正面影响，但对中国股票市场有负面影响。王新、刘俊奇（2020）基于中国金融市场数据研究发现，中美两国贸易政策不确定性对中国金融市场均存在一定影响，但是相比之下，美国贸易政策不确定性对中国股票市场和汇率市场的影响更大。Huynh 等（2020）对 1993 年 8 月至 2019 年 7 月间美元和其他 9 种货币的汇率进行研究时发现，贸易政策不确定性对汇率回报率和汇率波动率存在着非对称的溢出效应，且该溢出效应在上述两个指标的波动率之间表现得更为明显[1]。

贸易政策不确定性对宏观经济运行的影响：金春雨、张德圆（2020）在比较四种不同的政策不确定性冲击的宏观经济效应时发现，贸易政策不确定性冲击会导致产出下降，且下降幅度仅小于货币政策冲击，此外，贸易政策不确定性冲击在短期内不仅具有反通胀效应，还会引起利率下降，在长期中则具有一定的通胀效应。Caldara 等（2020）分别从宏观和微观两个视角探讨了贸易政策不确定性冲击的影响，其中基于美国上市企业数据的研究发现，中美贸易摩擦期间的贸易政策不确定性冲击将导致美国的私人投资下降 1%，而其基于宏观数据的分析结果显示该冲击对私人部门投资的负面影响为 1.5%~2%。

贸易政策不确定性的其他影响：Facchini 等（2019）分析了中美之间贸易政策不确定性降低对中国内部人口流动的影响，该研究表明美国对中国贸易政策不确定性的降低显著促进了中国内部的人口流动。具体而言，在中国受贸易政策不确定性降低影响较大的地区，由于出口贸易的发展而产生了大量的劳动力需求，实证结果表明，这些地区的内部移民率平均上

---

[1] HUYNH T L D, NASIR M A, NGUYEN D K. Spillovers and connectedness in foreign exchange markets: the role of trade policy uncertainty [J]. The Quarterly Review of Economics and Finance, 2020 (87): 191-199.

升了大约24%，这些移民主要是一些没有本地户口的年轻熟练工。刘晴等（2020）认为企业对国际市场的依存度过高在很大程度上是由国内市场分割导致的，而贸易政策不确定性的下降会进一步提升企业对国际市场的依赖程度。Gozgor等（2020）对2010年7月至2018年8月美国贸易政策不确定性指数和比特币价格的关系进行研究时发现，在2010—2011年和2017—2018年这两个时间段内，比特币投资回报率和贸易政策不确定性指数均发生了重大变化，且在此期间内贸易政策不确定性变动和比特币价格之间存在着显著的负向因果关系。

2.2.4　关于贸易政策不确定性实证研究的文献述评

总的来看，近年来学术界关于贸易政策不确定性的实证研究成果不断涌现、研究外延不断拓展、研究内容不断丰富。仔细分析相关文献可以发现，现有研究成果具有以下几个特点：一是与贸易政策不确定性理论研究中局部均衡分析成果最为丰富的情况一致，贸易政策不确定性实证研究的成果主要集中于微观实证领域，相较于宏观经济整体的运行状况，学者们更加关注贸易政策不确定性对国际商品贸易以及相关企业经营决策的影响；二是绝大多数实证研究都以签订双边或多边贸易协定作为现实背景分析贸易政策不确定性下降所带来的有利影响，只有少数几篇文献分析了"英国脱欧"和"中美贸易摩擦"所导致的贸易政策不确定性上升带来的不利影响；三是在分析贸易政策不确定性的影响时，相关文献都是从直觉或经验的角度直接将贸易政策不确定性的变化视为外生冲击，而并未深入探讨贸易政策不确定性变化到底是导致宏观经济运行状况和市场主体行为选择发生变化的外生冲击，还是对宏观经济运行状况和市场主体行为选择变化的内生响应。基于以上几个特点，本书认为，在中美贸易摩擦尚未完全结束，两国间贸易政策仍存在较高不确定性的情况下，实证研究过程中一方面应注重结合本次中美贸易摩擦的基本事实分析近期贸易政策不确定性上升对中国宏观经济运行状况的影响，另一方面还应加强对于贸易政策不确定性内生性的探讨，厘清一国贸易政策不确定性变化与该国宏观经济运行状况之间的关系，分析贸易政策不确定性变化的根源。

2.3 内生不确定性的相关研究

在早期的不确定性研究中，研究者都将不确定性作为外生变量，重点分析不确定性冲击对经济活动的影响（Bloom，2009；Fernández-Villaverde et al.，2015）以及不确定性指数的测度（Jurado et al.，2015；Baker et al.，2016）。随着研究的深入，部分学者不再满足于将不确定性视为经济系统中的一个外生变量，而是尝试开展内生不确定性的研究，相关研究成果可以分为两种类型：第一种类型的研究是直接将不确定性视作内生变量，并从理论角度分析不确定性及其变化的来源；第二种类型的研究是基于相关实证研究方法判断不确定性变化是引起宏观经济波动的外生冲击还是对宏观经济波动的内生响应。

2.3.1 从理论角度解释不确定性来源的相关研究

2.3.1.1 从理论角度解释宏观不确定性的来源

在解释不确定性的来源时，部分学者首先从可用信息量的角度对不确定性的来源及其变化进行解释：

Nieuwerburgh 和 Veldkamp（2006）认为不确定性变化的根源是生产过程中体现出来信息量的变化，并认为不确定性这样的变化特点会导致经济萧条与经济繁荣的非对称性，即当技术的进步推动经济繁荣时，生产商会投入更多精力和资源进行生产，更多的生产活动使技术变化过程更加透明，准确地预测未来变得更加容易。由于假设技术水平的变化满足自回归过程，繁荣时期技术水平的下降也就更容易被感知，一旦技术水平下降，生产活动的减少将会十分迅速，宏观经济便会在短期内出现迅速衰退，且生产规模的萎缩使得生产过程中产生的信息量变少。此时，即使技术出现了较为明显的进步，较高的不确定性也会在一定程度上抑制生产规模的扩张，进而导致经济复苏相对缓慢。

Fajgelbaum 等（2017）在研究美国经济的长期衰退问题时将不确定性设置为内生变量，并提出了"不确定性陷阱"理论：不利冲击将导致经济活动减少，由于假设市场主体的信息主要是在学习其他经济主体行为的过程中获得的，信息在经济活动少的时候就会缓慢流动，促使不确定性继续上升，较高的不确定性会进一步阻碍投资，投资的减少又会加剧经济下行，引起新一轮的不确定性上升。此时，如果受到的负面冲击较小，则上述不确定性的自我强化机制对经济运行的影响就会相对较小，宏观经济在较短时间内就可以走出衰退期；当受到相对较大的负面冲击时，不确定性的自我强化机制很容易导致宏观经济掉入"不确定性陷阱"，进而引起长期衰退的现象。

Ilut 和 Saijo（2020）认为，信息的不完全性导致了不确定性产生，并通过在 DSGE 模型中嵌入贝叶斯学习过程的方式研究不确定性与经济波动的关系。具体而言，风险规避型的代表性家庭无法掌握企业生产率相关的全部信息，这些信息可以通过观察和学习企业的生产过程的方式得到。因此在进行决策时，代表性家庭只能先通过自身掌握的部分信息对企业的生产率做出先验判断，再将新获取的信息和原有的信息通过贝叶斯学习过程进行结合得到新的信息集，并根据新信息集来修正相关决策。

除可用信息量变化外，部分学者认为，政府决策、坏消息、异常事件和灾难性事件也可能导致不确定性发生变化：

Pástor 和 Veronesi（2012）在研究不确定性和股票价格的关系时，假设政府会在宏观经济表现低迷时出台相应政策刺激经济，由于存在信息不对称，经济主体只知道政府会出台政策，却不了解政府会何时出台政策以及出台哪种类型的政策。当经济下行时，市场主体会通过在经济运行过程中进行学习的方式获取新信息，并利用新信息对原有的预期进行修正，每次获取的新信息和市场主体原有信息差别越大，其新预期相对于原有预期的变动幅度也就越大，相应的不确定性也就越高。而当经济上行时，市场主体认为政府不会主动采取行动干预经济，此时的不确定性也就相对较低。

Fostel 和 Geanakoplos（2012）建立了一个包含不确定性的跨期模型尝试对不确定性的来源进行解释，在该模型中，异质性厂商会结合收集到信息的性质选择不同类型的生产技术和企业杠杆率。模型分析结果表明，厂商会主要投资于在收到"坏消息"时收益变得更加不稳定的技术，进而导致不确定性上升。厂商之所以选择这些技术，是因为这些技术可以在收到"好消息"时给厂商带来更多的预期收益。

Orlik 和 Veldkamp（2014）假设人们不知道宏观经济运行的真实情况，只能够通过贝叶斯学习过程来不断修正自身对于宏观经济运行现状的认识，并认为异常事件的发生是不确定性上升的一个重要来源。其在研究过程中将 GDP 增长率的条件预测标准差当作不确定性的代理指标，并建立一个具有不确定性参数的偏度预测模型对参数进行估计。估计结果表明当预测模型只接受正态分布的结果时，不确定性的变化幅度很小，并且未呈现出明显的周期性特点。但是，当预测模型也可以接受非正态结果并对偏度参数进行估计时，不确定性波动会变得很大且具有明显的逆周期特点。出现这种现象的原因是偏度参数的细微变化大大提升了异常事件的发生概率，进而导致不确定性上升。

Kozeniauskas 和 Orlik（2018）认为以灾难性事件为代表的宏观波动性现象是不确定性产生的根源，因为当宏观波动性很高时，相对于私人信息，以共同经历为代表的公共信息在预测中的参考价值相对较弱，这就使得市场主体的预测信息集中私人信息的占比相对较高，而公共信息的占比相对较低。由于市场主体之间存在明显的异质性，它们对同一事件的预测结果出现差异的可能性也就相对较高。当宏观波动性不断上升以至于灾难性事件随时有可能发生时，无论是宏观不确定性还是企业层面的不确定性均会出现较为明显的上升。

2.3.1.2 从理论角度解释微观不确定性的来源

除宏观不确定性之外，企业层面的不确定性也受到了学界的关注，从以往的研究来看，部分学者认为信息、市场接触范围和信贷约束对微观不确定性的变化存在重要影响：

Bachmann 和 Moscarini（2011）认为企业层面不确定性的上升主要是企业对宏观经济下行的一种反应。其模型假设企业无法准确判断其所在市场的需求弹性，但可以从销售量的变化中获得市场需求弹性的相关信息。当企业以偏离竞争对手的平均价格进行产品销售时，虽然有可能遭受潜在的利润损失，但该企业可以通过观察其收入的变化来获得有关市场需求的相关信息，这些信息有可能使其在未来的经营中获取更多的利润。由于存在固定的运营成本，企业价格调整的失败可能导致其退出市场，在经济上行期，企业的试错成本较高，通常不会贸然调整定价；当经济不景气时，企业试错的机会成本较低，因此部分企业会选择采取"冒险"的价格调整行为，进而导致产品价格和企业销售量的波动性增大，企业层面的不确定性随之增加。Tian（2015）的研究在一定程度上验证了上述观点，其将风险投资项目选择纳入企业决策问题，使模型中的企业可以选择其生产的风险级别。模型结果表明：小企业比大企业的生存率更低，更有可能承担风险，但是生存下来的小企业将表现出较高的生产率；在衰退期会有更多的企业选择风险较高的投资项目，这也导致企业出现较高的退出率。

Decker 等（2016）虽然赞同企业层面的不确定性是对宏观经济波动的内生响应，但是认为企业层面的不确定性的逆周期性主要是由企业的市场接触范围变化导致的。基于美国企业层面的数据研究发现，高生产率企业的不确定性比低生产率企业要低，且高生产率企业的不确定性会体现出明显的逆周期性，而低生产率的企业的不确定性则对经济周期没有明显反应。其认为出现这种现象的原因是高生产率的企业会在经济上行期选择进入更多的市场，市场的扩大虽然会让企业获取更多的经营利润，但是也会导致企业更容易受到外生冲击的影响，而低生产率的企业虽然市场份额较小且不确定性更高，但其受外生冲击影响的概率也相对较小。

Straub 和 Ulbricht（2017）尝试从信贷约束的视角解释不确定性的变化原因，认为企业层面不确定性的提升是对宏观经济下行的反应，并放大了外生冲击对宏观经济运行的不利影响。在其理论模型中，企业需要外部融资才能生产。当金融冲击导致经济基本面的不确定性很高时，企业获得融资的机会就会受到限制，企业的生产就会逐步减少甚至停止，生产活动的减少限制了有关公司信息的产生，增加了不确定性并使企业资金问题更加严峻，此时又进一步限制了企业正常生产活动的进行，在上述作用机制下，暂时的金融冲击会显著增加不确定性并造成长期的经济衰退。

2.3.2 从实证角度探讨不确定性内生性的相关研究

2.3.2.1 不确定性变化是对经济波动的内生响应

Bachmann 等（2013）最早从实证上讨论内生不确定性，基于常规 SVAR 模型和长期约束，Bachmann 等（2013）发现高不确定性是经济衰退的附带结果，而不是衰退的原因，因为衰退是经济活动的"中断"时期，重新建立这些关系可能产生不确定性。Mumtaz 和 Theodoridis（2020）在基于美国数据进行实证研究时发现，货币政策冲击会对部分宏观经济变量的不确定性产生重要影响，具体而言，1%的货币政策冲击将导致美国的通胀率和失业率的不确定性上升 15%左右。随后，其建立了一个 DSGE 模型并结合美国实际情况对相关参数进行了校准，数值模拟结果表明，从理论模型进行的模拟表明，家庭对长期失业的担忧与货币当局逐步调整货币政策的方式并存是导致不确定性上升的核心传导机制。换句话说，这些风险与政策利率平滑化参数的组合是货币政策冲击对不确定性产生影响关键条件。

2.3.2.2 不确定性变化是导致经济波动的外生冲击

Angelini 等（2019）在探讨不确定性和经济波动的因果关系时构建了一个包含金融确定性、宏观不确定性和产出的三变量 SVAR 模型，并在冲击识别时采用了异方差识别法，具体而言，其利用模型中变量波动率的断点将样本区间划分为三个子区间，并允许同期效应矩阵中的元素在不同的子区间内拥有不同的取值。利用上述方法进行实证分析的结果表明，美国的金融不确定性和宏观不确定性的变化都是导致宏观经济波动的外生冲击，而不是对宏观经济波动的内生响应。Angelini 和 Fanelli（2019）在研究不确定性内生性时也采用了 Angelini 等（2019）三变量 SVAR 模型，但在实证研究过程中，Angelini 和 Fanelli（2019）将私人住房供给冲击和石油冲击作为工具变量以实现对于结构冲击的识别，工具变量识别结果同样表明，宏观不确定性和金融不确定性均是导致经济波动的外生冲击。

2.3.2.3 不确定性变化和经济波动的关系存在异质性

Carriero 等（2018）采用均值波动率 SVAR 模型对宏观不确定性和金融不确定性进行内生性识别，其在设置计量经济学模型时考虑了不确定性和经济变量之间的同期影响，并利用宏观数据的异方差性对该 SVAR 模型进行识别。研究结果发现，宏观不确定性变化是导致美国经济波动的外生冲击，而美国金融不确定性变化是对宏观经济波动的内生响应。值得注意的是，Carriero 等（2018）在实证研究过程中将宏观不确定性和金融不确定性分别放在两个双变量 SVAR 模型中进行内生性识别，并未将两种类型的不确定性放在同一个 SVAR 模型中进行分析，这种处理方式有可能导致不确定性内生性识别结果的偏差（Ludvigson et al., 2020）。与 Carriero 等（2018）的做法不同，Ludvigson 等（2020）在识别不确定性的内生性时构建一个包含金融确定性、宏观不确定性和产出的三变量 SVAR 模型，其首先基于叙事法构建了一个事件冲击约束集对结构冲击的大小进行约束，其次又借助避险资产价格和股市收益率约束结构冲击的符号。有趣的是，利用上述识别方法得到的研究结果和 Carriero 等（2018）完全相反，即金融不确定性变化是导致美国经济波动的外生冲击，而美国宏观不确定性变化是对宏观经济波动的内生响应。

2.3.3 关于内生不确定性研究的文献述评

从上述文献可以看出，随着不确定性研究的不断推进，关于不确定性的来源及与宏观经济波动关系的研究成果不断涌现，其中从理论角度解释不确定性来源的文献更为丰富。虽然学者们针对不确定性的来源提出了不同的见解，但仔细分析相关文献可以发现，大部分研究均以不完全信息为假设构建模型，即以家庭和厂商为代表的决策者均无法准确预知未来走势，只能够通过"干中学"或观察其他经济主体行为的方式获取新的信息，并通过贝叶斯学习过程来逐步调整自身预期。这样的模型设置方式可以很好地体现不确定性所具有的"不可预知"和"无法观测"的特点。

总体而言，关于不确定性内生性的实证研究尚处于起步阶段。虽然研究成果相对较少且学界关于不确定性和经济波动之间的因果关系尚未达成一致，但是学者们为分析该问题所提出的实证研究方法为研究贸易政策不确定性的内生性问题提供了参考。在上述研究成果中，Ludvigson 等（2020）所使用的冲击约束集几乎全部来自对基本事实的分析，且其在分析过程中并未从主观对结构冲击施加更多的约束，因此，这种方法在贸易政策不确定性理论研究尚不完善的情况下，对研究中国贸易政策不确定性的内生性具有很高的借鉴价值。

2.4 其他经济政策不确定性的影响研究

2.4.1 从整体视角分析经济政策不确定性的影响

2.4.1.1 经济政策不确定性对宏观经济运行的影响

Rodrik（1991）是研究政策不确定性影响的先驱，其认为如果政府新公布的改革措施太过激进，就可能导致市场主体对政策的持续性产生怀疑，此时投资决策者会选择推迟投资或直接放弃投资，这样就会在一定程度上抵消改革措施本身的正面效应。此外，正是因为改革存在政策不确定性，无法确定最终的政策效果以及获益群体，导致了一些提高生产效率和促进经济发展的措施最终无法顺利推行（Fernandez & Rodrik，1991）。Born 和 Pfeifer（2014）在新凯恩斯 DSGE 模型框架内分析了政策不确定性冲击对宏观经济运行的影响，数值模拟结果表明政策不确定性冲击虽然会导致产出下降，但其影响相对较小，且名义刚性是政策不确定性冲击对宏观经济运行产生负面效果的核心机制。许志伟、王文甫（2019）采用类似的研究框架分析了中国经济政策不确定性冲击对宏观经济运行的影响，结果表明，经济政策不确定性冲击不仅会导致经济下行，还会引起产出和物价波动性的上升，如果在研究时纳入政策预期变量，经济政策不确定性对中国宏观经济的影响将会更大。

金雪军等（2014）最早从实证角度分析经济政策不确定性对中国宏观经济运行的影响，实证结果表明，经济政策不确定性冲击会导致宏观经济下行，其中汇率与通胀等名义指标反映得最为明显。田磊等（2017）的结果表明，经济政策不确定性冲击对中国宏观经济运行的影响较弱，虽然他们也赞同经济政策不确定性冲击会导致经济下行，但认为中国经济波动的主要驱动因素是需求冲击，经济政策不确定性冲击对中国经济波动的贡献较小。张玉鹏、王茜（2016）研究发现，中国经济政策不确定性冲击对宏观经济运行的影响存在非对称性，即经济政策不确定性冲击在经济上行时导致产出减少，在经济下行时导致产出增加。

除宏观经济运行状况外，经济政策不确定性冲击对房地产市场的影响也引起了学者们的关注。金雪军等（2014）研究发现经济政策不确定性冲击会导致房地产价格下跌，但张浩等（2015）和胡成春、陈迅（2020）却认为经济政策不确定性冲击对房价的影响存在明显的非对称性，其中前者基于 LSTVAR 模型研究发现经济政策不确定性冲击会导致房价负向偏离，而偏离幅度随政策不确定性数值的增加而扩大。后者借助 TVAR 模型研究发现，当经济政策不确定性较高时，经济政策不确定性冲击虽然会使产出下降，但会导致房价和股市收益率上升。

2.4.1.2 经济政策不确定性对企业投资的影响

Julio 和 Yook（2012）将选举当作经济政策不确定性的代理指标，并基于跨国企业面板数据发现，由选举引起的政策不确定性会导致企业在选举年的投资支出平均下降 4.8%，当选举结果确定时，前期被抑制的投资需求就会完全释放，进而导致短期内企业投资的快速增加。在将不同国家的情况进行对比分析时发现，在政权相对不稳定和中央政府支出占比较高的国家，政策不确定性对企业投资行为的影响更大。异质性分析表明，政策敏感性更高的企业在选举年对投资的调整幅度更大。与之类似，才国伟等（2018）认为各地经济政策的稳定性和当地官员的稳定性密切相关，因此可以通过观察各地官员的变动率来考察各地的政策不确定性。通过对中国上市公司研究发现,政策不确定性不仅会通过缩小企业融资规模的方式阻碍企业投资,还会通过降低融资对投资促进作用的方式来减少企业投资。此外,政策不确定性对企业投资的阻碍效应存在明显的异质性,即对那些融资较为困难的企业具有明显的投资抑制作用,而对那些融资相对容易的企业没有显著影响。

虽然基于选举或官员任期的角度可以在一定程度上衡量经济政策不确定性,但是通过这种方式构建指标会在一定程度上造成对经济政策不确定性的误判。事实上,官员在任期内也有可能进行相关政策调整,并导致经济政策不确定性变化。因此,部分学者尝试使用更具时变特点的指标来衡量经济政策不确定性。其中,Gulen 和 Ion（2016）将 Baker 等（2016）提供的美国经济政策不确定性指数作为经济政策不确定性的代理指标,并基于美国企业的季度面板数据研究发现,政策不确定性会对企业投资起到显著的抑制作用,且这种抑制作用在那些沉没成本较高的行业中表现得尤为明显。以上结论得到了中国实证数据的支持,陈国进、王少谦（2016）基于 Baker 等（2016）提供的中国经济政策不确定性指数研究发现,中国的经济政策不确定性在一定程度上阻碍了中国上市企业的投资行为。此外,饶品贵等（2017）认为,经济政策不确定性虽然阻碍了企业投资,但是也提高了企业的投资效率；谭小芬、张文婧（2017）研究发现,经济政策不确定性对企业投资的阻碍主要作用是通过实物期权效应和金融摩擦效应两种机制进行传导。

2.4.1.3 经济政策不确定性的其他影响

（1）在企业投融资决策方面

张成思、刘贯春（2018）基于非金融类上市企业数据分析了贸易政策不确定性对企业融资行为的影响,结果表明,经济政策不确定性上升会导致固定资产收益率下降且企业未来的现金流不确定性上升,为应对这种局面,企业会在降低杠杆率的同时增加现金持有量,且上述变化在高融资约束的企业中表现得更加明显。此外,宫汝凯等（2019）基于中国全部上市企业数据的研究结果也表明经济政策不确定性上升会导致企业降低杠杆率,但并未对其传导机制进行进一步分析。宋全云等（2019）利用银行信贷数据研究发现,经济政策不确定性会显著提升企业从银行获取贷款的融资成本,并认为导致这种现象的原因是经济政策不确定性使得银行在风险控制方面表现得更加谨慎。与前述研究成果不同,彭俞超等(2018)将研究的重点放在了企业投资行为方面,研究结果表明,经济政策不确定性的上升会明显降低企业金融资产的持有规模,且这种抑制作用在低融资约束企业中表现得最为明显。

(2) 在企业生产经营决策方面

顾夏铭等(2018)分析了经济政策不确定性对企业创新的影响,结果表明,经济政策不确定性上升会显著增加上市公司的R&D投入,同时也提升了这些企业的专利申请量,但是上述激励效应并不对所有企业都适用,还会因为企业的异质性而具有"选择效应"。张峰等(2019)的研究为"选择效应"的存在提供了一定的支持,其基于制造业上市企业的数据研究发现,经济政策不确定性不仅会阻碍企业的产品创新,还会导致制造业企业向服务转型。此外,经济政策不确定性导致的制造业企业产品创新受阻和去金融化还会在一定程度上降低企业的全要素生产率(王丽纳 等,2020)。

(3) 在企业经营负担方面

Dang 等(2019)研究了经济政策不确定性对企业税收负担的影响。结果表明,经济政策不确定性上升显著增加了企业的税收负担,并认为其传导机制为经济政策的不确定性增加了政府财政压力,财政压力的上升导致企业加强了税收征管力度,最终促使企业税负上升。此外,经济政策不确定性对公司税收负担的提升效应在国有企业、非高科技企业、服务业企业和东部地区的企业中表现得更加明显。于文超、梁平汉(2019)针对民营企业的研究也发现,地方政策不确定性会通过增加民营企业摊派费用、公关招待费以及税费支出而挤占民营企业生产性资源,在一定程度上佐证了Dang 等(2019)的研究结论。

(4) 在金融市场方面

Pástor 和 Veronesi(2013)认为,政策不确定性降低了政府向市场提供的隐性担保的价值,因此政策不确定性上升不仅会提升股票的风险溢价,还会导致股市波动性上升,政策不确定性导致的溢价效应和波动效应在经济下行期表现得尤为明显。贾盾等(2019)基于中国股市数据的研究证明了上述风险溢价效应的存在,并认为公告日前的风险溢价提升是对经济政策不确定性的一种风险补偿。除股票价格外,宏观经济政策不确定性增加还会导致分析师盈余预测的准确度降低,并提高盈余预测的分歧度和乐观度，企业风险与行业信息可比性是经济政策不确定性影响分析师预测效果的两个可能渠道（戴泽伟，杨兵，2020）。

2.4.2 财政政策不确定性的影响

2.4.2.1 财政政策不确定性对经济增长的影响

Fatás 和 Mihov（2013）认为财政政策不确定性对经济增长率具有明显的抑制作用，其对 93 个国家和地区数据的实证分析结果表明，1 单位标准差的财政政策不确定性上升会导致一国经济短期增长率下降超过 1%，在长期中也会导致增长率下降 0.74%。Furceri（2007）的研究却表明，财政政策不确定性主要明显降低了发展中国家的经济增长，而经济合作与发展组织（OECD）国家的增长率没有显著影响。造成上述研究结论差异的原因可能有两个：一是他们测度财政政策不确定性的指标存在差异，其中前者使用政府消费对产出变量的回归残差作为代理指标，而后者使用财政变量周期性成分的标准差对财政政策不确定性进行衡量；二是发展中国家和 OECD 国家在制度上存在差异，良好的制度环境可以在一定程度上减轻财政政策不确定性对经济增长的阻碍作用（Chong & Gradstein，2006）。Badinger（2012）的研究结果也表明经济增长率会因为财政政策不稳定而降低，但是其认为财政政策不确定性主要通过更加剧烈的经济波动来降低经济增长率。相较于上述学者，Afonso 和 Furceri（2010）在分析财政政策不确定性的影响时进行了更加详细的探讨，其研究发现不仅政府消费的波动会阻碍经济增长，而且间接税、政府补贴和政府投资等政策工具的波动均会对一国经济增长带来不利影响。

2.4.2.2 财政政策不确定性对经济波动的影响

（1）在理论分析方面

Johannsen（2014）强调了零利率下限对财政政策不确定性冲击的放大效应。其在一个具有内生资本积累过程的新凯恩斯 DSGE 模型中通过随机过程的形式引入财政政策不确定性，结果表明，当不存在零利率下限时，财政政策不确定性冲击造成的负面影响很小，而一旦在模型中加入零利率下限，正向的财政政策不确定性冲击就会引起很大的负面影响，而当名义利率处于零利率下限的边缘时，负面影响达到最大值。与 Johannsen（2014）不同，Fernández-Villaverde 等（2015）通过随机波动率的形式将财政政策不确定性冲击引入 DSGE 模型，同时基于美国数据对随机波动率自回归过程的相关参数进行了校准,数值模拟结果同样表明,财政政策不确定性冲击将对宏观经济运行产生显著的负面影响,笔者认为该负面影响的核心传导机制是,名义刚性导致价格制定者在面临不确定性冲击时主动提高加成率。王立勇、纪尧(2019)进一步将财政政策不确定性冲击纳入开放 DSGE 分析框架,并基于中国数据对模型中的相关核心参数进行了校准,模型分析结果表明,开放经济框架下财政政策不确定性冲击对宏观经济运行的负面影响更大,且该负面影响主要通过影响家庭和厂商预期的渠道进行传导。朱军等(2020)在一个包含异质性家庭的 DSGE 模型中分别分析财政支出政策不确定性冲击和税收政策不确定性冲击对中国宏观经济运行的影响,结果表明上述两种政策不确定性冲击均会对中国的宏观经济运行产生不利影响,且财政支出政策不确定性冲击的影响要大于税收政策不确定性冲击的影响。

(2)在实证分析方面

Badinger(2012)基于 88 个国家的数据研究发现,财政政策不确定性冲击不仅会导致经济增速降低,还会导致更加剧烈的经济波动。Mumtaz 和 Surico(2018)利用 SVAR 模型研究了政府支出、公共债务和税收三种财政政策不确定性冲击对美国经济波动的影响。结果表明,财政政策不确定性冲击对包括产出、消费、投资以及信心在内的众多宏观经济指标产生下行效应,且在上述三个纳入研究范围的财政政策指标中,公共债务的不确定性冲击对各宏观经济指标下行的解释力度最大。金春雨、张德园(2020)在比较中国四种政策不确定性冲击对宏观经济的影响时发现,虽然财政政策不确定性冲击会导致中国经济下行,但是其负面影响是上述四种政策不确定性冲击中最小的。

2.4.2.3 财政政策不确定性的其他影响

(1)在财政政策不确定性方面

朱军、蔡恬恬(2018)借鉴 Baker 等(2016)使用的文本分析法构建了中国的财政政策不确定性指数和货币政策不确定性指数,并发现财政政策不确定性冲击会导致中国通胀预期在短期内上升而在长期中下降,此外,和货币政策不确定性冲击相比,财政政策不确定性冲击虽然对通胀预期的影响相对较小,但是其影响却更为持久。胡久凯、王艺明(2020)研究发现,中国财政政策不确定性对财政政策调控效果存在显著影响,其中在财政政策不确定性较低的情况下,采用积极财政政策可以有效地刺激经济上行，并减少对于私人消费的挤出效应。

（2）在税收政策不确定性方面

杨君等（2020）研究发现，较高的税收政策不确定性会对企业资本回报率产生负面影响，该影响主要通过增加企业负担和企业投资波动率两种方式来进行传导，异质性分析表明，与私营企业相比，国营企业和集体企业的资本回报率对税收政策不确定性的反应更为敏感。杨武、李升（2019）基于中国省际面板数据研究发现，税收征管不确定性会对各省份的外商直接投资规模产生影响，具体而言，当税负较高时，税收征管不确定性会减少当地外商直接投资；而税负较低时，外商直接投资和税收征管不确定性呈现出正向变动的关系。

2.4.3 货币政策不确定性的影响

2.4.3.1 货币政策不确定性对宏观经济的影响

Mumtaz 和 Zanetti（2013）较早开展了对货币政策不确定性影响的研究，其利用带随机波动率的 SVAR 模型研究了美国货币政策不确定性对宏观经济运行的影响，结果表明货币政策不确定性冲击会导致名义利率、通货膨胀和产出增长出现不同程度的下降。与之类似，Creal 和 Wu（2017）研究发现货币政策不确定性冲击会导致产出下降和失业率上升，且该冲击对于通货膨胀的影响具有明显的时变效应，并认为前瞻性指引有助于引导和锚定预期，降低通货膨胀和未来短期利率的不确定性。Albulescu 和 Ionescu（2018）发现欧盟国家的货币政策不确定性对外商直接投资规模的扩大起明显的抑制作用[1]。王博等（2019）认为正向的货币政策不确定性冲击会导致违约风险增加和产出下降，且经济体中的违约风险越高，该冲击对产出的负向影响越大[2]。罗大庆、傅步奔（2020）基于中国数据的实证研究发现，货币政策不确定性冲击会导致中国产出、消费、投资和通货膨胀均出现一定程度的下降。

虽然上述学者认为货币政策不确定性冲击对宏观经济变量会产生负面

---

[1] ALBULESCU C T, IONESCU A M. The long-run impact of monetary policy uncertainty and banking stability on inward FDI in EU countries [J]. Research in International Business and Finance, 2018 (45): 72-81.

[2] 王博，李力，郝大鹏. 货币政策不确定性、违约风险与宏观经济波动 [J]. 经济研究，2019, 54 (3): 119-134.

影响，但也有部分研究给出了不同的结论。其中，Fasolo（2019）在采用与 Mumtaz 和 Zanetti（2013）相似的模型设置研究巴西货币政策不确定性的影响时却发现，货币政策不确定性冲击会引起巴西国内通胀和利率上升。邓创、曹子雯（2019）研究发现，中国价格型货币政策不确定性冲击虽然在长期中对各主要宏观经济变量起一定的抑制作用，但是在短期内却会表现出明显的促进效果。

此外，部分学者研究发现货币政策不确定性冲击对宏观经济的负面影响还受到其他因素的制约。Dahlhaus 和 Sekhposyan（2018）的研究强调了货币政策不确定性冲击对宏观经济运行的非线性影响，即货币政策不确定性冲击会导致美国经济衰退，在紧缩货币政策背景下，货币政策不确定性冲击的衰退效应较强，在宽松货币政策背景下，货币政策不确定性冲击的衰退效应较弱。Istrefi 和 Mouabbi（2018）基于瑞典、西班牙和 G7 成员国的数据研究发现，产业结构和市场有效性对货币政策不确定性冲击的负面效果存在一定影响，具体而言，该冲击对利率敏感部门所占比较高国家的宏观经济影响更大，且较强的劳动力市场刚性也会放大该冲击的负面效果。李成等（2020）也发现中国货币政策不确定性冲击在经济上行期时对宏观经济存在正面影响，而在经济下行期则表现出一定的负面作用。丁剑平、刘璐（2020）研究发现较高的货币政策不确定性会降低人民币汇率对于宏观经济新闻的反应灵敏度。

2.4.3.2 货币政策不确定性对企业行为的影响

孙健等（2017）研究发现，货币政策不确定性上升会导致企业的融资成本上升，因此企业为了获取更多的资源又会选择主动向市场披露更高质量的会计信息。杨鸣京等（2019）研究发现，当货币政策不确定性较高时，上市公司股权质押对企业创新的抑制作用更加明显，这是因为在股权质押后，上市公司的风险承担能力下降，而货币政策不确定性则加剧了上市公司承担的风险。何德旭等（2020）研究发现，货币政策不确定性上升将导致企业资本结构调整变得相对缓慢，这是因为货币政策不确定性提高了银行发放贷款的机会成本，同时推高了企业的贷款利率。顾海峰、卞雨晨（2020）的研究结果表明，货币政策不确定性提高会减弱跨境资本流动对银行流动性风险的促进作用。

2.4.3.3 货币政策不确定性的溢出效应

美国作为全球最大的经济体，其货币政策不确定性对其他国家的溢出效应首先引起了学界的关注。Chadwick（2019）研究发现，美国的货币政策不确定性冲击导致了巴西、印度和土耳其等国家实体经济的恶化，其原因是该冲击引起了国际汇率市场的不稳定，降低了这些国家的国际贸易流量并抑制了其投资规模的扩大。Trung（2019）采用 GVAR 模型对 32 个国家的数据进行了分析，结果表明，美国的货币政策不确定性上升会导致别国通胀和利率的下降，同时导致货币贬值和产出减少，此外，该负面溢出效应的大小还受到各国开放程度、发展水平和制度因素的影响。郝大鹏等（2020）重点分析了美国货币政策不确定性对中国宏观经济运行的影响，其研究发现，美国货币政策不确定性上升会对中国的产出和投资产生不利影响，并加剧宏观经济波动。Cai（2018）研究了美国货币政策不确定性对别国金融市场的溢出效应，结果表明，美国货币政策不确定性冲击在1997—2001 年对澳大利亚和新西兰股市存在一定的促进作用，而在 2009 年欧债危机以后则表现出明显的抑制作用。

除美国外，部分学者研究发现其他国家和地区的政策不确定性或也存在一定的溢出效应。其中，Gabauer 和 Gupta（2018）研究发现美国和日本的货币政策不确定性存在双向溢出效应，且各国的货币政策不确定性会持续推动对方的贸易政策不确定性上升。Antonakakis 等（2019）研究发现，欧盟债务危机爆发后，希腊的货币政策不确定性对欧洲的经济政策不确定性存在着显著的正向溢出效应，较高的经济政策不确定性延缓了欧洲经济的复苏进程。Apostolou（2019）发现，欧盟的货币政策不确定性导致新兴市场国家的投资和消费下降，同时引起新兴市场国家的资本外逃。

2.4.4　关于其他政策不确定性影响研究的文献述评

从政策不确定性影响的相关研究成果中可以发现，与早期分析贸易政策不确定性影响的相关文献主要集中于微观实证领域不同的是，学界早期关于其他经济政策不确定性的研究集中于宏观领域，主要使用 SVAR 模型实证来分析经济政策不确定性短期变化对整个系统的影响，并基于实证分析结果建立 DSGE 模型来模拟分析政策不确定性冲击对宏观经济运行的动态影响并解释其作用机制与传导路径。随着研究的深入，部分学者开始尝试将经济政策不确定性的影响研究引入微观实证领域，并着重分析经济政策不确定性对企业行为的影响。虽然研究对象存在一定差异，但这些研究成果依然对研究贸易政策不确定性的宏观经济效应有一些借鉴意义：首先，目前使用 DSGE 模型作为分析工具研究单一政策不确定性变化对宏观经济运行影响的相关研究成果中，大部分都采用政策工具随机波动率的方式来引入政策不确定性冲击，这种引入方式为分析贸易政策不确定性对宏观经济运行的影响提供了新的思路；其次，分析政策不确定性影响企业经营决策的相关实证研究成果可以为分析贸易政策不确定性冲击的传导路径和作用机制提供一定参考，有利于研究者在构建 DSGE 模型时设置更符合现实的企业行为方式；最后，实证分析经济政策不确定性变化对整个宏观经济影响的研究成果中，SVAR 模型的设置方式和冲击识别方法对研究贸易政策不确定性冲击对宏观经济运行的影响具有较高参考价值。

2.5 本章小结

本章从贸易政策不确定性的理论研究、贸易政策不确定性的实证研究、内生不确定性的相关研究和其他经济政策不确定性的影响研究四个方面进行文献梳理，得到以下结论：

第一，有关贸易政策不确定性的理论研究主要涉及作用机制和测度方法。贸易政策不确定性的作用机制主要基于实物期权效应和预防性动机展开，总体而言，研究框架经历了从局部均衡分析到一般均衡分析的转变。还有两个方面值得拓展：一是在模型假定中考虑家户或者厂商的跨期借贷行为；二是考虑企业进入与退出机制。贸易政策不确定性的测度方法主要有关税测量法、随机波动率法和不确定性指数法。学者们从学理上分析了三种方法的优劣势，但是目前少有研究结合经济实践对三种方法的准确性进行比较。

第二，有关贸易政策不确定性的实证研究主要包括贸易政策不确定性对国际贸易、企业经营行为以及其他方面的经济影响。这些研究主要集中于微观实证领域，多以签订双边或多边贸易协定为背景分析贸易政策不确定性下降的有利影响。有两个方面值得拓展：一是结合相关事件分析贸易政策不确定性上升的影响；二是分析贸易政策不确定性的来源。

第三，有关内生不确定性的相关研究主要是解释不确定性的来源以及分析不确定性和经济波动的因果关系。大部分理论研究都在不完全信息假设下展开，体现了不确定性的"不可预知"和"无法观测"的特点。而实证研究还处于起步阶段，有关不确定性和经济波动关系的结论并不一致。

  第四，其他经济政策不确定性的影响研究主要涉及经济政策不确定性、财政政策不确定性和货币政策不确定性的影响。这些研究集中于宏观领域，其"引入政策不确定性冲击的方式""引入企业经营决策机制的假定"以及"冲击识别方法的选择"对于研究贸易政策不确定性冲击的影响具有借鉴意义。

3 贸易政策不确定性测度方式的分析与比较

3.1 贸易政策不确定性测度方式的研究现状

从贸易政策不确定性的研究现状来看,学者们使用的测度方式主要有三种。第一种测度方式是侧重贸易政策不利变化幅度的"关税测量法",该方式通过计算某种商品目前的关税税率与潜在最高税率的差距来衡量不确定性,差距越大,该商品面临的贸易政策不确定性越强;反之亦然。这种方式所需的数据可得性强,过程易于计算,且能在一定程度上反映进出口商品在国际贸易中的异质性,因而在贸易政策不确定性的微观实证研究中得到广泛运用。第二种测度方式是侧重贸易政策发生变化概率的"不确定性指数法",这种方式是统计"贸易""政策""不确定性"等关键词在一定时间内出现在报刊资料或新闻网站上的频率,进而生成贸易政策不确定性指数,指数越大,贸易政策不确定性越强;反之亦然。由这种方式生成的指数具有明显的时变特征,可以反映不确定性的动态变化。第三种测度方式是"随机波动率法",这种方式和"不确定性指数法"的侧重点类似,也主要反映贸易政策发生变化的概率。具体而言,该方式认为贸易政策的变化主要体现在进口商品关税税率的变化上,并假设一国进口商品关税税率服从一个具有随机波动率的向量自回归过程,并用不同时间点上的随机波动率衡量贸易政策不确定性的高低。

由于现存关于贸易政策不确定性的研究成果要么是针对现实贸易政策不确定性问题的纯粹实证研究,要么是实证研究结合理论研究(余智,

2019），如果贸易政策不确定性的测度方式选择出现偏差，后续实证结果的准确性就难以得到保证。因此，如何准确测度贸易政策及其变化，就成为贸易政策不确定性实证研究的首要问题。

除实证研究外，测度方式的选择对贸易政策不确定性的理论研究同样具有重要意义，目前在宏观结构模型中引入贸易政策不确定性的方式主要有两种，第一种是以马尔科夫过程（Markov process）的形式引入贸易政策不确定性（Steinberg, 2019），在这种引入方式下，笔者假设未来一国的贸易政策服从一个马尔科夫过程，贸易政策不确定性的高低主要体现在转移矩阵中的各个转移概率上，这种建模方式可以在模型中同时体现贸易政策变化的可能性和变化幅度，在理论分析的同时还能够进行较为精确的定量分析。但这种方式一般要求建模者对未来贸易政策的几种可能的走向十分了解，即可以清楚地描述贸易政策不确定性在下一期有几种可能的状态，并且知晓从现有状态转换到各种可能状态的概率分布情况。第二种是以关税税率二阶矩的形式引入贸易政策不确定性，Caldara 等（2020）在分析贸易政策不确定性的宏观影响时，通过在 DSGE 模型中引入进口商品关税税率的二阶矩冲击的方式代表贸易政策不确定性冲击。这种引入方式虽然在定量分析方面比马尔科夫过程稍差，但是其模型假设较为宽松，理论分析结果也更为直观。只有在"关税测量法"能够准确测度贸易政策不确定性的前提下，在结构模型中通过马尔科夫过程引入贸易政策不确定性才是合理的；否则，以关税税率二阶矩的形式引入贸易政策不确定性的方式将更为恰当。

比较贸易政策不确定性测度方式的重要性不仅体现在学术研究方面，而且对社会经济主体做决策也具有重要的参考价值。如果"关税测量法"能够准确地衡量贸易政策不确定性，而"不确定性指数法"和"随机波动率法"不能，则社会经济主体在面临贸易政策不确定性时，应更多地思考政策发生变化之后的潜在损失；反之，如果"不确定性指数法"和"随机波动率法"能够准确地衡量贸易政策不确定性，而"关税测量法"不能，则重视贸易政策发生改变的可能性比衡量潜在损失更有参考意义。

现有关于贸易政策不确定性的研究主要依据数据的结构特征来选择测度方式，没有结合实际情况对不同方式进行比较，这主要因为不确定性也被称为模糊性（Ilut & Schneider, 2014），是不可度量的风险（Bloom,

2009；Decker et al.，2016）。作为一个抽象的概念，不确定性无法像 GDP、居民消费和投资等传统意义上的宏观变量被直接观测，既有研究更多的是采用合成代理变量的方式对其进行衡量（Jurado et al.，2015；Baker et al.，2016），进而从经济学理论或直觉角度对衡量方式的准确性进行判断，贸易政策不确定性亦是如此。

虽然对贸易政策不确定性的测度方式进行比较十分困难，但本次中美贸易摩擦的一些基本事实能够为比较上述三种测度方式提供现实依据：一方面，在本次中美贸易摩擦期间，两国贸易政策的调整主要体现在加征关税方面，因此，可以结合本次中美贸易摩擦期间两国的加征关税税率对"关税测量法"的准确性进行验证，分析当"坏"事件发生时，出口商所面临的潜在损失是否和研究假设相同。另一方面，本次中美贸易摩擦持续时间共历时近两年（2018 年 3 月至 2020 年 1 月），较长的时间跨度为分析期间贸易政策不确定性指数的变化和估计进口关税税率的随机波动率创造了客观条件。因此，本章将以本次中美贸易摩擦中的基本事实作为标准，对以上三种测度方式进行比较与分析。

3.2 "关税测量法"与现实情况的比较分析

3.2.1 "关税测量法"的基本思想与测度方式

"关税测量法"最早由 Handley 于 2014 年在研究澳大利亚贸易政策不确定性降低对其进口的影响时提出，是目前有关贸易政策不确定性影响的微观实证研究中运用得最为广泛的方法（龚联梅，钱学锋，2019）。该方法的核心思想在于：贸易政策的不确定性主要体现为进口国关税税率的不确定性，最惠国待遇虽然使得进口国目前对进口商品征收较低的关税，但在未来一段时间内，进口国仍然有可能将现行进口商品税率提高到该国税法规定的最高水平，最高税率和现行税率之间的税率差异（以下简称"税率差异"）就是贸易政策不确定性的来源，并且由于面临税率差异，不同类型进口商品所面临的贸易政策不确定性也具有一定的区别。

上述核心思想可以总结为以下两个关键性论点：

第一，出于贸易保护主义或其他方面的原因，进口国有动机在未来合法地提高进口商品关税税率。国际贸易中的基本事实可以为该论点提供论据，如澳大利亚坚持认为自身既不是发展中国家，也不是完全工业化的国家，并要求灵活地征收关税以保护其具有成本劣势的幼稚产业（Snape et al.，1998）；1980—1999年，美国国会每年都会对"是否给予中国最惠国待遇"进行审议，如果中国失去最惠国待遇，则中国商品出口到美国就有可能被征收非正常贸易伙伴关税（或称为第二类关税），其中最惠国待遇平均税率约为4%，而非正常贸易伙伴关税的平均进口税率约为31%；虽然WTO规定各成员间相互征收的进口关税税率不得超过其规定的关税上限，但是仍然有税目占比超过30%的商品在被提高进口关税税率后，进口国无须向出口国进行赔偿（Bchir et al.，2006）。

第二，由于面临税率差异，不同类型进口商品所面临的贸易政策不确定性也具有一定的区别。对于这一论点，Handley和Limão（2017）的论证过程最为完备，其在针对中国加入WTO前后所面临的贸易政策不确定性进行研究时，首先从经济学直觉的角度出发，认为在中国加入WTO前，如果美国取消了中国的最惠国待遇，中国的出口到美国的商品就会被征收，此时中国的出口商会因为被收取更高的产品进口关税而遭受损失；相应的，关税差异大的产品出口商将会受到更为严重的损失，因此其出口量和出口产品价格受贸易政策不确定性的影响也就越大。

除上述分析外，Handley和Limão（2017）还构建了一个具有垄断竞争市场结构的异质性企业出口决策模型，并从企业决策均衡方程中推导出企业的出口额对数增长率 $\ln R$ 与税率差异[①]的函数 $f\left(\dfrac{\tau_2}{\tau_{\mathrm{MFN}}}\right)$ 存在线性关系，并基于美国从中国进口商品的微观数据，利用Kolmogorov-Smirnov（K-S）检验证明了中国加入WTO以后，高税率差异的商品和低税率差异的商品在出口增长率和产品价格变动方面均存在显著差异，进而采用半参估计（semiparametric fit）方法对 $\ln R$ 与 $\dfrac{\tau_2}{\tau_{\mathrm{MFN}}}$ 的关系进行拟合，最终确定贸易政

---

① Handley和Limão（2017）在论文中将中国出口到美国的商品所面临的关税差异表示为 $\tau_2/\tau_{\mathrm{MFN}}$，其中 $\tau_2 = \ln(1+T_2)$，$\tau_{\mathrm{MFN}} = \ln(1+T_{\mathrm{MFN}})$，$T_2$ 为美国进口商品第二类关税税率，T_{MFN} 为美国进口商品的最惠国待遇税率。

策不确定性 TPU 与税率差异 $\frac{\tau_2}{\tau_{MFN}}$ 的关系满足 TPU = $1 - \left(\frac{\tau_2}{\tau_{MFN}}\right)^{-3}$。

与前文所述不同，Pierce 和 Schott（2016）在研究中国加入 WTO 的影响时，直接用不同情况下潜在的最高关税税率和目前适用的关税税率的差额来衡量中国商品出口到美国所面临的贸易政策不确定性变化，而 Handley 和 Limão（2015）在对葡萄牙加入欧共体前后贸易政策不确定性变化的影响展开研究时，测度不确定性的方式为 TPU = $\frac{1 - (\tau_2/\tau_{MFN})^\sigma}{\sigma - 1}$，其中 σ 为商品的进口替代弹性。虽然这两种测度贸易政策不确定性的方法在计算公式上存在一定差异，但是核心思想一致，即通过衡量潜在的关税变化幅度来测度贸易政策不确定性（余智，2019）。

从前文中"关税测量法"的核心思想和测度方式可以看出，虽然该方法计算简单，并且能够体现不同类型的产品所面临的不确定性差异，但是该方法能够准确衡量贸易政策不确定性存在一个十分关键的前提假设，即假设当"坏"事件发生时，进口国会直接取消别国进口商品的最惠国待遇，而不是针对个别商品征收反倾销税或反补贴税，同时也不会采取其他附加措施。这一前提假设相对较强，通常采用这种方法测度贸易政策不确定性需要研究者对关税税率的几种潜在变动结果具有很强的信心，现有研究多以某个国家加入多边贸易组织或签订双边贸易协定的具体事件作为分析对象（龚联梅，钱学锋，2018），并在研究开始之前需结合客观史实分析该假设的合理性，极大地限制了该方法的适用范围。

3.2.2　与现实情况的比较分析结果

本章的比较思路是：首先利用"关税测量法"计算出两国商品出口到对方国家时，所面临的贸易政策发生不利变化的"理论值"；然后基于中美贸易摩擦期间两国相互加征关税的基本事实，利用"关税测量法"计算"坏"事件发生时，两国商品出口到对方所面临的贸易政策发生不利变化的"实际值"；最后将其按照各自公布的 HS 产品编码进行匹配，并比较二者的异同。

3.2.2.1　与美国关税实际变化比较

在中美贸易摩擦期间，美国政府先后公布过 4 份加征进口关税的商品清单，并威胁对其中约 5 500 亿美元的中国商品提高进口商品关税，涉及美国 HS-8 分类目录下的 10 241 种商品①。在具体实施过程中，美国政府先后 5 次对中国商品采取加征关税的措施，并将 2 000 亿美元的中国进口商品加征税率从 10%上调至 25%，并且第 4 批公布的 3 000 亿美元的商品清单与之前已经公布的 3 批清单中有部分产品重复，实际上在本次中美贸易摩擦期间，中国出口到美国的商品面临着 3 个不同的加征税率。结合以上基本事实，本书在进行比较过程中，将基于每个不同的加征税率计算贸易政策发生不利变化的"实际值"。本书并将其与利用美国进口商品关税税则②计算出的贸易政策发生不利变化的"理论值"按照美国 8 位进口商品编码（HTS-8）进行匹配，共匹配成功 7 814 种商品③。

图 3.1 展现了在同一种计算方法下，理论中的贸易政策不确定性数值与实际发生的贸易政策不确定性数值之间的累积分布函数与 K-S 检验结果。其中，(a) (c) (e) 展示了当依据 Handley 和 Limão (2017) 的方法计算贸易政策不确定性时，"理论值"与"实际值"的累积分布函数图，(b) (d) (f) 展示了当依据 Pierce 和 Schott (2016) 的方法计算贸易政策不确定性时，"理论值"与"实际值"的累积分布函数图，Rate1 为未考虑美国上调 2 000 亿美元中国输美商品加征关税税率时，按照总体加征关税税率计算而来的实际贸易政策不确定性的累积分布函数情况；Rate2 为美国上调 2 000 亿美元中国输美商品加征关税税率之后，但未考虑清单中有部分产品重复时，按照总体加征关税税率计算而来的实际贸易政策不确定性的累积分布函数情况；Rate3 为同时考虑美国上调 2 000 亿美元商品关税税率和部分产品重复时，实际贸易政策不确定性的累积分布函数情况。就累积分布函数的形状来看，无论是在哪种计算方式下，根据 Rate1、Rate2 和 Rate3 计算而来的实际贸易政策不确定性和相应的贸易政策不确定性理论值间的累积分布函数均存在较大差异，且 K-S 检验结果也支持这一结论。

---

① 具体加征关税税目参见美国贸易代表办公室 2018 年第 5 号文件（USTR-2018-0005）、2018 年第 26 号文件（USTR-2018-0026）与 2019 年第 4 号文件（USTR-2019-0004）。

② 这里使用的是美国 2020 年第五版的关税数据，数据来源：美国国际贸易委员会（United States International Trade Commission），https://www.usitc.gov/harmonized_tariff_information

③ 部分加征关税的商品需要缴纳从量税，而"关税测量法"是基于从价税率变动提出的方法，因此本书为了保证计算结果的精确性，剔除了需要缴纳从量税的商品。

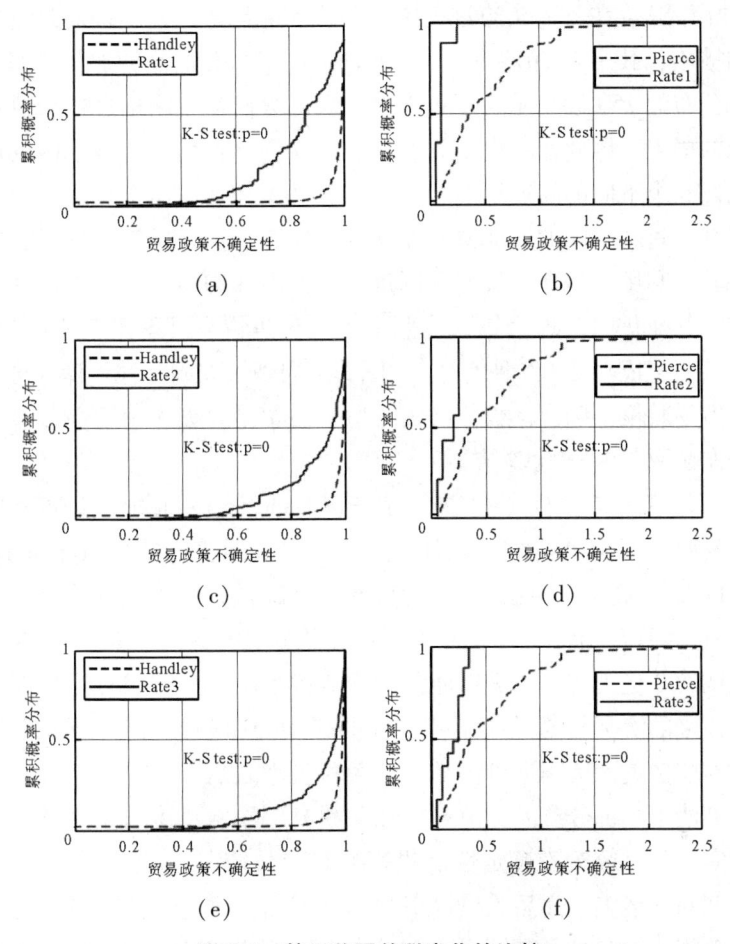

图 3.1 基于美国关税变化的比较

[注：(a)(c)(e) 为当利用 Handley 和 Limão 的方法进行计算时，贸易政策不确定性理论值与实际值的结果，(b)(d)(f) 为当利用 Pierce 和 Schott 的方法进行计算时，贸易政策不确定性理论值与实际值的结果]

3.2.2.2 与中国关税实际变化比较

在中美贸易摩擦期间，中华人民共和国国务院关税税则委员会办公室（以下简称"关税司"）先后公布过 3 份加征进口关税的商品清单，准备对来自美国的进口商品征收惩罚性关税，涉及中国 HS-8 分类目录下的

7 685种商品①。在具体实施过程中，关税司先后5次对美国商品采取加征关税的措施，其中在2019年5月13日提高了部分商品的加征税率，并且第3批公布的750亿美元的商品清单中有部分商品在之前已经被执行了加征关税的措施，因此在本次中美贸易摩擦期间，美国出口到中国的商品先后面临过3个不同的加征税率。结合以上基本事实，本书在进行比较过程中，将基于每个不同的加征税率计算贸易政策发生不利变化的"实际值"。本书将其与利用《中华人民共和国进出口税则（2018）》计算出的贸易政策发生不利变化的"理论值"按照中国8位进口商品编码（HS-8）进行匹配，共匹配成功7 316种商品②。图3.1展现了在同一种计算方法下，理论中的贸易政策不确定性数值与实际发生的贸易政策不确定性数值之间的累积分布函数与K-S检验结果。

图3.2中（a）（c）（e）展示了依据Handley和Limão（2017）的方法计算贸易政策不确定性时，"理论值"与"实际值"的累积分布函数图，（b）（d）（f）展示了依据Pierce和Schott（2016）的方法计算贸易政策不确定性时，"理论值"与"实际值"的累积分布函数图，Rate1为未考虑关税司上调600亿美元美国进口商品加征关税税率时，按照总体加征关税税率计算而来的实际贸易政策不确定性的累积分布函数情况；Rate2为关税司上调600亿美元美国进口商品加征关税税率之后，但未考虑对750亿美元的商品清单中部分产品此前被加征关税时，按照总体加征关税税率计算而来的实际贸易政策不确定性的累积分布函数情况；Rate3为同时考虑关税司上调600亿美元商品关税税率和部分产品被重复加征进口关税时，实际贸易政策不确定性的累积分布函数情况。就累积分布函数的形状来看，无论是在哪种计算方式下，根据Rate1、Rate2和Rate3计算而来的实际贸易政策不确定性和相应的贸易政策不确定性理论值间的累积分布函数均存在较大差异，且K-S检验结果也支持这一结论。

---

① 具体加征关税税目参见《国务院关税税则委员会关于对原产于美国500亿美元进口商品加征关税的公告》《国务院关税税则委员会关于对原产于美国约160亿美元进口商品加征关税的公告》《国务院关税税则委员会关于对原产于美国约600亿美元进口商品实施加征关税的公告》《国务院关税税则委员会关于对原产于美国的部分进口商品（第三批）加征关税的公告》。

② 实际上《中华人民共和国进出口税则（2018）》共计包括13 547条进口商品税目（含HS-10编码税目），与前文中同美国关税实际变化情况对比类似，在这里仅按照HS-8编码进行匹配，并删去需要缴纳从量税的商品。

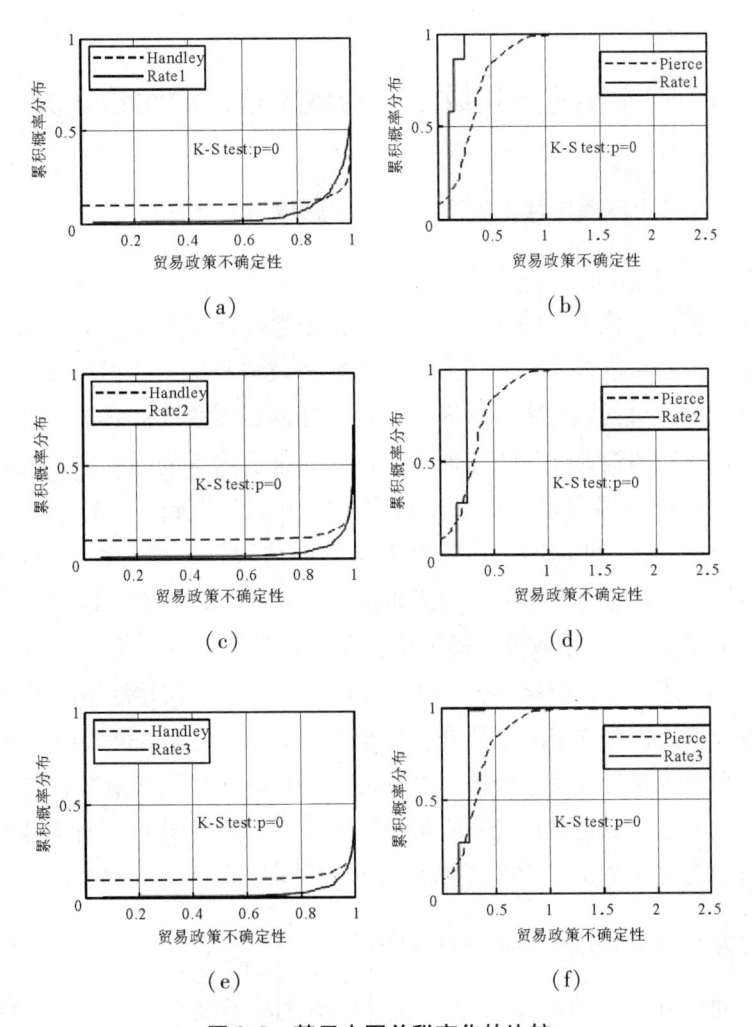

图 3.2 基于中国关税变化的比较

[注：(a)(c)(e)为当利用 Handley 和 Limão 的方法进行计算时，贸易政策不确定性理论值与实际值的结果，(b)(d)(f)为当利用 Pierce 和 Schott 的方法进行计算时，贸易政策不确定性理论值与实际值的结果]

综合中美两国关税实际变化情况来看，依据"关税测量法"计算而来的贸易政策不确定性指标和实际发生值存在较大差异，就本次中美贸易摩擦过程中所发生的实际情况而言，基于贸易政策发生不利变化幅度的"关税测量法"无法准确衡量贸易政策不确定性。

3.3 "不确定性指数法"与现实情况的比较分析

3.3.1 "不确定性指数法"的基本思想与测度方式

"不确定性指数法"最早由 Baker 等（2016）在测度美国经济政策不确定性时提出。该方法的核心思想在于：虽然经济政策不确定性无法被直接观测，但是可以被人们主观感知，当经济政策不确定性相对较高时，人们对其产生相对强烈的主观感知，这种感知的强烈程度能够被报纸、新闻网站等媒体所捕捉，并最终体现在上述媒体报道内容的词频中，因此可以通过统计一段时间内报刊资料或新闻网站上同时提到"经济""政策""不确定性"等关键词的文章数量来构建经济政策不确定性指数，同时，还可以通过调整上述关键词的构成来统计具体政策的不确定性，如"财政政策不确定性""货币政策不确定性"和"贸易政策不确定性"。

基于上述思想，Baker 等（2016）采用如下方法构建经济政策不确定性指数：首先，对选定的报纸进行文本分析，分别统计出报纸 i 在 t 时期刊登的内容中，同时涉及"经济""政策""不确定性"三个概念的文章数量 $X_{i,t}$。然后，确定生成经济政策不确定性指数的周期 T_1，计算报纸 i 在每个周期内的方差 σ_i，将此前统计得到的文章数量 $X_{i,t}$ 在每个计算周期内标准化为方差为 1 的不确定性频数序列 $Y_{i,t} = \dfrac{X_{i,t}}{\sigma_i}$，并求出每个计算周期内 $Y_{i,t}$ 的均值 Z_t。在此基础上，确定经济政策不确定性指数的计算基期 T_2，进一步计算出 Z_t 在计算基期 T_2 中的平均值 $\bar{Z}$。此时便可根据公式 $\text{EPU}_t = Z_t \times \dfrac{100}{\bar{Z}}$ 计算每个周期内的经济政策不确定性指数。

Handley 和 Limão（2017）将搜索关键词调整为"贸易""政策""不确定性"等相关范畴的词语之后，将上述方法应用到贸易政策不确定性的研究领域中，随后 Davis 等（2019）、Huang 和 Luk（2020）将该方法运用于测度不同时间段内中国的贸易政策不确定性，并分别基于不同的中文报纸构建了中国的贸易政策不确定性指数。其中 Davis 等（2019）在构建贸易政策不确定性指数时，主要对《人民日报》和《光明日报》进行文本分析，依据这两家报纸计算出的政策不确定性指数可追溯到1949年，可以实现较长时间的不确定性指数对比。Huang和Luk（2020）从2000年1月开始构建贸易政策不确定性指数，虽然指数跨度时间相对较短，但是该指数是基于10家中文报纸进行文本分析得到的，因此包含的信息更为丰富。因为本书主要基于本次中美贸易摩擦的基本事实判断"不确定性指数法"的准确性，没有使用2000年之前不确定性指数的必要，所以后文主要基于Huang和Luk（2020）的贸易政策不确定性指数进行比较分析。

与"关税测量法"相比，"不确定性指数法"在测度贸易政策不确定性时的优点主要体现在以下三个方面：一是基于文本分析计算得到的贸易政策不确定性指数主要体现的是市场主体对于贸易政策不确定性的主观感知，生成该指数的过程中并未对政策制定者的行为施加更多的约束性假设，因此在直觉上更容易被接受；二是"不确定性指数法"所刻画的贸易政策不确定性更加全面。如在进行文本分析时，搜索"贸易政策"范畴的关键词中不仅包括"关税"，还包括"投资协定""进口配额"等反映非关税贸易壁垒的关键词，因此最终生成的不确定性指数不仅能够体现关税的不确定性，还可以体现非关税贸易壁垒的不确定性；三是利用"不确定性指数法"计算得到的贸易政策不确定性指数具有随时间变化的性质，利用该指数进行相关研究时并不需要具体到某一标志性事件，因而就极大地扩宽了该指数的使用范围。

虽然"不确定性指数法"具有如上所述的优点，但该方法在实际运用过程中依然存在如下缺陷：一是构建贸易政策不确定性指数需要随着时间推移而不断进行大量的报刊文本的抓取与分析，其工作量相对较大；二是该方法在分析文本时所选择的关键词存在一定的主观性，如果对各范畴的关键词存在遗漏或误判，就会导致测度结果出现一定的偏差；三是很难判断不同时间点上贸易政策不确定性的差异出现的原因，这种数值差异可能是贸易政策不确定性本身变化导致的，也有可能是市场主体对贸易政策不确定性的感知能力变化导致的。

3.3.2 与现实情况的比较分析结果

本章的比较思路是：将中美两国的贸易政策不确定性指数[①]与中美贸易摩擦期间发生的基本事实进行比较，从直观上分析指数与现实的吻合度，以此判断方法的适用性。图3.3展示了中美贸易摩擦期间中美国贸易政策不确定性指数的变化情况。

由图3.3可知，从总体上来看，2018年后，随着中美贸易摩擦加剧，中美两国的贸易政策不确定性明显高于2018年前，且整体波动幅度更大。这符合此次中美贸易摩擦影响程度深、波及范围广、交涉次数多和政策变动频繁等特点。

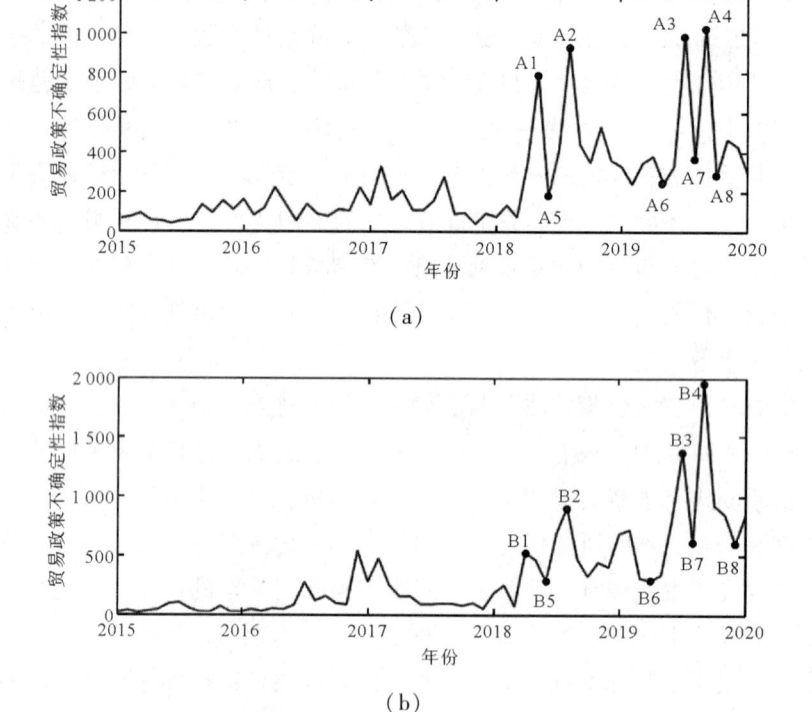

(a)

(b)

图3.3 中美贸易摩擦期间两国贸易政策不确定性指数的变化情况

---

① 其中，中国的贸易政策不确定性指数来自Huang和Luk（2020）的研究，美国的贸易政策不确定性指数来自Baker等（2016）的研究。

中国贸易政策不确定性变化如图 3.3（a）所示，从具体月份来看，点 A1—A4 为 2018 年以来中国贸易政策不确定性指数的局部峰值，这些时间点与导致中美贸易关系紧张的相关事件契合，如点 A1 为 2018 年 4 月，中美两国分别宣布将对部分进口商品提高关税，并列出产品清单，此时贸易政策不确定性数值上升至 788.31，与此类似的还有点 A2、A3 和 A4。点 A5—A8 为 2018 年以来中国贸易政策不确定指数的局部谷值，这些时间点与促进中美贸易关系缓和的相关事件契合，如点 A5 对应的时间为 2018 年 5 月，中美发布磋商联合声明，此时贸易政策不确定性数值下降至 176.89，与此类似的还有点 A6、A7 和 A8。

美国贸易政策不确定性变化如图 3.3（b）所示，在具体月份的贸易政策不确定性指数方面，点 B1—B4 为 2018 年以来美国贸易政策不确定性指数的局部峰值，这些时间点与导致中美贸易关系紧张的相关事件相一致，如点 B1 为 2018 年 3 月，时任美国总统的特朗普宣布将对中国商品开展"301 调查"，并指示美国贸易代表办公室（USTR）对中国商品加征关税，此时贸易政策不确定性数值上升至 524.65，与此类似的还有点 B2、B3 和 B4。点 B5—B8 为 2018 年以来中国贸易政策不确定指数的局部谷值，这些时间点与缓和紧张的中美贸易关系的事件紧密联系，如点 B5 对应的时间为 2018 年 5 月，中美发布磋商联合声明，此时贸易政策不确定性数值下降至 283.08，与此类似的还有点 B6、B7 和 B8。

政策不确定性指数局部峰（谷）值对应的具体事件如表 3.1 所示。

表 3.1 贸易政策不确定性数值与具体发生事件对照

峰值/谷值			时间	贸易政策不确定性数值		相关事件
				中国	美国	
峰值	—	B1	2018年3月	—	524.65	3月22日，特朗普宣布将对中国商品开展"301调查"，并指示美国贸易代表办公室（USTR）对中国商品加征关税
	A1	—	2018年4月	788.31	—	4月4日，美国宣布对中国商品加征关税；同日中国决定将对美国商品加征关税
	A2	B2	2018年7月	932.14	904.72	7月6日，美国政府实施对中国商品加征关税的措施；同日中国也开始对美国商品加征关税；7月10日，美国公布新的加征关税产品清单，其中涵盖了2 000亿美元的中国商品
	A3	B3	2019年6月	989.58	1 374.28	6月1日，美国政府上调部分中国商品的加征关税税率；同日，中国也将美国商品的加征关税税率进行上调
	A4	B4	2019年8月	1 031.01	1 946.68	8月1日，美国总统在推特上表示继续对中国产品加征新的关税；8月23日，中国宣布将对美国750亿美元的商品提高进口关税作为反制措施
谷值	A5	B5	2018年5月	176.89	283.08	5月3日至4日和5月17日至18日，中美两国代表进行了两轮会谈；5月19日两国共同发布《中美贸易磋商联合声明》
	A6	B6	2019年4月	241.67	287.66	4月3日至5日和4月30日至5月1日，中美两国代表进行了两轮会谈
	A7	B7	2019年7月	362.5	600.79	7月30日至31日，中美两国代表在上海进行会谈，并声称计划在9月举行下一轮会谈
	A8	—	2019年9月	282.46	—	当月，中美两国代表商定在10月进行双边贸易会谈，并陆续实施了对进口商品加征关税进行排除的措施
	—	B8	2019年11月	—	597.62	11月1日两国贸易代表进行了通话，取得了原则共识，并就下一轮磋商做出安排

从表 3.1 中的信息可以看出，中美两国贸易政策不确定性指数的变化与中美贸易摩擦过程中发生的重要事件密切相关，虽然两国贸易政策不确定性指数的峰值和谷值出现的时间点并不完全一致（其中 A1 和 B1 前后相差一个月，A8 和 B8 前后相差两个月），但是考虑到其余各峰值与谷值出现的时间相同，且都能够找到现实中的具体事件与之对应，可以认为基于对报纸进行文本分析构建的贸易政策不确定指数能够较好地反映此次中美贸易摩擦过程中两国的贸易政策不确定性，且丰富的时变性质还能够体现一段时期内经贸关系紧张与缓和的交替变化。

3.4 "随机波动率法"与现实情况的比较分析

3.4.1 "随机波动率法"的基本思想与测度方式

"随机波动率法"最早由 Fernández-Villaverde 等（2015）在研究美国财政政策时采用，将估计出的财政政策时变波动率作为财政政策不确定性的代理变量。假设财政政策工具的变动过程满足如下自回归特点：

$$x_t = (1-\rho_x)\bar{x} + \rho_x x_{t-1} + \varphi_{x,y}\tilde{y}_{t-1} + \varphi_{x,b}\left(\frac{b_{t-1}}{y_{t-1}} - \frac{\bar{b}}{\bar{y}}\right) +$$
$$e^{\sigma_{x,t}}\varepsilon_{x,t}, \varepsilon_{x,t} \sim N(0,1) \tag{3.1}$$

其中，$x \in \{g, \tau\}$，g 和 τ 分别代表政府支出和税率，b 代表政府债务，y 代表产出，$\tilde{y}_{t-1}$ 代表产出除趋势后的滞后项，$\bar{x}$、$\bar{b}$、$\bar{y}$ 分别代表财政政策工具、政府债务和产出的稳态水平，ρ_x 代表财政政策工具的持续性参数，$\varphi_{x,y} > 0$ 是体现财政政策自动稳定器作用的系数，$\varphi_{x,b} < 0$ 是体现债务稳定器作用的系数，$\varepsilon_{x,t}$ 为财政政策冲击，$\sigma_{x,t}$ 为财政政策冲击的随机波动率，且 $\sigma_{x,t}$ 的变化遵循如下 AR（1）过程：

$$\sigma_{x,t} = (1-\rho_{\sigma_{x,t}})\bar{\sigma}_x + \rho_{\sigma_{x,t}}\sigma_{x,t-1} +$$
$$(1-\rho_{\sigma_{x,t}})^{0.5}\eta_x \mu_{x,t}, \mu_{x,t} \sim N(0,1) \tag{3.2}$$

其中，$\bar{\sigma}_x$ 为财政政策冲击的波动率均值，$\mu_{x,t}$ 为波动率冲击，$\rho_{\sigma_{x,t}}$ 为波动率冲击的持续性参数，η_x 是波动率冲击的无条件标准差。从上述财政政策规则的设置可以发现，随机波动率 $\sigma_{x,t}$ 的变化虽然不影响财政政策工具 x_t 的绝对水平，但是决定了 x_t 的分布范围。当 $\sigma_{x,t}$ 越大时，财政政策工具 x_t 可能的分布范围越大，因此市场主体准确预测财政政策工具 x_t 的难度也就越大，换句话说，此时的财政政策不确定性也就越大。

Caldara 等（2020）在研究美国贸易政策不确定性的宏观影响时，将美国进口商品关税平均税负的随机波动率作为衡量美国贸易政策不确定性的指标，其采用如下方式测度美国的贸易政策不确定性：

$$\tau_t = (1 - \rho_\tau) \bar{\tau} + \rho_\tau \tau_{t-1} + exp(\sigma_t) \varepsilon_{\tau, t}, \varepsilon_{\tau, t} \sim (0, 1) \quad (3.3)$$

$$\sigma_t = (1 - \rho_\sigma) \bar{\sigma} + \rho_\sigma \sigma_{t-1} + \eta u_t, u_t \sim (0, 1) \quad (3.4)$$

$$\tau_t = \frac{T_t}{IM_t - T_t} \quad (3.5)$$

其中，τ_t 为第 t 期美国进口商品的平均关税税率，T_t 为第 t 期美国进口商品的关税总额，IM_t 为第 t 期美国进口商品总额，$\varepsilon_{\tau, t}$ 为关税税率冲击，u_t 为贸易政策不确定性冲击，σ_t 为关税税率的随机波动率，σ_t 的取值越大，代表美国贸易政策不确定性越高。

从前文的叙述中可以看出，"随机波动率法"在衡量贸易政策不确定性时相较于前两种方法具有以下三个优点：一是与"不确定性指数法"相比，采用"随机波动率法"测度贸易政策不确定性时，数据可获得性和方法可操作性更强，因此在实际使用过程中更为简便，工作量更小；二是与"关税测量法"相比，基于"随机波动率法"求得的贸易政策不确定性指标具有明显的时变性质，放松了对特定研究背景的要求，因而具有更加广泛的适用范围；三是基于该方法估计出的相关参数可以直接用于模型分析，使得从理论角度对贸易政策不确定性冲击进行建模变得更加简便。

虽然具有如上所述的优点，但是和"不确定性指数法"相比，"随机波动率法"在测度贸易政策不确定性时还存在以下缺陷：

第一，不确定性构成单一：从"随机波动率法"的计算过程中可以看出，利用该方法估计出的关税随机波动率只能衡量关税的不确定性，并不能反映非关税贸易壁垒的不确定性，在非关税壁垒运用范围越发广泛的情况下，采用这种方法估计出的贸易政策不确定性指标存在相对较大的测度误差。

第二，存在较大的误判风险：关税税目繁多，不同进口商品适用的关税税率差异较大，因此在使用"随机波动率法"测度贸易政策不确定性时可能存在两种误判的风险。一是当一国政府上调部分进口商品的进口关税税率而降低另一部分商品的进口关税税率，且增加的关税税额和减少的关税税额规模相差不大时，虽然观察到的平均关税税率变化不大，但是整体关税结构已经发生了较大的变化，这样就有可能造成贸易政策不确定性被低估。二是当一国的关税税率并未发生变化，而进口商品结构发生较大改变时，研究者观察到的进口商品平均税负虽然发生了较大变化，但是实际的关税税率并未改变，这样就有可能造成贸易政策不确定性被高估。

3.4.2 与现实情况的比较分析结果

估计中国关税随机波动率的样本区间为 2001 年第一季度至 2019 年第四季度，在具体估计过程中，本书首先将经季节调整后的中国进口商品总额 IM_t 与中国关税总额 T_t 的季度数据，按照 $\tau_t = T_t / (IM_t - T_t)$ 的方式计算出中国进口商品的季度关税税率 τ_t，然后将 τ_t 代入式（3.3）和式（3.4）中，利用贝叶斯估计①，将先验信息和数据信息相结合，并基于马尔科夫链蒙特卡洛（MCMC）算法和吉布斯抽样（Gibbs sampling）法得到参数估计后验信息。在这里，本书借鉴 Kastner（2016）和 Frühwirth-Schnatter and Wagner（2010）的研究设置相关参数先验，具体内容如表 3.2 所示。

表 3.2　参数先验设定

参数先验	分布说明
$\eta^2 \sim Ga(0.5, 0.5)$	参数为 0.5 和 0.5 的 Gamma 分布
$(\rho_\sigma + 1)/2 \sim Be(5, 1.5)$	参数为 5 和 1.5 的 Beta 分布
$\bar{\sigma} \sim N(0, 100)$	均值和方差分别为 0 和 100 的正态分布
$\rho_{\bar{\tau}} \sim N(0, 1\,000)$	均值和方差分别为 0 和 1 000 的正态分布
$\bar{\tau} \sim N(0, 1\,000)$	均值和方差分别为 0 和 1 000 的正态分布

设置好如上所述的参数先验之后，本书在参数估计的过程中将进行 60 000 次迭代抽样，并将前 10 000 次抽样结果烧掉，参数后验估计结果如表 3.3 所示。

---

① 关于贝叶斯估计的基本概念与运用详见附录 A。

表3.3 参数估计结果

参数	中位值	5%分位数	95%分位数
ρ_τ	0.908	0.832	0.978
ρ_σ	0.907	0.764	0.979
$\bar{\sigma}$	-6.051	-6.584	-5.226
η	0.643	0.400	0.999
$\bar{\tau}$	0.023	0.004	0.043

从表3.3中呈现的参数估计结果来看，进口关税税率的持久性参数 ρ_τ 的中位值为0.908，说明中国进口商品平均税率的稳定性相对较好，关税随机波动率的持久性参数 ρ_σ 为0.907，说明随机波动率冲击对中国进口商品平均税率的可预测性会产生较为持久的影响。在平均波动率方面，关税税率冲击的平均标准差为 $e^{-6.05}=0.00236$，反映出在样本区间内中国进口商品平均税率相对稳定，贸易政策的整体可预测性较好。

图3.4呈现了样本区间内中国进口商品关税随机波动率的变化情况，图3.4中黑色实线是根据关税税率的随机波动率 σ_t 的后验分布中位值计算得到的关税税率波动百分比，黑色虚线之间的区域为波动百分比的90%置信区间，灰色区域为依照OECD公布的合成先行指数（composite leading indicator，CLI）标注的中国经济下行区间。

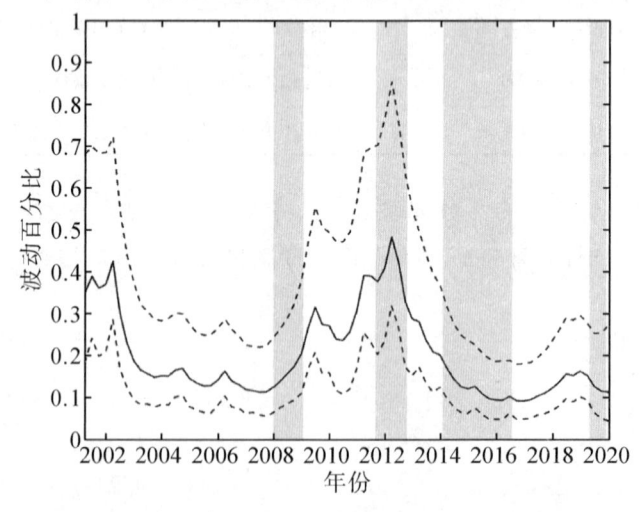

图3.4 中国进口商品关税随机波动率的变化情况

从图 3.4 中呈现的信息可以看出样本区间内中国进口商品关税的波动百分比均相对较小，仔细观察 2018—2019 年的波动百分比可知，在本次中美贸易摩擦期间，中国进口商品关税波动百分比虽然有所上升，但该上升趋势持续的时间并不长，并在 2019 年第一季度到达局部峰值后缓慢下降。进一步将中美贸易摩擦期间的波动百分比分别与 2001—2002 年、2011—2012 年两个时间段内的波动百分比进行比较时发现，在本次中美贸易摩擦期间波动百分比的上升幅度明显小于另两个时间段内的上升幅度。

出现上述现象的原因主要是以下两个：

第一，关税税率变化的波及面不同：2001—2002 年中国进口商品关税随机波动率较高主要是因为，为兑现加入 WTO 时做出的承诺，中国 2002 年的算术平均关税税率由 2001 年的 15.3% 降至了 12%，其中涉及 5 332 个税目的进口商品，占当年中国税目总数的 73%[1]；为适应国家发展战略需要，中华人民共和国商务部编制的《对外贸易发展"十二五"规划》已经将降低部分进口商品关税作为"十二五"期间外贸发展保障措施[2]之一，因此 2011—2012 年的进口商品关税出现大幅降低，其中 2011 年对 600 多种资源性、基础原材料和关键零部件产品实施较低的年度进口暂定税率[3]，2012 年对 730 多种商品实施较低的进口暂定税率，平均税率为 4.4%，比最惠国税率低 50% 以上[4]。而在中美贸易摩擦期间，中国提高进口商品关税的措施只涉及美国商品，国家统计局的数据显示，2018 年中国进口美国商品金额仅占当年总进口额的 7.26%，因此相对于前两个时段而言，本次中美贸易摩擦期间提高进口商品关税的波及面较小。

第二，政策叠加效应不同：在 2001—2002 年和 2011—2012 年两个时段内，中国调整商品关税的措施主要是降低进口关税税率，除对少量商品征收反倾销税外，并未大范围提高进口商品关税，多种降低关税的措施相互累加，导致上述时段内进口商品关税随机波动率相对较大。而在本次中

---

[1] 资料来源：中华人民共和国商务部《加入 WTO 后海关关税制度的主要变革》，http://www.mofcom.gov.cn/article/bg/200207/20020700034227.shtml。

[2] 资料来源：中华人民共和国商务部《对外贸易发展"十二五"规划》，http://www.mofcom.gov.cn/aarticle/b/e/201204/20120408091457.html。

[3] 资料来源：中华人民共和国财政部《2011 我国进出口关税将进行部分调整》，http://www.mof.gov.cn/zhengwuxinxi/caizhengxinwen/201012/t20101214_372941.htm。

[4] 资料来源：中华人民共和国财政部《2012 我国进出口关税将进行部分调整》，http://www.mof.gov.cn/zhengwuxinxi/caizhengxinwen/201112/t20111215_615746.htm。

美贸易摩擦期间,虽然中国对大量的美国商品提高了进口关税税率,但是为适应产业升级并满足群众消费需求,关税司宣布自 2018 年 11 月 1 日起降低 1 585 个税目进口商品的最惠国关税,抵消了部分对美国进口商品加征关税导致的平均关税税率上涨效应,这样也就解释了为什么关税波动百分比会在 2019 年第一季度到达局部峰值后缓慢下降。

从上面的分析可以看出,利用"随机波动率法"测度贸易政策不确定性时,会将已经提前告知的关税波动也计入贸易政策不确定性指标中(如《对外贸易发展"十二五"规划》中已经明确提出要在"十二五"期间降低部分商品的进口关税税率),因而造成贸易政策不确定性的高估。此外,"随机波动率法"未能识别本次中美贸易摩擦期间出现的不同商品关税税率反向变动造成的抵消效应,造成贸易政策不确定性的低估。因此,通过与实际情况对比可以发现,"随机波动率法"在测度贸易政策不确定性时并没有"不确定性指数法"准确。

3.5 本章小结

从贸易政策不确定性的研究现状来看,学者们在测度贸易政策不确定性时主要采用"关税测量法""不确定性指数法"和"随机波动率法"三种方法,但是现有研究都是依据数据的结构和特征来选择测度方式,没有结合实际情况对不同方式进行比较。针对这种情况,本章在对三种测度方法的基本思想和测度方法进行介绍的基础上,以本次中美贸易摩擦过程中的基本事实作为标准,对以上三种测度方法进行了比较与分析,并得出如下结论:

第一,通过对"关税测量法"的核心思想和测度方式进行分析后发现,虽然该方法计算简单,并且能够体现不同类型的产品所面临的不确定性差异,但是该方法前提假设相对较强,需要研究者对关税税率的几种潜在变动结果具有很强的信心,并在研究开始之前需结合客观史实分析该假设的合理性。在与本次中美贸易摩擦过程中的基本事实进行比较后发现,依据"关税测量法"计算而来的贸易政策不确定性指标和实际发生值存在较大差异,就本次中美贸易摩擦过程中所发生的实际情况而言,基于贸易政策发生不利变化幅度的"关税测量法"无法准确衡量贸易政策不确定性。

第二，通过对"不确定性指数法"的核心思想和测度方式进行分析后认为，虽然该方法所刻画的贸易政策不确定性更加全面，且并未对政策制定者的行为施加更多的约束性假设，但是也具有关键词存在一定的主观性、工作量相对较大等缺陷。在与本次中美贸易摩擦过程中的基本事实进行比较后认为，基于对报纸进行文本分析构建的贸易政策不确定指数能够较好地反映此次中美贸易摩擦过程中两国的贸易政策不确定性，且丰富的时变性质还能够体现一段时期内经贸关系紧张与缓和的交替变化。

第三，通过对"随机波动率法"的核心思想和测度方式进行分析后发现，该方法虽具有易于融入理论模型、适用范围广泛和计算相对简便等优点，但是也存在不确定性构成单一和存在较大的误判风险的缺点。在与中国近年来关税调整措施进行对比时发现，利用"随机波动率法"测度贸易政策不确定性时，会将已经提前告知的关税波动也计入贸易政策不确定性指标中，且未能识别本次中美贸易摩擦期间出现不同商品关税税率反向变动造成的抵消效应，低估了贸易政策不确定性。因此其在测度贸易政策不确定性时没有"不确定性指数法"准确。

4 贸易政策不确定性的内生性识别

4.1 贸易政策不确定性因果关系的研究现状

近年来，中美贸易摩擦不断，其间中美两国进行了十余轮谈判，两国的贸易政策一变再变，关税税率和征税范围持续变化。虽然中美两国在 2019 年 12 月达成了阶段性协议，但未来关税税率是否还会变化仍属未知。除中美贸易摩擦外，其他部分地区的贸易环境也不稳定。日本将韩国排除出贸易优惠"白名单"，同样引起亚洲内部贸易摩擦；由于英国"公投脱欧"，欧盟贸易政策环境变得疑雾重重；新冠病毒感染疫情暴发使得部分国家采取限制物资出口、调整进口产品标准等贸易政策来应对本国防疫物资短缺的现状。贸易政策不确定性已经成为政府决策者、企业和投资者都需要考虑的重要问题，同时也成为学界的讨论热点。

在全球贸易政策不确定性逐渐上升的背景下，有关贸易政策不确定性的研究成果大量涌现，从现有文献来看，贸易政策不确定性的上升会对企业经营行为（Crowley et al.，2018）、金融市场（Bianconi et al.，2019）和产品进出口（毛其淋，2020）等产生不利影响。既有文献都是在贸易政策不确定性的外生性假设条件下，探讨贸易政策不确定性对经济的影响，却未对这种不确定性与宏观经济波动之间的因果关系进行辨析，究竟贸易政策不确定性变化是导致经济波动的外生冲击，还是对经济波动的内生响应？这一问题的答案尚无定论。

结合近期导致部分地区贸易政策不确定性上升的相关事实来看，贸易政策不确定性可能是引起经济波动的外生冲击：特朗普领导下的美国政府长期坚持"贸易保护主义"政策，单方面对加拿大、墨西哥、中国、印度和越南等国家的输美商品加征关税，可能会导致这些国家对部分美国商品加征"惩罚性关税",对后者而言,贸易政策不确定性是外部环境变化导致的,这种不确定性的上升会直接引起进出口的变化,进而导致本国经济波动。

但是贸易政策不确定性也有可能是对经济波动的内生响应:2008年金融危机之后,各国政府都在采取各种措施来阻止本国经济下滑,人们开始普遍担心"大萧条"时期的贸易战会再次爆发(Limão & Maggi,2015),这是因为处于经济下行期的国家可能会通过改变其贸易政策的方式来刺激本国需求或降低失业率(Eichengreen,1981),在不完全信息的情况下,民众无法准确判断政府是否以及何时调整贸易政策以缓解经济下行的压力,导致贸易政策不确定性上升(Pastor & Veronesi,2012)。从这一角度来看,贸易政策不确定性的上升是对经济波动的响应,具有内生性。

中国贸易政策不确定性的变化也有可能是经济波动的结果。2011—2012年,中国经济增速连续两年下滑,从2010年的10.3%下降至2012年的7.8%。为缓解经济下行压力,进一步挖掘中国的经济增长潜力,中国政府实施了一系列贸易政策,如设立自由贸易试验区[①]、与部分国家或经济组织签署自由贸易协定(FTA)[②]、鼓励进口贸易[③]等,希望通过降低贸易壁垒的方式来促进要素流动、提高资源配置效率。由于中国"以改革促发展"的模式缺少可以借鉴的成熟经验,新的贸易政策在实施过程中会根据实际效果进行动态调整,这样就可能导致"不确定性"问题出现:作为促进高质量发展的新动力,下一个自由贸易试验区将会设在哪里?中国近期还会和哪些国家签订FTA以促进贸易自由化?为适应国内需求结构的新变化,未来将会对哪些商品通过削减关税的措施来促进进口?

贸易政策不确定性和经济波动之间的因果关系是一个具有重要研究价值和政策启示的问题。只有贸易政策不确定性外生,在理论模型中将贸易政策不确定性设计为外生随机波动率过程才合理,否则应该将贸易政策不确定性处理为内生变量。如果贸易政策不确定性是导致经济波动的外生冲

---

① 2013—2019年,中国获批的自由贸易试验区共计18个,其中2013年获批1个,2015年获批3个,2017年获批7个,2018年获批1个,2019年获批6个。

② 目前中国已经签署的FTA共计19个,其中11个FTA均为2013年之后签署,且目前正在谈判的FTA有13个,正在研究的FTA有8个。

③ 《对外贸易发展"十二五"规划》中便提出要扩大进口规模,此后,国务院办公厅2015年发布《关于促进进出口稳定增长的若干意见》,且中国在2018年和2019年均举办了进口博览会。

击,则宏观决策者无法直接影响贸易政策不确定性的变化,只能够通过采取其他相关措施来抑制由贸易政策不确定性上升带来的负面影响。如果贸易政策不确定性是对经济波动的内生响应,就可以通过向公众披露信息或做出政策承诺等方式来缓解政府与公众间信息不对称的程度,进而直接降低贸易政策不确定性。

从前文中关于贸易政策不确定性相关文献的梳理中可以看出,目前关于贸易政策不确定性的相关研究成果数量虽然在迅速增加,但理论研究的创新并不多,既有文献多是对贸易政策不确定性的影响进行实证研究,存在两方面不足:一方面,相关研究多集中于分析中国加入 WTO 的影响,而对近期的中美贸易摩擦关注较少;另一方面,已有研究多将贸易政策不确定性视为既定事实,并未分析贸易政策不确定性和宏观经济波动间的因果关系。

目前专门针对贸易政策不确定性与经济波动因果关系的研究并不多。在早期的不确定性研究中,研究者都将不确定性作为外生变量,重点分析不确定性冲击对经济活动的影响(Bloom,2009)以及不确定性指数的测度(Jurado et al.,2015)。随着研究的深入,部分学者不再满足于将不确定性视为经济系统中的一个外生变量,而是尝试解释不确定性的来源。大部分研究以不完全信息为假设构建模型,市场经济主体通过贝叶斯学习过程来逐步调整自身预期,政策改变、金融约束(Straub et al.,2018)和异常事件(Nimark,2014)均有可能成为不确定性上升的原因。总的来说,有关不确定性来源的理论仍存在分歧。

在实证方面,部分学者尝试对不确定性和经济波动的因果关系进行识别。Bachmann 等(2013)率先基于常规 SVAR 模型和长期约束识别不确定性的内生性研究发现,不确定性是对经济衰退的一种内生反应,而非引起经济衰退的原因;Carriero 等(2018)基于均值波动率模型,发现宏观不确定性的外生性较为明显,而金融不确定性具有较强的内生性;相应的,Ludvigson 等(2020)基于叙事法的冲击约束法对不确定性冲击的大小和方向进行限制,研究发现宏观不确定性是经济波动的内生反应,而金融不确定性是引起经济波动的原因之一;祝梓翔等(2020)利用中国宏观数据对不确定性内生性问题进行分析,发现不确定性可能不是纯外生的,积极的宏观政策有助于减少不确定性。

虽然有关不确定性内生性的研究尚不完善,但它已成为学术界的研究热点，一些学者提出了有效的因果识别方法，可以作为贸易政策不确定性与经济波动因果识别的重要参考。

本章的边际贡献体现在以下两个方面：一是本章将不确定性内生性识别的相关方法运用到贸易政策不确定性与经济波动的因果关系识别当中，分析中国贸易政策不确定性和宏观经济波动之间的因果关系；二是在实证研究中纳入本次中美贸易摩擦的相关情况，使得贸易政策不确定性的研究更具时效性。本章剩余内容安排如下：第 2 节结合本次中美贸易摩擦的基本事实，确定识别策略并构建结构冲击约束集；第 3 节基于结构向量自回归模型展开实证分析并进行稳健性检验，获得贸易政策不确定性和经济波动之间因果关系的识别结果；第 4 节为本章小结。

4.2 识别策略与结构冲击约束集

4.2.1 识别策略

本章采用小规模结构向量自回归（SVAR）[①] 模型识别贸易政策不确定性与经济波动的因果关系。现有大部分研究将贸易政策不确定性视为外生给定，未从实证或理论角度探讨其根源。因此在进行冲击识别时，无法从理论角度提供更多的约束条件，较为稳妥的方式是采用"叙事法"进行分析，即从历史文献中构建事件序列，以识别变量发生特定变化的原因和时间。"叙事法"曾被学者们运用于相关研究中，借以识别财政政策冲击（Ramey，2011；Romer & Romer，2010）、货币政策冲击（Romer & Romer，2004）、灾难性事件冲击（Baker & bloom，2013）。本章采用叙事法进行冲击约束（shock-based restrictions）的方式来识别结构冲击，同时引入外部工具变量对相应冲击进行约束。一方面，冲击约束的优势在于假设条件相对较弱；另一方面，基于重大事件的约束可以在政策不确定性理论尚不完善的情况下为结构冲击的识别提供合理的现实依据。识别策略如下：

构建一个三变量的 SVAR 模型，模型包括贸易政策不确定性（U_T）、工业增加值增长率（Y）、汇率和资本账户政策不确定性（U_E）。汇率政策也具有不确定性，当其不确定性提高时，汇率波动在进出口市场中对预

[①] 关于 SVAR 模型的识别问题以及常用识别方法的相关内容详见附录 B。

期投资收益和国际贸易规模的影响（Bahmani-Oskooee & Hegerty，2007）会进一步扩大，进而对经济波动产生影响（洪占卿，郭峰，2012）。因此，为了避免信息丢失，让 SVAR 模型更具全面性，本章将汇率和资本账户不确定性引入模型，以便更好地识别贸易政策不确定性和经济波动之间的因果关系。

$$X_t = c_t + \sum_{j}^{p} \Gamma_j X_{t-j} + \mu_t, \mu_t \sim (0, \Omega), \Omega = PP' \quad (4.1)$$

其中，$X_t = (Y_t, U_{Tt}, U_{Et})'$，$\Omega$ 为简化式冲击 μ_t 的方差—协方差矩阵。同时结构冲击向量 $e_t = (e_{Yt}, e_{Tt}, e_{Et})'$ 与简化式残差向量 $\mu_t = (\mu_{Yt}, \mu_{Tt}, \mu_{Et})'$ 满足协方差约束 $E(\mu_t \mu_t') = E(e_t e_t')$（后文中将这一约束条件记为 $\bar{C}_z = 0$），e_{Yt}、e_{Tt} 和 e_{Et} 分别为 Y_t、U_{Tt} 和 U_{Et} 受到的结构冲击，μ_{Yt}、μ_{Tt} 和 μ_{Et} 分别为 Y_t、U_{Tt} 和 U_{Et} 在回归过程中对应的简化式残差，矩阵 P 为 Ω 经 Cholesky 分解得到的下三角矩阵。假设存在可逆矩阵 B，使得 $\mu_t = PQ e_t = B e_t$ 成立，其中，Q 可由一个 3×3 随机矩阵经 QR 分解得到。因为满足上述约束的矩阵 B 有无穷多个，所以可以通过独立重复抽样构造一个容量为 150 万的矩阵 B 的解集 Θ，并利用 $e_t(B) = B^{-1} \mu_t$ 计算出不同时间点上该经济系统所受到的结构冲击 $e_t(B)$。

在构建完满足协方差约束的解集后，梳理现实中对模型内部变量具有重大冲击的相关事件，分析由这些事件所形成的冲击对模型内部变量的影响方向与强度，并据此对 $e_t(B)$ 逐步施加相应约束，同时结合外部工具变量搜寻符合相关约束的矩阵 B 集合，得到满足所有约束条件的解集。最后，通过分析对应的脉冲响应函数值，以此评估贸易政策不确定性与经济波动的因果关系。

4.2.2 结构冲击约束集

4.2.2.1 重大冲击的事件约束集

美国是中国最重要的贸易伙伴之一，近年来的中美贸易摩擦对中国的贸易政策不确定性产生重大影响，可视为重大冲击事件[①]。此次中美贸易摩擦持续时间很长，其中有两个关键时间节点：

[①] 虽然中美两国在 2019 年 12 月达成了阶段性协议，但在该协议中两国只就中美贸易分歧的部分问题达成一致，两国互相加征的关税并未恢复至贸易摩擦之前的水平，因此在最终协议达成之前，可认为两国的贸易政策不确定性依然存在。

第一个时间节点为 2018 年 7 月，虽然在此之前的几个月中，中美已就贸易问题进行了多轮谈判，也相互制定了加征关税的相关措施，但这些措施直到 2018 年 7 月才付诸实施。其中，美国于 7 月 6 日正式实施对中国商品加征关税的措施，作为回应，中国也于当日对部分美国商品加征关税。除此以外，7 月 10 日，美国公布新的对华加征关税产品清单，极大地扩展了加征关税商品的范围，中国是否会像此前一样采取相应的措施去进行应对引起了广泛的猜测。自此，中美两国间互相加征关税的序幕拉开，中国贸易政策不确定性上升。

第二个时间节点为 2019 年 6 月，不同于前期扩大加征关税商品的范围，当月美国进一步提高 2 000 亿美元中国商品的加征税率，由此前实施的 10% 的加征税率提高至 25%。而中国也将部分美国商品的加征税率进行不同比例的上调，即按照 600 亿元商品最初公布的加征税率进行征收。然而同样是在 2019 年 6 月，中美两国领导人在 G20 峰会上进行会谈之后，同意就双方在贸易方面的分歧开展新一轮的磋商，两国贸易摩擦进入了暂时"休眠"状态。两国短时间内在贸易关系方面的态度发生如此之大的逆转，使得社会各界更难准确预测未来贸易政策的具体走向。

除贸易政策不确定性外，近年来中国汇率与资本账户政策不确定性也由于美国主权信用降级和人民币汇率机制改革而受到重大冲击：

2011 年 8 月 5 日，标准普尔公司将美国的主权信用评级进行下调，作为美国最大的债权国和世界上外汇储备数量最多的国家，中国的外汇储备面临巨大的贬值压力。更重要的是，由于美国是中国的第二大出口目的地，美国信用评级下调导致人民币升值压力增大，从而对中国的出口产生不利影响。与此同时，由于全球各国金融市场间的联系不断加强，信用评级下调还可能造成系统性风险和金融风险外溢，威胁中国的金融市场安全，面对这种情况，中国政府将会采取怎样的方式维持国内金融系统稳定？如果实施新政策，对中国的外汇市场和国际资本流动会不会产生影响？以上猜测都可能导致中国的汇率和资本账户不确定性指数上升。

2015 年 8 月 11 日，人民币兑换美元汇率中间报价机制改革，在新的报价机制下，人民币市场化程度提高。但在改革措施开始实施当天，在岸人民币兑美元汇率大幅下挫，人民币汇率表现出的大幅动荡让社会各界猜测此次新实施的人民币汇率报价机制会不会在短时间内遭到抛弃？中国会不会进一步调整人民币汇率决定机制？因此，中国汇率与资本账户政策不确定性迅速上升。

上述重大事件不仅符合对现实事件的直观印象,还能够从相关政策不确定性指数的数据结构中得到印证。图 4.1 展示了经标准化处理后的贸易政策不确定性指数与汇率和资本账户不确定性指数,图 4.1 中水平虚线代表高于序列无条件均值的 1.65 倍标准差,灰色区域为依据 OECO 的合成先行指数①计算得到的中国经济下行区间。

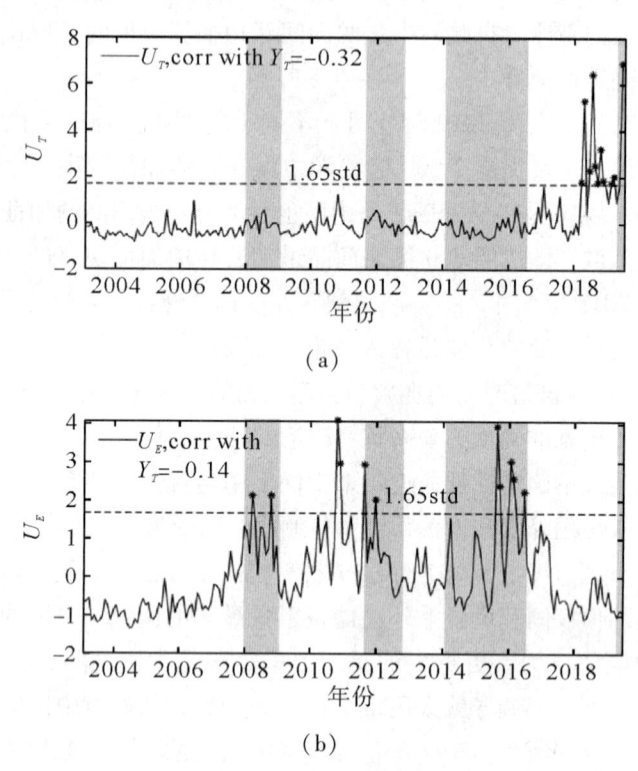

(a)

(b)

图 4.1　贸易政策不确定性指数(U_T)与汇率和
资本账户不确定性指数(U_E)随时间变化情况

由图 4.1 可见,中国贸易政策不确定性指数与当月工业增加值同比增长率间的相关系数为-0.32,呈现出逆周期性;序列中有 11 个数值超过其 1.65 倍标准差,这 11 个数值均集中在 2018 年中美贸易摩擦发生之后的时间段内,说明本次中美贸易摩擦对中国贸易政策不确定性的影响超过了以前任何时期,因此在研究中国贸易政策不确定性和宏观经济运行时,本次

---

① 数据来源为 OECD 数据库。

中美贸易摩擦就成为一个无法回避的事件。汇率和资本账户不确定性指数与当月工业增加值同比增长率间的相关系数为-0.14，虽然和贸易政策不确定性指数相比，汇率和资本账户不确定性指数与当月工业增加值同比增长率间的相关关系较弱，但是其同样呈现出一定的逆周期性；序列中有11个数值超过其1.65倍标准差，这11个数值分别聚集在2008年全球金融危机后、2011年美国主权信用评级下调前后以及2015年人民币汇率机制改革之后。

除直观地对不同时间段的两种政策不确定性指数进行观察外，这里还按照前文中所描述的方式对式（4.1）中SVAR模型在不同时间点上受到的结构冲击 $e_t(B)$ 进行估计。估计结果显示，在所有的结构冲击 $e_t(B)$ 中，$e_{T_t}(B)$ 最大值出现在2019年6月的样本占比最高，为总样本的47.6%；该月全部的 $e_{T_t}(B)$ 估计值中，有52%超过了3倍标准差、35%超过了4倍标准差、19%超过了5倍标准差。$e_{T_t}(B)$ 最大值出现在2018年7月的样本占比排名第二，为总样本的11.7%；该月全部的 $e_{T_t}(B)$ 估计值中，有58%超过了3倍标准差，45%超过了4倍标准差，30%超过了5倍标准差。$e_{E_t}(B)$ 最大值出现在2015年8月的样本占比最高，为总样本的24.8%；在该月全部的 $e_{E_t}(B)$ 估计值中，有41%超过了3倍标准差，21%超过了4倍标准差。在2011年8月的 $e_{E_t}(B)$ 估计值中，有19%超过了3倍标准差。上述结果再一次佐证了本章在实证研究中选择上述事件作为重大冲击事件的合理性。

4.2.2.2 其他事件约束集

除上述重大事件约束集外，本章还选择了以下事件来对特定时期的冲击施加符号约束：

2008年全球金融危机使许多国家的经济受到冲击，中国的进出口增速逐渐放缓，外需不足使得中国经济增长面临着较大压力，为应对经济下行，中国政府于2008年年底出台了一系列刺激措施，中国经济增速于2009年第二季度开始反弹。

2009年9月12日，美国政府宣布对来自中国的部分轮胎产品加征关税。作为回应，中国于次日启动对部分美国商品的反倾销调查。此次小规模的中美贸易摩擦在金融领域产生了较大影响，几家A股轮胎上市企业股价暴跌，全球橡胶期货价格同样大幅下跌。

在2010年5月举行的中美第二轮战略与经济对话中，美国承诺以一种合作的方式承认中国市场经济地位，而中国承诺扩大开放，并允许部分境外机构投资者参与股指期货业务。

以上事件虽然不属于前文所述的重大冲击范畴，但这些事件对整个经济社会的运行产生了重要影响，将这些事件作为相对较弱的符号约束加入冲击识别条件中，既可以使识别结果更具现实意义、更加符合经济学直觉，又能够在一定程度缩小解集 Θ 中矩阵的数量，进而提升冲击识别效率。

4.2.2.3 外部工具变量约束集

除事件约束外，本章还将一些外部经济变量当作工具变量来识别政策不确定性冲击。从部分学者的理论研究成果来看，政策不确定性冲击会导致股票价格下跌，冲击越强，股票价格下跌越明显（Pastor & Veronesi，2012），同时部分学者基于中国股市的实证研究结果也在一定程度上印证了该理论的正确性（Chen & Chiang，2020）。此外，Zhang 等（2015）基于 2003—2013 年中国上市公司的资本结构情况研究发现，政策不确定性上升会恶化企业的外部融资环境，进而促使企业通过降低自身杠杆率来规避市场风险。除股票市场收益率外，以黄金为代表的"避险资产"价格的变化也包含部分政策不确定性冲击的信息，从直觉上讲，当经济社会中不确定性因素迅速升高时，投资者有动机抛售手中的风险资产，并将出售的"风险资产"得来的资金用来购买以黄金为代表的"避险资产"。因此，本章选择 A 股市场收益率和黄金真实价格作为外部变量来对 SVAR 模型中的政策不确定性冲击施加符号约束。

4.2.2.4 构建基于事实的结构冲击约束集

基于上述讨论，本章构建一个包括以下约束条件的结构冲击识别约束集：

$$C_{E1}: e_{Tt_1}(B) \geqslant \theta_1, \ t_1 = 2018:07 \tag{4.2}$$

$$C_{E2}: e_{Tt_2}(B) \geqslant \theta_2, \ t_2 = 2018:06 \tag{4.3}$$

$$C_{E3}: e_{Et_3}(B) \geqslant \theta_3, \ t_3 = 2011:08 \tag{4.4}$$

$$C_{E4}: e_{Et_4}(B) \geqslant \theta_4, \ t_4 = 2015:08 \tag{4.5}$$

$$C_{E5}: e_{Yt}(B) \leqslant 0, \ t_5 \in [2008:01, \ 2009:01] \tag{4.6}$$

$$C_{E6}: e_{Et_6}(B) \geqslant 0 \wedge e_{Tt_6}(B) \geqslant 0, \ t_6 = 2009:09 \tag{4.7}$$

$$C_{E7}: e_{Et_7}(B) \geqslant 0 \wedge e_{Tt_7}(B) \geqslant 0, \ t_6 = 2010:05 \tag{4.8}$$

$$C_{I1}: 0 > corr[e_{jt}(B), \ S_{st}], \ j = T, \ E \tag{4.9}$$

$$C_{I2}: 0 > corr[e_{jt}(B), S_{Gt}], \ j = T, E \quad (4.10)$$

式（4.2）至式（4.5）为重大冲击事件约束，其中式（4.2）表示贸易政策不确定性在"2018年7月中美相互加征关税"的事件中受到较大的正向冲击，且冲击规模要达到 θ_1 倍标准差；式（4.3）表示贸易政策不确定性在"2018年7月中美互相调整关税税率"的事件中受到至少为 θ_2 倍标准差的正向冲击；式（4.4）表示汇率和资本账户不确定性在"2011年8月美国主权信用降级"的事件中受到至少为 θ_3 倍标准差的正向冲击；式（4.5）表示汇率和资本账户不确定性在"2015年8月的人民币汇率机制改革"的事件中受到至少为 θ_4 倍标准差的正向冲击。

式（4.6）至式（4.8）为其他事件约束，其中式（4.6）表示2008年1月至2009年1月的中国经济下行区间内，国际金融危机对中国的经济增长带来了一定的负面影响，中国整体产出水平所受到的累积冲击为负；式（4.7）表示2009年9月的"中美轮胎特保案"使贸易政策不确定性与汇率和资本账户不确定性均受到了正向冲击；式（4.8）表示2010年5月进行的"中美第二轮战略与经济对话"对贸易政策不确定性与汇率和资本账户不确定性均产生了正向冲击。

式（4.9）和式（4.10）为工具变量约束，其中 S_{st} 和 S_{Gt} 表示股票市场收益率和实际黄金价格。上述两式表示贸易政策不确定性与汇率和资本账户不确定性所受到的冲击均应与股票市场收益率和实际黄金价格总体保持反向变动关系。为表示方便，后文将两个工具变量约束集中在一起记为 $\bar{C}_I \geq 0$。

总体而言，在本章的结构冲击约束集中，重大事件不仅限制冲击的符号，还限定了冲击在特定时点上的大小，因此约束力度相对较强；而其他事件约束和工具变量约束仅限制冲击符号，因此约束力度较弱。

4.3 实证分析

4.3.1 数据来源

本章的样本区间为2003年1月至2019年6月，其中贸易政策不确定性指数、汇率和资本账户政策不确定性指数来自 Huang 和 Luk（2020）；中国实际工业增加值的月度同比增长率数据来自 CEIC 中国经济数据库；A

股市场收益率和中国月度黄金价格数据来自 Wind 数据库，其中黄金实际价格以 2003 年 1 月为基期用 CPI 平减得到。在稳健性检验中，中国月度实际 GDP 同比增长率数据来自 Higgins 等（2016）。

4.3.2 内生性识别结果

根据贝叶斯信息准则，本章的 SVAR 模型中相关变量的滞后阶数设定为 2 阶。同时，为了更好地观察不同约束条件下脉冲响应结果的构成情况，本章将采取由弱到强的顺序逐步对结构冲击施加前述约束条件，根据不同约束条件下的脉冲响应图进行因果推断分析。图 4.2 给出了施加符号约束后，符合相应约束条件的脉冲响应函数值的情况。

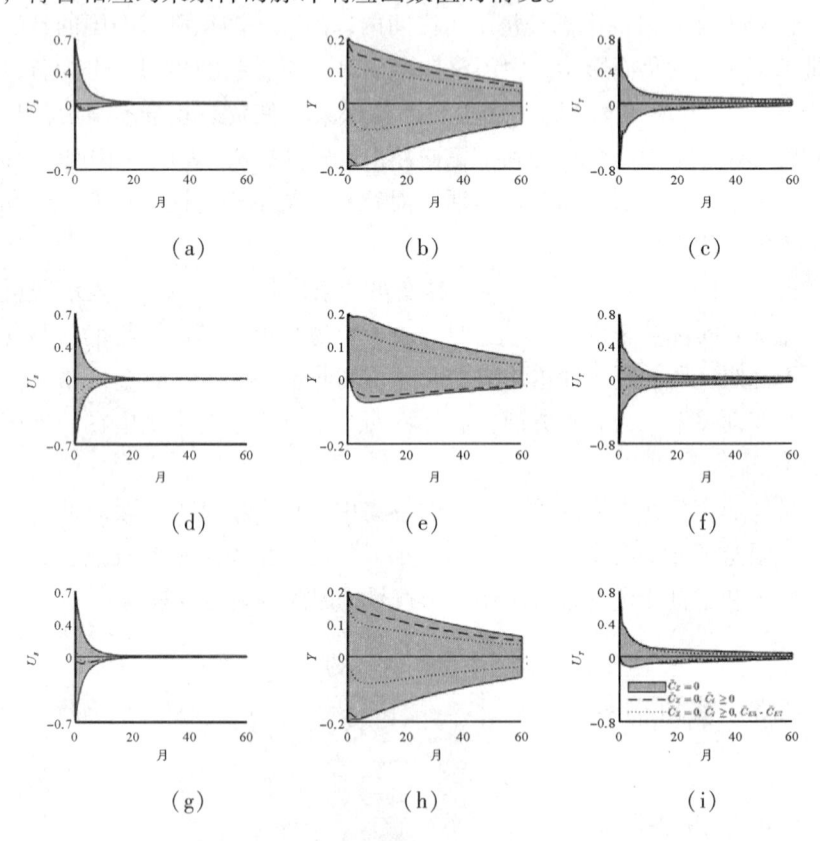

图 4.2 施加冲击符号约束下的脉冲响应

［注：(a) (b) (c) 为各变量对贸易政策不确定性冲击的脉冲响应，(d) (e) (f) 为各变量对汇率政策不确定性冲击的脉冲响应，(g) (h) (i) 为各变量对产出冲击的脉冲响应］

其中灰色区域为仅施加协方差约束条件 $\bar{C}_z = 0$ 下，脉冲响应函数值的集合。整体上，脉冲响应函数较为分散，很难进行解释与分析。图 4.2 中长虚线之间的区域是同时施加协方差约束 $\bar{C}_z = 0$ 和工具变量约束 $\bar{C}_I \geq 0$ 下，脉冲响应函数的集合。短虚线之间的区域是同时施加协方差约束 $\bar{C}_z = 0$、工具变量约束 $\bar{C}_I \geq 0$ 和其他事件约束 $\bar{C}_{E5}$—$\bar{C}_{E7}$ 的条件下，脉冲响应函数的集合。

在逐步施加约束的过程中，可以发现相应的脉冲响应函数集合在逐渐收缩。但是，我们仍然无法从目前的脉冲响应函数图中对贸易政策不确定性和经济波动之间的因果关系进行判断。当施加上述三个约束条件之后，可以发现一个有意思的现象：从图 4.2（d）的脉冲响应来看，当工业增加值同比增长率受到正向冲击时，汇率和资本账户不确定性会迅速下降，这一内生于经济波动的反应会持续大约 20 个月然后逐步消失。而当汇率和资本账户不确定性受到正向冲击时，工业增加值同比增长率的变动方向不确定。因此，可以认为汇率和资本账户政策不确定性内生于经济波动。

为了得到更多的信息来判断贸易政策不确定性和工业增加值增长率的因果关系，本章将在前述符号约束的基础上，继续施加重大冲击事件约束条件 $\bar{C}_{E1}$—$\bar{C}_{E4}$。与之前的符号约束条件不同，重大冲击事件约束条件不仅要明确冲击的方向，还要对冲击的大小进行限制，具体的限制方法是对式（4.2）至式（4.5）中的参数 θ_i 进行赋值，取值分别为 e_{Tt_1}、e_{Tt_2}、e_{Et_3}、e_{Et_4} 的不同分位数，即当期冲击大于该分位数时，这一事件所带来的不确定性冲击就是大的。这一方法的关键在于对分位数的选择，本章从 70% 分位数出发，逐步收紧约束条件，分别考察 70%、80%、90% 分位数的情形，以更全面地掌握脉冲响应函数集合的动态变化特征，具体的分位数取值情况如下：

情形 1：取 70% 分位数，$\theta_1 = 4.3344$，$\theta_2 = 5.0286$，$\theta_3 = 2.6003$，$\theta_4 = 3.5356$。

情形 2：取 80% 分位数，$\theta_1 = 4.9511$，$\theta_2 = 5.7472$，$\theta_3 = 2.9723$，$\theta_4 = 4.0419$。

情形 3：取 90% 分位数，$\theta_1 = 5.6305$，$\theta_2 = 6.5343$，$\theta_3 = 3.3808$，$\theta_4 = 4.5980$。

情形 1、情形 2 和情形 3 对应的脉冲响应函数集合分别为图 4.3 中灰色区域、长虚线之间的区域和短虚线之间的区域。

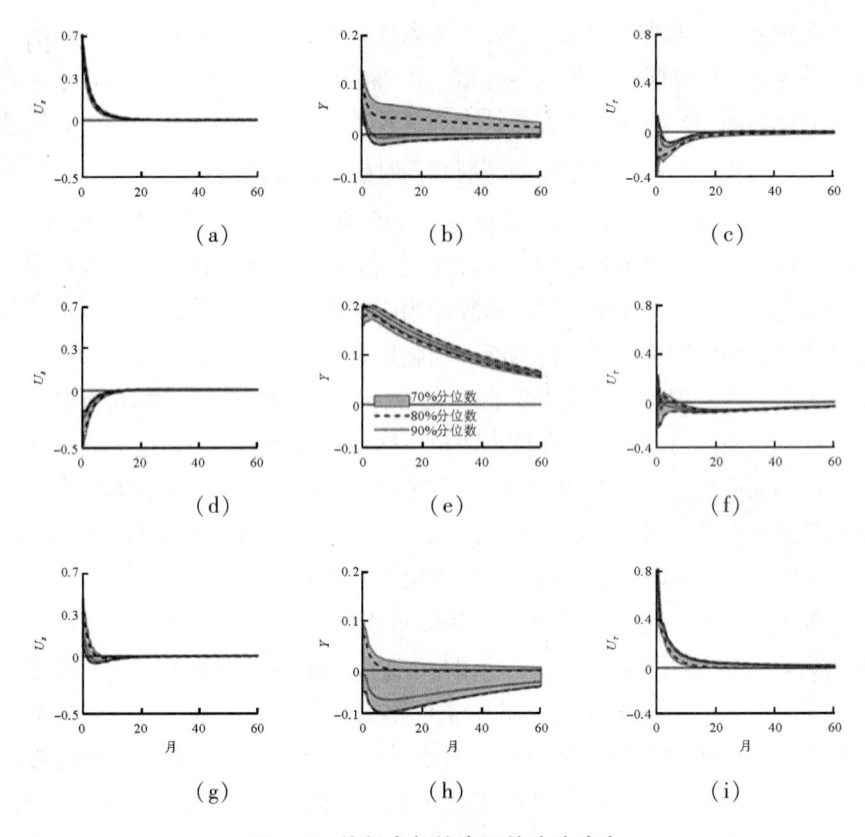

图 4.3　施加全部约束下的脉冲响应

[注：(a)(b)(c)为各变量对贸易政策不确定性冲击的脉冲响应，(d)(e)(f)为各变量对汇率政策不确定性冲击的脉冲响应，(g)(h)(i)为各变量对产出冲击的脉冲响应]

由图 4.3 可知：

第一，随着约束条件的不断收紧（从 70%分位数到 90%分位数对 θ 赋值），贸易政策不确定性冲击导致工业增加值同比增长率变动的脉冲响应函数范围在不断收缩，其下界没有变化，但上界在不断下移。当采用 90%分位数对相应的 θ 进行赋值时，所有满足约束条件的脉冲响应函数全部集中在负半区，即贸易政策不确定性所受到的正向冲击将会导致工业增加值同比增长率下降，且这一影响将持续超过 5 年。然而在约束条件不断收紧时，工业增加值同比增长率冲击导致贸易政策不确定性变动的脉冲响应函数集合却是对称收缩，即使在采用 90%分位数对相应的 θ 进行赋值时，所有满足约束条件的脉冲响应函数在前 5 个月取值的符号仍不确定，即工业增加值同比增长率受到正向冲击之后的 5 个月内，贸易政策不确定性的变动方向不确定，在长期中工业增加值同比增长率所受到的正向冲击将会导致贸易政策不确定性下降。

第二，无论采取何种分位数值对 θ 进行赋值，工业增加值同比增长率冲击导致汇率和资本账户不确定性变动的脉冲响应函数和图 4.2 中基于符号约束时的情形相比没有本质变化，工业增加值同比增长率受到正向冲击将会导致汇率和资本账户不确定性下降，且这种影响将持续 1 年左右。而当约束条件不断收紧时，汇率和资本账户不确定性冲击导致工业增加值同比增长率变动的脉冲响应函数集合在不断收缩，其上界在不断下移而下界没有变化。在采用 90%分位数对相应的 θ 进行赋值时，从脉冲响应函数集合情况来看，汇率和资本账户不确定性受到正向冲击在短期内将导致工业增加值同比增长率上升，而在长期中则会导致工业增加值同比增长率下降。

第三，无论在何种约束强度下（采用不同的分位数对 θ 赋值），都没有证据能够表明贸易政策不确定性与汇率和资本账户不确定性之间存在因果关系。从脉冲响应函数的分布情况来看，当采用 90%分位数对相应的 θ 进行赋值时，贸易政策不确定性受到正向冲击将导致汇率和资本账户不确定性先上升后下降，且这种影响将持续 1 年左右；而当汇率和资本账户不确定性受到冲击时，贸易政策不确定性的变动方向不确定。

总的来看，贸易政策不确定性变动是经济波动的原因，没有证据表明贸易政策不确定性变动是经济波动产生的结果。

4.3.3 方差分解

为分析结构冲击所产生的影响，本章对满足前述所有结构冲击约束条件的所有识别结果进行预测误差方差分解，具体分解结果如图 4.4 所示。图 4.4 中灰色区域表示方差分解结果的取值范围，实线表示中位值曲线。

图 4.4（a）呈现了贸易政策不确定性对工业增加值的解释力度呈现出先下降后上升的趋势，整体取值较为集中，最大值与最小值之间的差距不超过 6%。从中位值的情况来看，最低点出现在第 5 期，相应的解释力度约为 2.1%；在第 5 期之后，贸易政策不确定性对工业增加值的解释比重随着预测期数的增加而增加，并且在较长一段时间内均大于 5%；远期解释力度大于 10%。图 4.4（a）说明贸易政策不确定性冲击对工业增加值的解释力度较强，中国贸易政策不确定性的变化对经济波动具有相对重要的影响。

图 4.4 (b) 表明了工业增加值冲击对汇率和资本账户政策不确定性的解释比重较小，其中位值的解释比重长期小于 5% 且随着预测期数的增加而迅速降低，说明工业增加值变动对汇率和资本账户不确定性的影响很小。

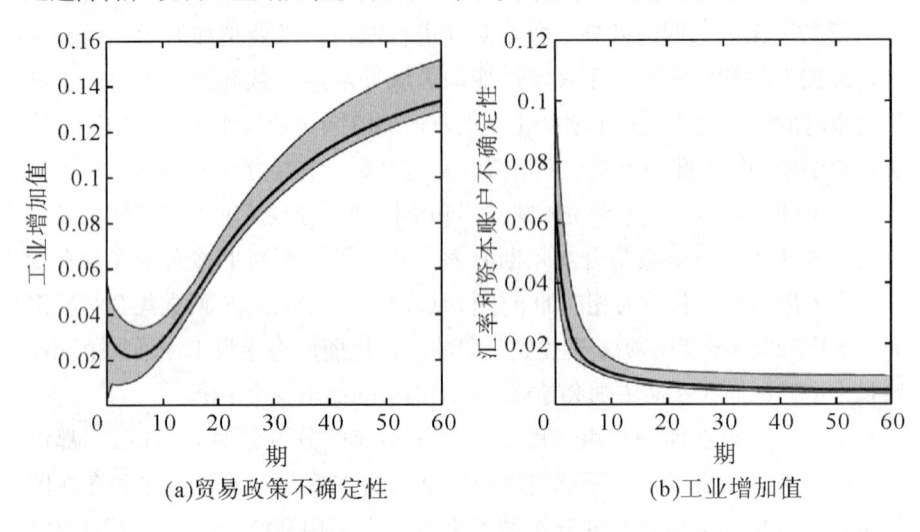

(a) 贸易政策不确定性

(b) 工业增加值

图 4.4 预测误差方差分解结果

4.3.4 唯一解

在对贸易政策不确定性和经济波动间的因果关系进行识别之后，本章尝试在满足所有结构冲击约束的矩阵 B 中寻找唯一解，唯一解由式 (4.11) 得到

$$\bar{B}^{maxI} = \mathrm{argmax} \bar{C}_I(B) \; \bar{C}_I(B) \tag{4.11}$$

在式 (4.11) 中，$\bar{B}$ 为按照 90% 分位数对 θ 进行赋值时，满足所有约束条件的矩阵 B 的集合，$\bar{C}_I(B)$ 为根据矩阵 B 计算得到的相应政策不确定性与外部工具变量之间的相关系数，$\bar{B}^{maxI}$ 就是本章想要寻找的唯一解[①]。

图 4.5 中 B_{YE} 为汇率和资本账户不确定性受到 1 单位冲击对工业增加值同比增长率产生的影响，B_{YT} 为贸易政策不确定性受到 1 单位冲击对工业增加值同比增长率产生的影响。浅灰色柱体为仅施加协方差约束条件 $\bar{C}_z = 0$ 时，B_{YE} 与 B_{YT} 的分布情况；深灰色柱体为同时施加协方差约束条件 $\bar{C}_z = 0$

---

① 采用这种方式来寻找唯一解的原因是，满足工具变量约束 $\bar{C}_I$ 最能够体现集合 $\bar{B}$ 中解的共同特点。

和全部事件冲击约束条件 $\bar{C}_E$ 时，B_{YE} 与 B_{YT} 的分布情况；黑色柱体为施加全部约束条件时[①]，B_{YE} 与 B_{YT} 的分布情况。

如果工具变量约束能够体现集合 $\bar{B}$ 中解的共同特点，则施加工具变量之后并不会使 B_{YE} 与 B_{YT} 的分布情况发生明显改变；反之，则会使得 B_{YE} 与 B_{YT} 的总体分布情况发生明显变化。从图 4.5 可以看出，在施加其他全部事件冲击约束的前提下，施加工具变量约束只是将没有施加工具变量约束的解集进行对称收缩，整体的分布形状以及分布众数和中心位置并未发生明显的改变，可以认为工具变量约束体现了集合 $\bar{B}$ 中解的共同特点。除此以外，本章在实证分析中所使用的工具变量是基于相关学者的研究成果而做出的选择，可以体现相关政策不确定性冲击时，社会经济主体通过调整资产配置进行风险规避的特点。

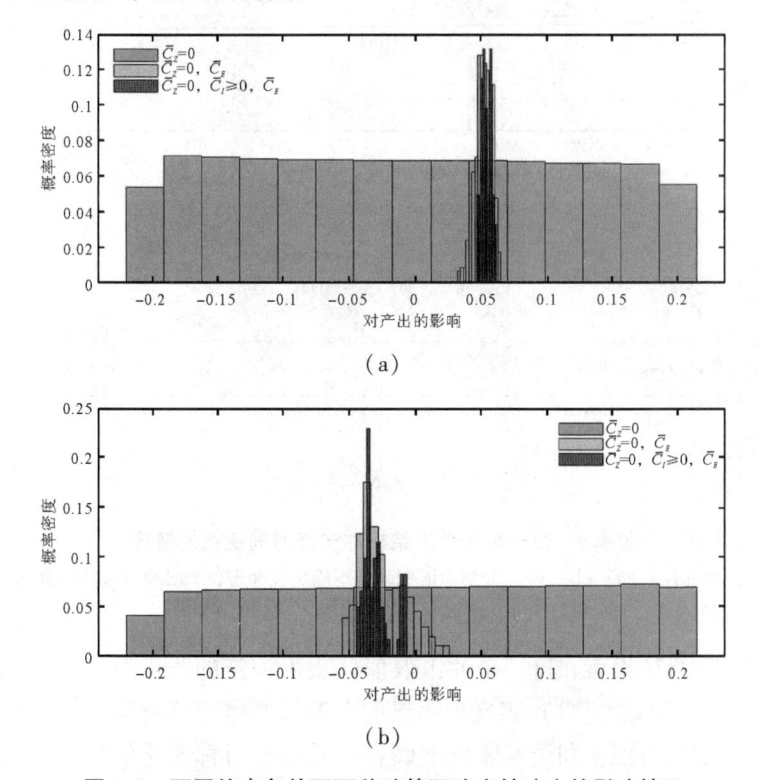

图 4.5　不同约束条件下两种政策不确定性冲击的影响情况

[注：(a) 为 1 单位汇率政策不确定性冲击对产出的同期影响，(b) 为 1 单位贸易政策不确定性冲击对产出的同期影响]

---

① 按照 90% 分位数对 θ 进行赋值。

图 4.6 展示了在由唯一解 $\bar{B}^{maxI}$ 计算得到的标准化结构冲击 $e_t(\bar{B}^{maxI})$ 在不同时间点上的取值，其中上部、中部、下部分别展示了 $e_{Et}(\bar{B}^{maxI})$、$e_{Yt}(\bar{B}^{maxI})$、$e_{Tt}(\bar{B}^{maxI})$ 随时间变化的数值大小。从图 4.6 可以发现：

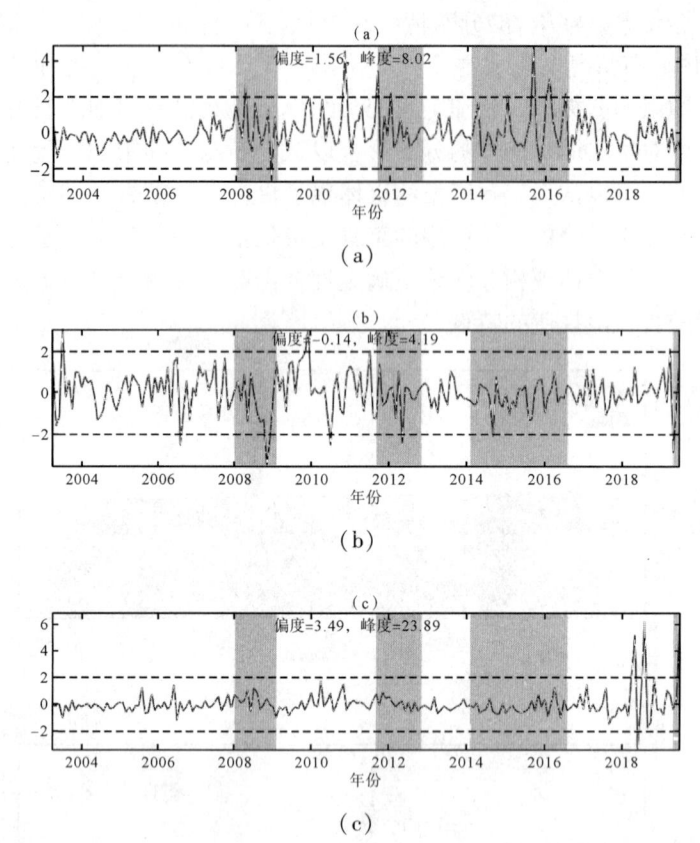

图 4.6　唯一解条件下结构冲击随时间变化的情况

［注：（a）（b）（c）分别为汇率政策不确定性冲击、产出冲击和贸易政策不确定性冲击随时间变化的情况］

第一，总体而言，这三个冲击取值体现出一定的非正态分布特点，其中 $e_{Et}(\bar{B}^{maxI})$ 和 $e_{Tt}(\bar{B}^{maxI})$ 表现出明显的右偏和厚尾，该情况说明中国贸易政策不确定性与汇率和资本账户不确定性具有非对称变化的特性，从其他学者的相关研究成果来看，这种特性可能与罕见事件存在着紧密的联系（Nimark，2014）。$e_{Yt}(\bar{B}^{maxI})$ 则略显左偏，厚尾的情况不明显，说明中国经济波动的非对称性并不十分突出。

第二，$e_{Et}(\overline{B}^{maxI})$ 和 $e_{Yt}(\overline{B}^{maxI})$ 超过 2 倍标准差的取值呈现出明显的聚集性特点。其中，$e_{Yt}(\overline{B}^{maxI})$ 超过 2 倍标准差的取值全部集中在本次中美贸易摩擦期间，其最大取值出现在 2019 年 6 月，即中美同时上调商品加征关税税率的月份。$e_{Et}(\overline{B}^{maxI})$ 超过 2 倍标准差的取值分别集中在 2008 年金融危机后的经济下行期、2011 年下调美国主权债务危机前后与 2015 年人民币汇率机制改革前后，其最大值出现在 2015 年 8 月人民币汇率机制改革的月份。而 $e_{Yt}(\overline{B}^{maxI})$ 超过 2 倍标准差取值则较为分散，未出现明显的聚集性特点。

4.4 稳健性检验

为保证前文因果关系识别结果的可靠性，本章通过将式（4.1）中 SVAR 模型的滞后阶数调整为 3 阶和改变经济波动衡量方式这两种途径来检验前文中的脉冲响应结果是否稳健。

4.4.1 改变滞后阶数

图 4.7 展现了将滞后阶数改变为 3 阶时，仅对施加结构冲击符号约束下的脉冲响应[①]。在逐步施加约束的过程中，我们可以发现相应的脉冲响应函数集合在逐渐收缩，不过仍然无法从该脉冲响应函数图中对贸易政策不确定性和经济波动之间的因果关系进行判断。然而当施加上述三个约束条件之后，工业增加值同比增长率受到正向冲击将导致汇率和资本账户不确定性迅速下降，这一内生于经济波动的反应会持续大约 20 个月然后逐步消失。而当汇率和资本账户不确定性受到正向冲击时，工业增加值同比增长率的脉冲响应值有正有负。因此，我们可以认为汇率和资本账户政策不确定性内生于经济波动。

---

① 从图 4.7 中可以看出，在将 SVAR 模型的滞后阶数调整为 3 阶后，脉冲响应函数出现了"震荡"，这可能和设定的滞后阶数偏离最优设定有关。

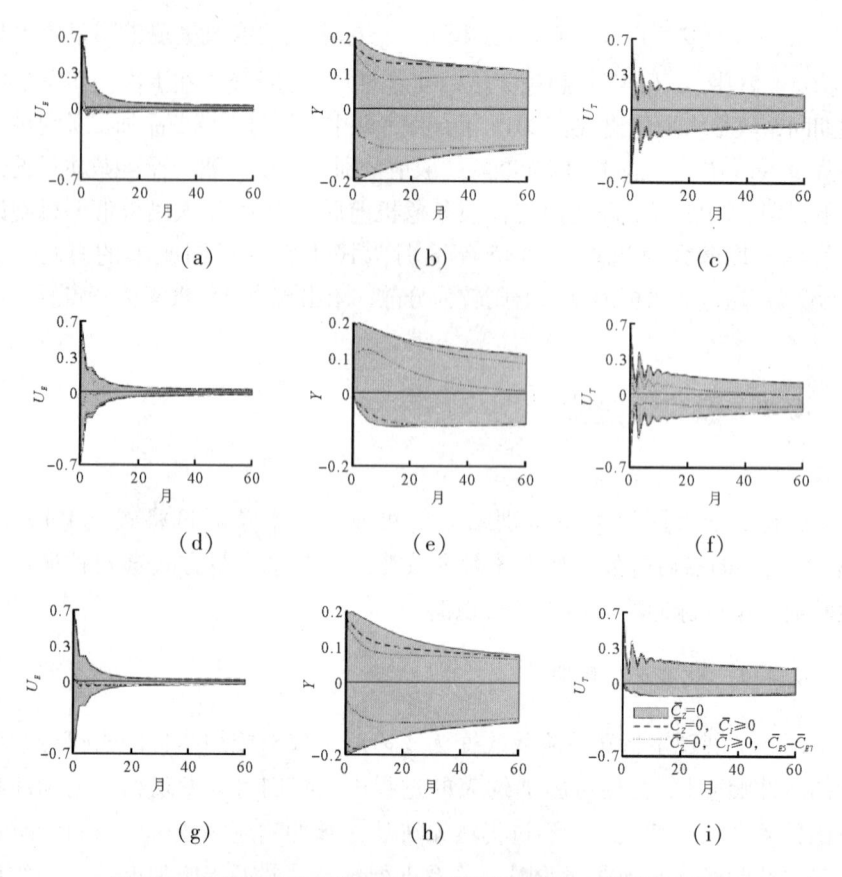

图 4.7 施加结构冲击符号约束下的脉冲响应（改滞后阶数）

[注：(a)(b)(c)为各变量对贸易政策不确定性冲击的脉冲响应，(d)(e)(f)为各变量对汇率政策不确定性冲击的脉冲响应，(g)(h)(i)为各变量对产出冲击的脉冲响应]

和前文一样，在改变滞后阶数的稳健性检验中，本章在前述结构冲击符号约束的基础上，继续施加重大冲击事件约束条件 $\bar{C}_{E1}-\bar{C}_{E4}$。由于调整了滞后阶数，相应的分位数取值也发生了一定变化，此时70%、80%、90%分位数对应的取值如下：

70%分位数，$\theta_1 = 2.3702$，$\theta_2 = 4.9236$，$\theta_3 = 2.4285$，$\theta_4 = 3.7072$。
80%分位数，$\theta_1 = 2.7091$，$\theta_2 = 5.6292$，$\theta_3 = 2.7758$，$\theta_4 = 4.2395$。
90%分位数，$\theta_1 = 3.0461$，$\theta_2 = 6.3306$，$\theta_3 = 3.1227$，$\theta_4 = 4.7695$。

图4.8展现了将滞后阶数改变为3阶时，施加全部结构冲击约束后脉冲响应函数的集合。

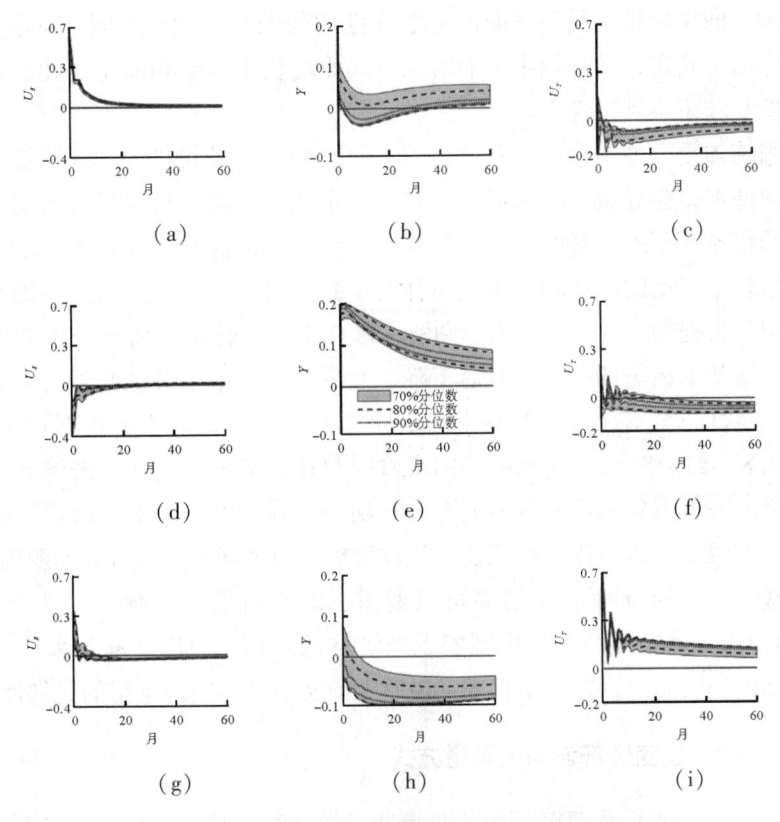

图 4.8　施加全部约束下的脉冲响应（改滞后阶数）

[注：(a)(b)(c) 为各变量对贸易政策不确定性冲击的脉冲响应，(d)(e)(f) 为各变量对汇率政策不确定性冲击的脉冲响应，(g)(h)(i) 为各变量对产出冲击的脉冲响应]

从图 4.8 中反映的信息可以看出：

随着约束条件的不断收紧（从 70% 分位数到 90% 分位数对 θ 赋值），贸易政策不确定性冲击导致工业增加值同比增长率变动的脉冲响应函数范围在不断收缩，这种收缩主要表现为上界的下移，其下界的变化幅度较小。当采用 90% 分位数对相应的 θ 进行赋值时，所有满足约束条件的脉冲响应函数全部集中在负半区，即贸易政策不确定性所受到的正向冲击将会导致工业增加值同比增长率下降。然而在约束条件不断收紧时，工业增加值同比增长率冲击导致贸易政策不确定性变动的脉冲响应函数集合的上下界在同时向内收缩，即使在采用 90% 分位数对相应的 θ 进行赋值时，所有满足约束条件的脉冲响应函数集合前 10 个月内在 0 值附近持续震荡，即工

4　贸易政策不确定性的内生性识别　| 83

业增加值同比增长率受到正向冲击之后的 10 个月内，贸易政策不确定性的变动方向不确定，在长期中工业增加值同比增长率所受到的正向冲击将会导致贸易政策不确定性下降。

当施加重大冲击事件约束条件 $\bar{C}_{E1}—\bar{C}_{E4}$ 时，工业增加值同比增长率受到正向冲击将会导致汇率和资本账户不确定性下降这一情况没有改变。虽然当约束条件不断紧时，汇率和资本账户不确定性冲击导致工业增加值同比增长率变动的脉冲响应函数集合在不断收缩，但是其变动方向仍然是不确定，根据图 4.8（b），汇率和资本账户不确定性冲击将导致工业增加值同比增长率在短期内先上升后下降，然后在长期中上升。此外，贸易政策不确定性与汇率和资本账户不确定性二者之间的关系仍然是不明确的，从图 4.8（g）和（c）这两幅子图来看，贸易政策不确定性冲击将导致汇率和资本账户不确定性短期内上升、长期中下降，汇率和资本账户不确定性冲击对贸易政策不确定性的长期效应为负，但短期效应的方向不明确。

基于以上的脉冲响应结果可以看出，即使将滞后阶数调整为 3 阶，"贸易政策不确定性冲击是中国宏观经济波动的一个原因而非结果"这一基本结论仍然成立，在一定程度上说明了前文中基本实证结果的稳健性。

4.4.2　改变经济波动的衡量方式

图 4.9 展现了用 GDP 同比增长率衡量经济波动时，仅对施加结构冲击符号约束下的脉冲响应。和前文中的基准识别结果相比，在逐步施加约束的过程中，可以发现相应的脉冲响应函数集合收缩程度并不明显，仍然无法从该脉冲响应函数图中就贸易政策不确定性和经济波动之间的因果关系进行判断。此外，在基准识别结果中，对结构冲击施加符号约束就已经可以通过脉冲响应的情况识别汇率和资本账户政策不确定性和经济波动之间的因果关系，但是在用 GDP 同比增长率衡量经济波动时，仅靠冲击符号约束无法得出这一结论，因此在后续的稳健性检验过程中，本书将继续施加重大冲击约束，以检验前文中基准识别结果的稳健性。

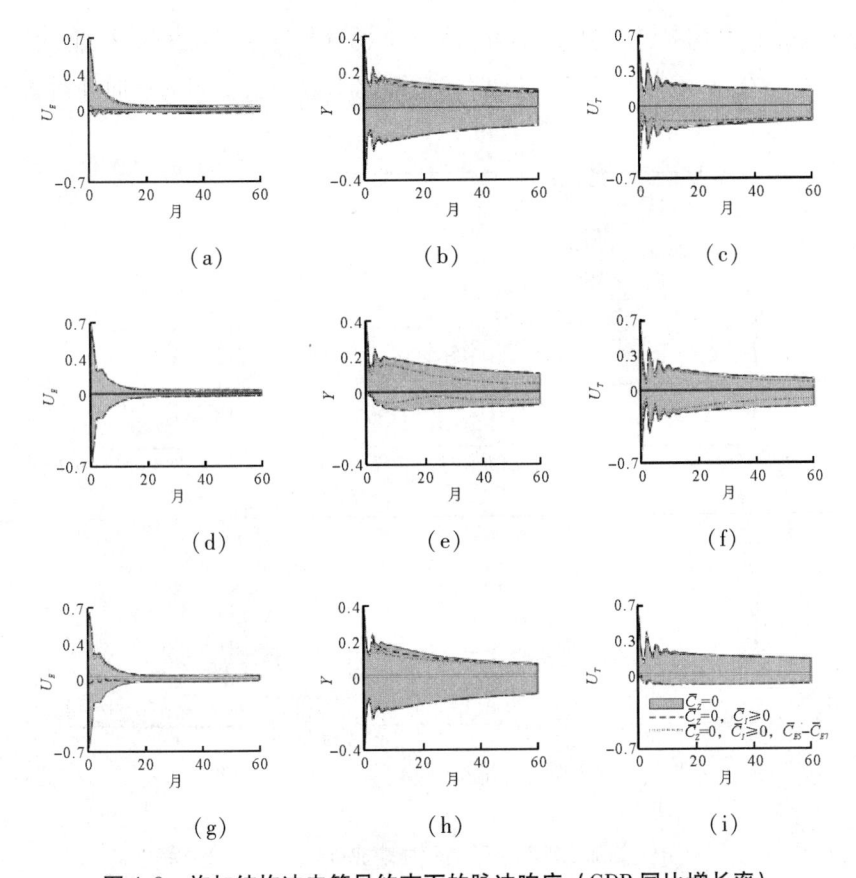

图 4.9 施加结构冲击符号约束下的脉冲响应（GDP 同比增长率）

［注：(a)（b)（c) 为各变量对贸易政策不确定性冲击的脉冲响应，
(d)（e)（f) 为各变量对汇率政策不确定性冲击的脉冲响应，(g)（h)（i)
为各变量对产出冲击的脉冲响应］

在改变经济波动衡量方式的稳健性检验中，本章在前述结构冲击符号约束的基础上，继续施加重大冲击事件约束条件 $\bar{C}_{E1}$—$\bar{C}_{E4}$。由于改变经济波动衡量方式，相应的分位数取值也发生了一定变化，此时 60%、70%、75%分位数对应的取值如下：

60%分位数，$\theta_1 = 2.0002$，$\theta_2 = 4.3206$，$\theta_3 = 2.2273$，$\theta_4 = 3.2379$。
70%分位数，$\theta_1 = 2.3331$，$\theta_2 = 5.0397$，$\theta_3 = 2.5973$，$\theta_4 = 3.7763$。
75%分位数，$\theta_1 = 2.5011$，$\theta_2 = 5.3987$，$\theta_3 = 2.7832$，$\theta_4 = 4.0466$。

图 4.10 展现了用 GDP 同比增长率衡量经济波动时，施加全部结构冲击约束后脉冲响应函数的集合。

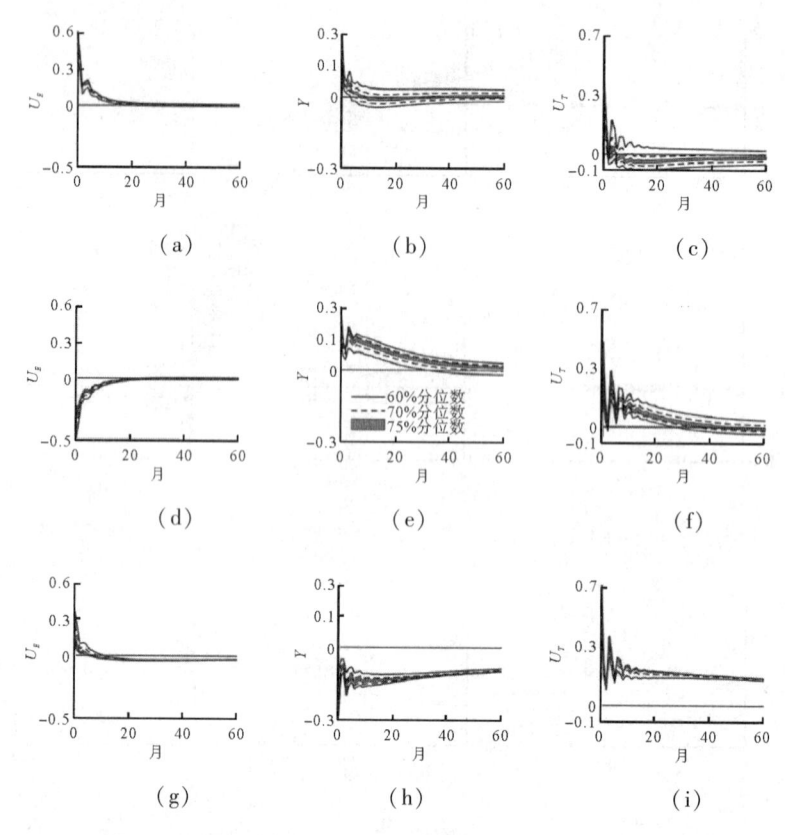

图 4.10 施加全部约束下的脉冲响应（GDP 同比增长率）

[注：(a)(b)(c) 为各变量对贸易政策不确定性冲击的脉冲响应，(d)(e)(f) 为各变量对汇率政策不确定性冲击的脉冲响应，(g)(h)(i) 为各变量对产出冲击的脉冲响应]

从图 4.10 中反映的信息可以看出：

当施加较为宽松的约束条件时，即用 60% 分位数对 θ 进行赋值时，就已经可以从脉冲响应中看出，正向的贸易政策不确定性冲击会导致 GDP 同比增长率上升，而正向的 GDP 同比增长率冲击在短期内导致贸易政策不确定性上升，但长期中的影响并不确定，GDP 同比增长率冲击对贸易政策不确定性的影响并不明确。当用 75% 分位数对 θ 进行赋值时，正向的贸易政策不确定性冲击会导致 GDP 同比增长率变大的结果并未发生明显改变，此外，正向的 GDP 同比增长率冲击在短期内依然导致贸易政策不确定性上升，而长期中会导致贸易政策不确定性下降。

当施加重大冲击事件约束条件 $\bar{C}_{E1}—\bar{C}_{E4}$ 时，GDP 同比增长率受到正向冲击将会导致汇率和资本账户不确定性下降这一情况没有改变。虽然当约束条件不断收紧时，汇率和资本账户不确定性冲击导致 GDP 同比增长率变动的脉冲响应函数集合在不断收缩，但是其变动方向仍然是不确定，根据图 4.10（b）显示，汇率和资本账户不确定性冲击将导致 GDP 同比增长率在短期内先上升后下降，然后在长期中上升。此外，贸易政策不确定性与汇率和资本账户不确定性二者之间的关系仍然是不明确的，从图 4.10（g）和（c）的两幅子图来看，贸易政策不确定性冲击将导致汇率和资本账户不确定性短期内上升、长期中下降，汇率和资本账户不确定性冲击对贸易政策不确定性的长期效应为负，但短期效应的方向不明确。

基于以上的脉冲响应结果可以看出，即使改变了经济波动衡量方式，"贸易政策不确定性冲击是中国宏观经济波动的一个原因而非结果"这一基本结论仍然成立，与改变之后阶数的稳健性检验一起说明了本章基准识别结果的稳健性。

4.5　本章小结

贸易政策不确定性对中国而言，是一个具有理论和现实意义的问题；贸易政策不确定性变化既可能是导致经济波动的外生冲击，又可能是对经济波动的内生响应。本章从实证角度对贸易政策不确定性和经济波动之间的因果关系进行识别。

首先，本章构建了一个包含贸易政策不确定性、工业增加值增长率、汇率和资本账户政策不确定性的结构向量自回归模型，并采用叙事法构建了一个基于事实的结构冲击约束集，通过对结构冲击的方向和大小进行限制来识别贸易政策不确定性和经济波动之间的因果关系。脉冲响应的结果显示，贸易政策不确定性受到正向冲击时，工业增加值的增长率将会下降；而工业增加值增长率受到冲击时，贸易政策不确定性的变动方向不确定，因此可以认为贸易政策不确定性是中国宏观经济波动的一个原因而非结果。方差分解的结果显示，贸易政策不确定性冲击对工业增加值的解释力度较强，中国贸易政策不确定性的变化对经济波动具有相对重要的影响。

其次，本章在满足所有结构冲击约束的识别结果中，借助外部工具变量来寻找唯一解,并对该唯一解所产生的结构冲击进行分析,发现贸易政策不确定性冲击与汇率和资本账户政策不确定性冲击具有明显右偏和厚尾的非正态分布特点,且大于 2 倍标准差的冲击呈现出明显的聚集性;而工业增加值增长率冲击则相对接近正态分布,且大于 2 倍标准差的冲击不具有明显的聚集性。

最后,为检验贸易政策不确定性和经济波动之间因果关系识别结果的可靠性,本章通过重新选择滞后阶数和改变经济波动衡量指标的方式来进行稳健性检验。结果显示,在重新选择滞后阶数和改变经济波动衡量指标的情况下,脉冲响应图仅外形发生一定变化,脉冲响应函数的整体分布情况仍然支持"贸易政策不确定性是中国宏观经济波动的一个原因而非结果"的结论。

基于以上研究结果,可以得到以下两点启示:

第一,进出口市场中的潜在投资者在计算其投资的预期收益时,需要充分考虑贸易政策变化的可能性与幅度,但关注贸易政策发生变化的可能性比关注贸易政策潜在的变化幅度更有价值。结合本次中美贸易摩擦的实际情况来看,出口商品所面临的关税税率一旦发生变化,该变化的幅度和持续时间几乎是不可预估的。因此,潜在投资者在做出投资决策之前,应更加关注于进出口市场中的行情走势,而非计算贸易摩擦发生之后其投资所面临的潜在损失。

第二,虽然贸易政策不确定性是外生的,或者说是不可控的,但是考虑到其突然上升会对中国的宏观经济波动产生较为不利的影响,且这种影响持续时间较长。因此中国需要在贸易政策不确定性遭受到巨大冲击的情况下,采取积极拉动国内需求增长、调整国内产业发展政策等措施进行应对,尽量减少贸易政策不确定性冲击对中国宏观经济产生的不利影响,促进经济健康、稳定发展。

5 贸易政策不确定性影响宏观经济运行的理论分析

5.1 基于 DSGE 模型对贸易政策不确定性研究的现状

如前文所述,学界早期有关贸易政策不确定性的研究成果主要集中于微观实证领域,相较于宏观经济整体的运行状况,学者们更加关注贸易政策不确定性对国际商品贸易以及相关企业经营决策的影响。近年来发生的"中美贸易摩擦""英国脱欧"等重大国际事件使研究者逐步意识到:贸易政策不确定性不仅会影响国际贸易市场本身,还有可能给当事国,甚至是全球经济运行带来重要影响。因此,部分学者开始将研究重点转移至宏观经济领域,尝试研究贸易政策不确定性在宏观经济层面产生的影响。Handley 和 Limão(2017)尝试构建一般均衡模型分析贸易政策不确定性降低对整体价格水平以及消费者福利的影响,但其构建的模型中不仅部门类型较少,且不允许家庭或者厂商进行跨期借贷,这样就在一定程度上限制了该模型对宏观经济运行状况的解释力度。Steinberg(2019)首次将 DSGE 模型分析框架引入贸易政策不确定性研究领域,其在研究"英国脱欧"事件的宏观影响时,假设英国同欧盟之间的贸易政策在"脱欧"谈判结束之前服从一个马尔科夫随机过程,并建立一个包含异质性企业的开放 DSGE 模型对"英国脱欧"的影响进行分析。Caldara 等(2020)在研究美国贸易政策不确定性的宏观影响时,虽然也采用包含异质性企业的开放 DSGE 模型作为分析工具,但是其在引入贸易政策不确定性时将美国进口商品关税平均税负的随机波动率作为衡量美国贸易政策不确定性的指标,通过观察美国平均关税税率二阶矩冲击的结果来分析美国贸易政策不确定性变化对宏观经济运行的影响。在本次中美贸易摩擦过程中，中美两国贸易政策变化并未以取消对方最惠国待遇的方式来加征关税，而是在保留双边最惠国待遇的基础上征收新的关税，这样就导致在形成最终谈判结果之前，市场主体无法准确预估出口商品税负的变化幅度。因此，相较于马尔科夫随机过程，以随机波动率的方式引入贸易政策不确定性更加符合本次中美贸易摩擦的客观事实[①]。

虽然 Caldara 等（2020）的研究为分析本次中美贸易摩擦过程中贸易政策不确定性变化所产生的宏观经济影响提供了一个很好的分析框架，但其所构建的 DSGE 模型中并未包含企业进入与退出机制，即市场中没有新进入的企业，在位企业只是选择是否将产品出口到国外，并不会退出国内市场。而在近年来中国的经济发展过程中，新进入的企业扮演了十分重要的角色，一方面新进入的企业对经济增长的贡献超过 40%（李坤望，蒋为，2015），另一方面中国的制造业企业也拥有相对较高的进入率和退出率（毛其淋，盛斌，2013），每年都会有相对较多的新企业进入市场，忽略该机制将难以很好地刻画贸易政策不确定性对中国宏观经济运行的影响。此外，中美两国的进口产品构成和进口产品来源国都存在较大差异，互相加征相同数额的关税对两国各自的进口商品平均税负影响不同，在分析本次中美贸易摩擦对中国宏观经济的影响时，需充分考虑中国进口产品的构成和来源国情况。

因此，本章在借鉴 Caldara 等（2020）模型框架的基础上，引入 Alessandria 和 Choi（2019）的企业进入与退出机制，分析贸易政策不确定性变化对企业进入与退出决策的影响，以及由此给宏观经济带来的效应。

5.2 构建 DSGE 模型

本章构建的开放 DSGE 模型由本国（H）和外国（F）两个经济结构相同的国家组成，每个国家中的经济主体包括家庭、最终品生产商、零售商、批发商、资本品生产商、在位的中间品生产商、新进入的中间品生

---

① 因为通过马尔科夫随机过程引入贸易政策不确定性时，需要明确未来几种可能的关税水平，但在本次中美贸易摩擦过程中，两国未来的关税变化幅度以及变化方向几乎不可预测，所以通过马尔科夫随机过程的方式引入贸易政策不确定性并不符合本次中美贸易摩擦的客观事实。

产商和政府，且本文模型中的中间品生产商在进入下一期之后，均会有 ϕ 的概率退出市场，且每一期均会有新的中间品生产商进入市场。

5.2.1 家庭

假设代表性家庭可以无限期存活下去，在每一期中，家庭会提供差异化的劳动 $\int_0^1 l_{i,t} di$ 以获得工资收入 $\int_0^1 l_{i,t} W_{i,t} di$。假定存在劳动打包者，将家庭供给的差异化劳动按照 CES 生产过程 $L_t = \left(\int_0^1 l_{i,t}^{\frac{\varepsilon_w-1}{\varepsilon_w}} di \right)^{\frac{\varepsilon_w}{\varepsilon_w-1}}$ 打包为无差异的劳动 L_t，并将 L_t 按照价格 W_t 出售给中间品生产商作为生产过程中的投入要素。按照成本最小化原则，劳动打包者对第 i 个家庭的差异化劳动需求为 $l_{i,t} = L_t \left(\frac{W_t}{W_{i,t}} \right)^{\varepsilon_w}$，且 W_t 与 $W_{i,t}$ 之间的关系满足 $W_t = \left(\int_0^1 W_{i,t}^{1-\varepsilon_w} di \right)^{\frac{1}{1-\varepsilon_w}}$，$\varepsilon_w$ 为差异化劳动力之间的替代弹性。假定工资具有粘性，并通过工资调整成本 $AC_{i,t}^w = \frac{\rho_w}{2} \left(\frac{W_{i,t}}{W_{i,t-1}} - 1 \right)^2 L_t$ 引入工资粘性，ρ_w 为工资的调整成本系数。假设家庭具有 GHH 式效用函数，且过去的消费习惯影响家庭当期的选择，即 $U(C_t, l_{i,t}) = \dfrac{\left[(C_t - bC_{t-1}) - \dfrac{\psi}{1+v} \int_0^1 l_{i,t}^{1+v} di \right]^{1-\gamma}}{1-\gamma}$，其中 b 为代表性家庭的消费习惯参数，ψ 为劳动休闲比率参数，v 为劳动供给弹性的倒数，γ 为相对风险规避系数。此时，家庭的效用最大化问题可以描述为

$$\max_{C_t, l_{i,t}, W_{i,t}, B_{F,t}, B_{H,t}} E_1 \sum_{t=1}^{+\infty} \beta^{t-1} \frac{\left[(C_t - bC_{t-1}) - \dfrac{\psi}{1+v} \int_0^1 l_{i,t}^{1+v} di \right]^{1-\gamma}}{1-\gamma} \tag{5.1}$$

式中，E_1 为家庭的条件期望算子，β 为主观贴现因子。家庭在选择劳动供给和产品消费量时所面临预算约束为

$$P_t C_t + B_{H,t} + \zeta_t B_{F,t} + \int_0^1 \frac{\rho_w}{2} \left(\frac{W_{i,t}}{W_{i,t-1}} - 1 \right)^2 L_t di \leq \int_0^1 l_{i,t} W_{i,t} di + R_{H,t-1}$$

$$B_{H,t-1} + \zeta_t B_{F,t} R_{F,t-1} - \frac{\chi}{2} \zeta_t R_{F,t-1} (B_{F,t-1} - \bar{B}_F)^2 + \prod_{H,t} + T_t \tag{5.2}$$

其中，B_H 为家庭购买的本国债券，B_F 为家庭购买的外国债券，ζ 为名义汇

率，R_H为本国名义利率，R_F为外国名义利率，$\prod_H$为本国企业的利润总额，T为本国政府给家庭的一次性转移支付。考虑到中国目前尚未完全放开资本账户管制，本书引入了国外债券调整成本$\frac{\chi}{2}\zeta_t R_{t-1}(B_{F,t-1} - \bar{B}_F)^2$，$\chi$为刻画国外债券调整成本的系数。

求解上面的家庭效用最大化问题，可得以下一阶条件：

$$\left[(C_t - bC_{t-1}) - \frac{\psi}{1+v}\int_0^1 l_{i,t}^{1+v}di\right]^{-\gamma} -$$
$$bE_t\beta\left[(C_{t+1} - bC_t) - \frac{\psi}{1+v}\int_0^1 l_{i,t+1}^{1+v}di\right]^{-\gamma} = \lambda_t P_{H,t} \quad (5.3)$$

$$\beta E_t\left(\frac{\lambda_{t+1}}{\lambda_t}R_{H,t}\right) = 1 \quad (5.4)$$

$$\frac{R_{H,t}}{R_{F,t}} = \frac{[1 - \chi(B_{F,t} - \bar{B}_F)]\zeta_{t+1}}{\zeta_t} \quad (5.5)$$

$$(\pi_{H,t}^w - 1)\pi_{H,t}^w = \frac{\varepsilon_w}{\rho_w}\left[-\frac{U_{l_i,t}}{U_{C_t}} - \frac{\varepsilon_w - 1}{\varepsilon_w}w_t\right] +$$
$$\beta E_t \frac{U_{c_{t+1}}}{U_{C_t}}(\pi_{H,t+1}^w - 1)\pi_{H,t+1}^w \frac{L_{t+1}}{L_t} \quad (5.6)$$

其中，λ_t为家庭效用最大化问题中的拉格朗日乘子；$w_t = \frac{W_t}{P_t}$，为本国实际工资水平；$\pi_{H,t}^w = \frac{w_t}{w_{t-1}}$，为本国实际工资上涨率；$-\frac{U_{l_i,t}}{U_{C_t}}$为本国家庭劳动与消费的边际替代率。

式（5.3）为家庭消费选择的最优化条件，式（5.4）为欧拉方程，式（5.5）为无抛补利率平价条件，式（5.6）为对称均衡条件下本国的工资菲利普斯曲线。

5.2.2 最终品生产商

假设最终品生产商是完全竞争的，其参与经济活动的方式是在最终产品价格P_t给定的情况下，购买零售商供给的差异化产品$Y_{i,t}$，并按照CES生产过程将差异化产品Y_j转变为同质的最终品Y，最终品生产商的利润最大化问题可描述为

$$\max_{Y_t, Y_{j,t}} P_t Y_t - \int_0^1 Y_{j,t} P_{j,t} dj \tag{5.7}$$

同时在生产过程中受到生产技术约束：

$$Y_t \leq \left(\int_0^1 Y_{j,t}^{\frac{\varepsilon_f - 1}{\varepsilon_f}} dj \right)^{\frac{\varepsilon_f}{\varepsilon_f - 1}} \tag{5.8}$$

式（5.8）中，参数 ε_f 刻画了差异化产品之间的替代弹性。此时可求得最终品生产商的最优生产决策为

$$Y_{j,t} = \left(\frac{P_{j,t}}{P_t} \right)^{-\varepsilon_f} Y_t \tag{5.9}$$

其中，$P_t = \left(\int_0^1 P_{j,t}^{1-\varepsilon_f} dj \right)^{\frac{\varepsilon_f}{1-\varepsilon_f}}$。

5.2.3 零售商

假设零售商的市场结构是垄断竞争的，每个零售商参与经济活动的方式是购买两国批发商供给的国内中间品集 $D_{H,t}$ 和国外中间品集 $D_{F,t}$，并按照各自的 CES 生产技术转化为差异化产品 Y_j，同时根据利润最大化原则制定产品价格 P_j，并将产品出售给最终品生产商。假定零售商所出口的产品价格具有粘性，并通过价格调整成本的形式引入价格粘性。此时，零售商的利润函数为

$$R_{j,t} = Y_{j,t} P_{j,t} - D_{H,t} P_{H,t} - D_{F,t} P_{F,t} (1 + \tau_{H,t}) - AC_{j,t}^P \tag{5.10}$$

其中，$AC_{j,t}^P = \frac{\rho_P}{2} \left(\frac{P_{j,t}}{P_{j,t-1}} - 1 \right)^2 Y_{j,t}$ 为价格调整成本，$\tau_{H,t}$ 为本国政府对国外进口商品所征收的关税税率，ρ_P 为产品价格调整成本系数。此时，零售商利润最大化问题可描述为

$$\max_{D_{H,t}, D_{F,t}, Y_j, P_j} E_1 \sum_{t=1}^{+\infty} \Lambda_{1|t} \frac{W_{j,t}}{P_t} \tag{5.11}$$

其中，$\Lambda_{1|t} = \beta \frac{U_{c_{t+1}}}{U_{c_t}}$，为厂商的随机贴现因子。在生产过程中，零售商同时还受到产品需求量［式（5.9）］和产品生产技术约束：

$$Y_{j,t} = \left[\omega^{\frac{1}{\theta}} (D_{H,t})^{\frac{\theta-1}{\theta}} + (1-\omega)^{\frac{1}{\theta}} (D_{F,t})^{\frac{\theta-1}{\theta}} \right]^{\frac{\theta}{\theta-1}} \tag{5.12}$$

为实现成本最小化，零售商在生产过程中对国内商品和国外商品的投入满足如下比例关系：

$$\frac{D_{H,t}}{D_{F,t}} = \frac{\omega}{1-\omega} \left[\frac{P_{H,t}}{P_{F,t}(1+\tau_{H,t})} \right]^{-\theta} \tag{5.13}$$

此时，零售商所生产差异化产品的边际成本为

$$MC_t = \left[\omega P_{H,t}^{1-\theta} + (1-\omega) P_{F,t}^{1-\theta} \right]^{\frac{1}{1-\theta}} \tag{5.14}$$

求解零售商最优化问题，可得以下一阶条件：

$$D_{H,t} = \omega \left[\frac{P_{H,t}}{MC_t} \right]^{-\theta} Y_{j,t} \tag{5.15}$$

$$D_{F,t} = (1-\omega) \left[\frac{P_{F,t}(1+\tau_{H,t})}{MC_t} \right]^{-\theta} Y_{j,t} \tag{5.16}$$

$$(\pi_t - 1)\pi_t = \frac{\varepsilon_f}{\rho_P} \left[\frac{MC_t}{P_t} - \frac{\varepsilon_f - 1}{\varepsilon_f} \right] + E_t \Lambda_{t|t+1} (\pi_{t+1} - 1) \pi_{t+1} \frac{Y_{t+1}}{Y_t}$$

$$\tag{5.17}$$

其中，$\pi_t = \frac{P_t}{P_{t-1}}$，为本国通货膨胀率，式（5.15）和式（5.16）为零售商国内中间品集和国外中间品集的最优化投入条件，式（5.17）为对称均衡条件下本国的价格菲利普斯曲线。

5.2.4 批发商

假设批发商的市场结构是完全竞争的，其参与经济活动的方式是购买本国中间品生产商所生产的差异化中间品 $y_{H,t}(j)$ 和 $y_{H,t}(j)$，并按照 CES 生产过程将差异化的中间品转化为同质的国内中间品集 $D_{H,t}$ 和出口中间品集 $D_{H,t}$。因此，批发商将同时面临两个最优化问题，其国内中间品集的生产最优化问题可描述为

$$\max_{D_{H,t}, y_{H,t}} D_{H,t} P_{H,t} - \int_0^1 y_{H,t}(j) P_{H,t}(j) \, dj \tag{5.18}$$

同时在生产过程中受到生产技术约束：

$$D_{H,t} = \left[\int_0^1 y_{H,t}(j)^{\frac{\varepsilon_D - 1}{\varepsilon_D}} dj \right]^{\frac{\varepsilon_D}{\varepsilon_D - 1}} \tag{5.19}$$

批发商出口中间品集生产的最优化问题可描述为

$$\max_{D_{H,t}, y_{H,t}(j)} D_{H,t} P_{H,t} - \int_0^1 y_{H,t}(j) P_{H,t}(j) \, dj \tag{5.20}$$

同时在生产过程中受到生产技术约束：

$$D_{H,t} = (N_t)^{-\lambda \frac{\varepsilon_D}{\varepsilon_D-1}} \left[\int_0^1 y_{H,t}(j)^{\frac{\varepsilon_D-1}{\varepsilon_D}} dj \right]^{\frac{\varepsilon_D}{\varepsilon_D-1}} \tag{5.21}$$

其中，ε_D 为中间品替代弹性，N_t 为外国市场对本国商品的可获得性参数，λ 为刻画消费者对进口产品多样性偏好的参数，$\lambda < 0$ 表示消费者更加偏好多样性的进口商品，$\lambda > 0$ 表示消费者更加偏好单一种类的进口商品（Alessandria & Choi, 2007）。求解上述批发商最优化问题，可得以下一阶条件：

$$y_{H,t}(j) = \left[\frac{P_{H,t}(j)}{P_{H,t}} \right]^{-\varepsilon_D} D_{H,t} \tag{5.22}$$

$$y_{H,t}(j) = (N_t)^{-\lambda \varepsilon_D} \left[\frac{P_{H,t}(j)}{P_{H,t}} \right]^{-\varepsilon_D} D_{H,t} \tag{5.23}$$

$$P_{H,t} = \left[\int_0^1 P_{H,t}(j)^{1-\varepsilon_D} dj \right]^{\frac{1}{1-\varepsilon_D}} \tag{5.24}$$

$$P_{H,t} = (N_t)^{-\lambda \frac{\varepsilon_D}{\varepsilon_D-1}} \left[\int_0^1 P_{H,t}(j)^{1-\varepsilon_D} dj \right]^{\frac{1}{1-\varepsilon_D}} \tag{5.25}$$

5.2.5 资本品生产商

假定资本生产商的市场结构是完全竞争的，其参与经济活动的方式是通过购买最终品作为投入，并按照 1 : 1 的比例将最终品 Y 转化为资本品 I，并将资本品出售给需要投资的中间品生产商。同时，本书在其生产过程中引入了投资调整成本：

$$AC_t^I = \frac{\kappa}{2} \left(\frac{I_t}{I_{t-1}} - 1 \right)^2 P_t I_t \tag{5.26}$$

当国内中间品生产商对资本品的需求给定时，资本品生产商的最优化问题可描述为

$$\max_{I_t} E_1 \sum_{t=1}^{+\infty} \Lambda_{1|t} \left(\frac{P_t^k I_t - P_t I_t - AC_t^I}{P_t} \right) \tag{5.27}$$

求解该最优化问题可得一阶条件：

$$p_t^k = 1 + \frac{\kappa}{2} \left(\frac{I_t}{I_{t-1}} - 1 \right)^2 + \kappa \left(\frac{I_t}{I_{t-1}} - 1 \right) \frac{I_t}{I_{t-1}} - E_t \Lambda_{1|t} \kappa \left(\frac{I_{t+1}}{I_t} - 1 \right) \left(\frac{I_{t+1}}{I_t} \right)^2$$
$$\tag{5.28}$$

其中，$p_t^k = \frac{P_t^k}{P_t}$，为资本品以最终产品作为衡量单位的价格。

5.2.6 在位中间品生产商

假设市场中存在大量垄断竞争类型的在位中间品生产商，每个生产商均使用资本和劳动作为投入，并向市场出售差异化的中间品。每个中间品生产商所生产的商品均会在本国市场中进行销售，且在本国市场销售商品时并不需要支付额外的成本。同时，部分中间品生产商在支付一定数额的沉没成本之后，便可将产品销售至外国市场。如若某中间品生产商在 $t-1$ 期便已经将产品出口至外国，则在第 t 期想要继续保持出口地位，其需要支付的沉没成本为 $S_t(1)$。若中间品生产商在 $t-1$ 期并未进入出口市场，则其在第 t 期想要进行产品出口，就必须支付大小为 $S_t(0)$ 的沉没成本。假设在位生产商均依照 Cobb-Douglas 生产函数进行中间品生产，即

$$y_{H,t}(j) + m_t(j) y_{H,t}(j) = e^{A_t z_t(j)} k_t(j)^\alpha l_t(j)^{1-\alpha} \tag{5.29}$$

其中，m 为在位中间品生产商出口状态的示性函数，若在位中间品生产商在第 t 期选择出口，则 $m_t(j) = 1$，若其在第 t 期选择不出口，$m_t(j) = 0$。A_t 为本国的技术水平，$z_t(j)$ 为在位中间品生产商的生产技术水平，且 $z_t(j) \sim N(0, \sigma_z)$，$k_t(j)$ 为在位中间品生产商使用的资本存量，$l_t(j)$ 为在位中间品生产商雇佣的劳动。假设中间品生产商的资本积累方程满足：

$$k_{t+1}(j) = (1 - \delta) k_t(j) + i_t(j) \tag{5.30}$$

因此，在位中间品厂商在第 t 期的实际利润可表示为

$$\prod_t^R(j) = p_{H,t}(j) y_{H,t}(j) + m_t(j) p_{H,t} y_{H,t}(j) e_t - w_t l_t(j) - p_t^k i_t(j) - m_t(j) S_t[m_{t-1}(j)] \tag{5.31}$$

其中，$p_{H,t}(j) = \dfrac{P_{H,t}(j)}{P_t}$，为在本国销售的中间品以本国最终品为衡量单位的实物价格。$p_{H,t} = \dfrac{P_{H,t}}{P_t}$，为出口的中间品以本国最终品为衡量单位的实物价格。$e_t = \dfrac{\zeta_t P_t^*}{P_t}$，为实际汇率，$P_t^*$ 为外国最终品的价格。同时将沉没成本的形式设置为 $S_t(i) = \dfrac{S(i) w_t e_t}{e^{A_t}} i\{0, 1\}$，且 $S(0) > S(1)$。此时，在位中间品厂商在第 t 期的实际利润可重新表示为

$$\prod_t^R(j) = p_{H,t}(j) y_{H,t}(j) + m_t(j) p_{H,t}(j) y_{H,t}(j) e_t - w_t l_t(j) - p_t^k i_t(j) - m_t(j) \dfrac{S[m_{t-1}(j)] w_t e_t}{e^{A_t}} \tag{5.32}$$

假设在位中间品生产商在进入下一期时，有 $\phi(0 < \phi < 1)$ 的概率退出市场，当期退出市场时，中间品生产商尚未开始新一期的生产活动，其只能通过出售剩余资本来收回部分投资。因此，在位中间品生产商的企业价值可被描述为如下递归过程：

$$V_t[z_t(j), m_{t-1}(j), k_t(j)] = \prod_t^R(j) +$$
$$E_t \Lambda_{t|t+1} \{(1-\phi)V_{t+1}[z_{t+1}(j), m_t(j), k_{t+1}(j)] + \phi p_{t+1}^k k_{t+1}(j)\}$$
(5.33)

此时，在位中间品厂商的最优决策问题可被描述为

$$\max_{m_t(j), l_t(j), i_t(j), p_{H,t}(j), y_{H,t}(j), p_{H,t}, y_{H,t}(j)}$$
$$E_1 \sum_{t=1}^{+\infty} \Lambda_{1|t} V_t[z_t(j), m_{t-1}(j), k_t(j)]$$
(5.34)

其决策过程还面临如下约束：

$$k_{t+1}(j) = (1-\delta)k_t(j) + i_t(j)$$

$$y_{H,t}(j) + m_t(j) y_{H,t}(j) \leq e^{A_z \vec{z}_t(j)} k_t(j)^\alpha l_t(j)^{1-\alpha}$$

$$y_{H,t}(j) = \left[\frac{P_{H,t}(j)}{P_{H,t}}\right]^{-\varepsilon_D} D_{H,t}$$

$$y_{H,t}(j) = (N_t)^{-\lambda \varepsilon_D} \left[\frac{P_{H,t}(j)}{P_{H,t}}\right]^{-\varepsilon_D} D_{H,t}$$

求解上述在位中间品厂商最优决策问题，可得以下一阶条件[①]：

$$p_{H,t}(j) = e_t p_{H,t}^*(j) = \frac{\varepsilon_D}{\varepsilon_D - 1} \frac{w_t l_t(j)}{(1-\alpha) e^{A_z \vec{z}_t(j)} k_t(j)^\alpha l_t(j)^{1-\alpha}} \quad (5.35)$$

$$l_t(j) = k_t(j)^{1-\mu} e^{A_z \vec{z}_t(j)(\varepsilon_D - 1)\mu} \left(\frac{w_t}{\varphi}\right)^{-\mu \varepsilon_D} \Psi_t(m_t(j))^\mu \quad (5.36)$$

$$p_t^k = E_t \Lambda_{t|t+1} \left\{(1-\phi)\left[\frac{\alpha}{1-\alpha} \frac{l_{t+1}}{k_{t+1}} w_{t+1} + p_{t+1}^k(1-\delta)\right] + \phi p_{t+1}^k\right\}$$
(5.37)

$$p_t^k(K_{t+1}^1 - K_{t+1}^0) + S_t(m_{t-1}) = \left[(K_{t-1}^{m_{t-1}})^{1-\mu} e^{A_z \vec{z}_t(\varepsilon_D - 1)\mu}(1-\varphi)\left(\frac{w_t}{\varphi}\right)^{1-\mu \varepsilon_D}\right]$$

$$* [\Psi_t(1)^\mu - \Psi_t(0)^\mu] +$$

---

① 详细求解过程参见附录 C。

$$E_t \Lambda_{t|t+1} \left\{ \begin{array}{c} \phi p_{t+1}^k (K_{t+1}^1 - K_{t+1}^0) \\ + (1-\phi) [V_t(z_{t+1}, 1, K_{t+1}^1) - V_t(z_{t+1}, 0, K_{t+1}^0)] \end{array} \right\} \quad (5.38)$$

其中，$\Psi_t(m_t(j)) = p_{H,t}^{\varepsilon_D} D_{H,t} + e_t(p_{H,t}^*)^{\varepsilon_D} m_t(j) (N_t^X)^{-\lambda \varepsilon_D} D_{H,t}^*$，表示由在位中间品生产商当地出口地位决定的市场份额，N_t^X 为当期本国进行产品出口的中间品生产商数量。参数 $\mu = \dfrac{1}{1-\alpha(\varepsilon_D - 1)}$、$\varphi = \dfrac{\varepsilon_D - 1}{\varepsilon_D}(1-\alpha)$。式（5.35）为在位中间品厂商的最优定价决策方程，式（5.36）为在位中间品厂商的最优劳动投入数量决策方程，式（5.37）为在位中间品厂商的最优投资量决定方程，式（5.38）为出口市场进入决策方程。由式（5.38）可求得边际技术阈值 z_t^0 与 z_t^1，z_t^0 为上一期未出口的中间品生产商本期进入出口市场的边际技术阈值，若 $z_t(j) > z_t^0$，则该中间品生产商会选择支付沉没成本 $S_t(0)$，并进入出口市场；反之，该中间品生产商则会继续保持非出口商的地位。z_t^1 为上一期出口的中间品生产商本期退出出口市场的边际技术阈值，若 $z_t(j) < z_t^1$，则该中间品生产商会选择退出出口市场；反之，该中间品生产商则会继续支付沉没成本 $S_t(1)$，并保持非出口商的地位。每一期中存活下来的在位中间品厂商的决策顺序为：决策者首先观察当期本国总体技术水平和厂商自己的技术水平，并结合本企业上一期的出口地位，将自身技术水平和由式（5.38）决定的"边际技术阈值"进行比较，并据此决定本期是否出口。做出本期出口决策之后，经营者按照式（5.36）给出的劳动需求进行生产，按照式（5.35）给出的价格水平进行销售。在生产和销售结束之后，经营者依照式（5.37）给出的规则进行投资。

5.2.7 新进入的中间品生产商

假设市场外存在大量在 [0,1] 之间连续分布的潜在进入者，在每一期中，潜在进入者在支付进入沉没成本 S_t^E 之后，便可成为新进入的中间品生产商，与出口沉没成本 $S_t(i)$ 采用外国劳动单位衡量不同，进入沉没成本采用本国劳动单位进行衡量，即 $S_t^E = \dfrac{S^E w_t}{e^{A_t}}$。由于缺乏资本积累，第 t 期的新进入厂商在当期无法进行中间品生产，只能在当期购买一定数量的资本品以实现资本积累，并在下一期进行生产，且新进入的中间品生产商和在位中间品生产商一样，每一期均有 ϕ 比例的企业退出市场。由于在进入市场当期并未生产和出口，新进入的中间品生产商在理性预期的驱使下，会选择和当期未出口企业相同的资本存量 K_{t+1}^0。此时潜在进入者最优化问题可被描述为

$$\max_{k_t^E} E_t \Lambda_{t|t+1}\left[\phi p_{t+1}^k K_t^E + (1-\phi) V_{t+1}(z_{t+1}(j), 0, k_{t+1}(j)) \frac{K_t^E}{K_{t+1}^0}\right] - \frac{S^E w_t}{e^{A_t}} - p_t^k K_t^E$$

即市场外的潜在进入者在给定的市场进入成本 $\frac{S^E w_t}{e^{A_t}} + p_t^k K_t^E$ 和进入市场后的预期收益 $\phi p_{t+1}^k K_t^E + (1-\phi) V_{t+1}[z_{t+1}(j), 0, k_{t+1}(j)] \frac{K_t^E}{K_{t+1}^0}$ 的情况下，选择每一期最优的前期投资量 K_t^E。此时，每期新进入厂商的数量 N_t^E 由下式决定：

$$E_t \Lambda_{t|t+1}\left[\phi p_{t+1}^k K_t^E + (1-\phi) V_{t+1}(z_{t+1}(j), 0, k_{t+1}(j)) \frac{K_t^E}{K_{t+1}^0}\right] =$$

$$\frac{S^E w_t}{e^{A_t}} + p_t^k K_t^E \tag{5.39}$$

其中，每期新进入的中间品生产商数量为 $N_t^E = \frac{K_t^E}{K_{t+1}^0}$。

5.2.8 政府部门

假设政府部门向本国进口商品征收的关税税率为 $\tau_{H,t}$，且每期政府均会通过转移支付 T_t 的形式一次性将税收转移给本国家庭，并保持预算平衡：

$$T_t = \tau_{H,t} P_{F,t} D_{F,t} \tag{5.40}$$

此外，假设进口商品关税税率为一个具有随机波动率的一阶向量自回归过程：

$$\tau_{H,t} = (1-\rho_\tau) \bar{\tau} + \rho_\tau \tau_{H,t-1} + exp(\sigma_{t-1}) \varepsilon_{\tau,t} + \varepsilon_{\tau,t-1}^N, \varepsilon_{\tau,t} \sim (0,1) \tag{5.41}$$

$$\sigma_t = (1-\rho_\sigma) \bar{\sigma} + \rho_\sigma \sigma_{t-1} + \eta u_t, u_t \sim (0,1) \tag{5.42}$$

其中，$\varepsilon_{\tau,t}$ 为关税税率冲击，$\varepsilon_{\tau,t-1}^{N}$ 为第 $t-1$ 宣布且将在第 t 期新征收的关税税率，代表对关税税率的预期冲击，u_t 为贸易政策不确定性冲击，σ_t 为关税税率的随机波动率，σ_t 的取值越大，代表本国贸易政策不确定性越高。

假设货币政策遵循如下泰勒规则：

$$\log\left(\frac{R_t}{R}\right) = \rho_R \log\left(\frac{R_{t-1}}{R}\right) + (1-\rho_R)\rho_\pi \log\left(\frac{\pi_t}{\pi}\right) \quad (5.43)$$

其中，ρ_R 为刻画利率性的平滑参数，ρ_π 为利率对通胀的反应参数。

5.2.9 加总变量与宏观均衡

假设第 t 期市场中的在位中间品生产商数量为 N_t，且在位中间品厂商中出口商和非出口商的数量分别为 N_t^X 与 N_t^N，则 N_t、N_t^X、N_t^N 和 N_t^E 之间的关系满足：

$$N_t = (N_{t-1}^E + N_{t-1})(1-\phi) \quad (5.44)$$

$$N_t^X = (1-\phi)\{[1-\Phi(z_t^1)]N_{t-1}^X + [1-\Phi(z_t^0)][N_{t-1}^N + N_{t-1}^E]\} \quad (5.45)$$

$$N_t^N = (1-\phi)\{\Phi(z_t^1)N_{t-1}^X + \Phi(z_t^0)[N_{t-1}^N + N_{t-1}^E]\} \quad (5.46)$$

其中，$\Phi(\bullet)$ 为在位中间品厂商技术水平 $z_t(j)$ 的累积分布函数。

设第 t 期在位中间品生产商用作生产投入和用于支付出口市场沉没成本的劳动总需求分别为 L_t^I 与 L_t^c，新进入厂商用于支付沉没成本的劳动总需求为 L_t^E，则各劳动需求可表示为

$$L_t^I = (1-\phi)[N_{t-1}^X l_t^1 + (N_{t-1}^N + N_{t-1}^E)l_t^0] \quad (5.47)$$

$$L_t^c = \{N_{t-1}^{X*}[1-\Phi^*(z_t^1)]S(1) + [N_{t-1}^{N*} + N_{t-1}^{E*}][1-\Phi^*(z_t^0)]S(0)\}$$

$$(1-\phi)\frac{e_t}{e^{A_t}} \quad (5.48)$$

$$L_t^E = \frac{S^E}{e^{A_t}}N_t^E \quad (5.49)$$

其中，l_t^1 与 l_t^0 分别表示上一期出口和未出口企业在本期生产过程中的劳动需求，N_{t-1}^{X*}、N_{t-1}^{N*} 和 N_{t-1}^{E*} 分别为外国上一期的出口厂商、未出口厂商以及新进入的中间品生产商，Φ^* 为外国在位中间品厂商技术水平 $z_t(j)$ 的累积分布函数。

本国在第 t 期期末的资本总量 K_{t+1} 和本国资本品总需求 I_t 分别为

$$K_{t+1} = N_t^X K_{t+1}^1 + N_t^N K_{t+1}^0 + N_t^E K_{t+1}^0 \quad (5.50)$$

$$I_t = N_t^X I_t^1 + N_t^N I_t^0 + N_t^E K_{t+1}^0 \quad (5.51)$$

其中，K_{t+1}^1 和 K_{t+1}^0 分别为本国出口中间品生产商和非出口中间品生产商的资本存量，I_t^1 和 I_t^0 分别为本国出口中间品生产商和非出口中间品生产商的投资需求。同时，本国在第 t 期的实际国内生产总值 GDP_t 和实际出口额 Exp_t 为

$$\text{Exp}_t = p_{H,t} D_{H,t} e_t \quad (5.52)$$

$$\text{GDP}_t = p_{H,t} D_{H,t} + p_{H,t} D_{H,t} e_t \quad (5.53)$$

在宏观均衡时，下列市场同时出清：

$$L_t = L_t^I + L_t^c + L_t^E \quad (5.54)$$

$$I_t = K_{t+1} - K_t + (1 - \phi) \delta K_t \quad (5.55)$$

$$Y_t = C_t + I_t + \chi (B_{F,t-1} - \bar{B}_F)^2 R_{t-1} \frac{e_t}{e_{t-1}} \quad (5.56)$$

$$B_{H,t} + B_{H,t} e_t = 0 \quad (5.57)$$

$$B_{H,t} - B_{H,t-1} R_{t-1} + B_{F,t} - \frac{e_t}{e_{t-1}} R_{t-1} [B_{H,t-1} - \chi (B_{H,t-1} - \bar{B}_F)^2] =$$
$$p_{H,t} D_{H,t} e_t - D_{f,t} p_{f,t} \quad (5.58)$$

其中，式（5.54）为劳动市场出清条件，式（5.55）为资本品市场出清条件，式（5.56）为最终品市场出清条件，式（5.57）为债券市场出清条件，式（5.58）为国际收支平衡条件。其中，式（5.56）至式（5.58）的具体形式借鉴了 Caldara 等（2020）的研究成果。

5.3　参数校准

上一节的内容给出了所建立的异质性两国 DSGE 模型的一阶条件和均衡条件，接下来，本节将对模型中的相关参数进行校准，为后文中的数值模拟分析做准备。参数校准主要分为两部分进行，第一部分利用中国微观企业数据对在位中间品生产商进入出口市场的沉没成本进行校准，同时利用中国进出口产品数据估计本次中美贸易摩擦期间关税威胁对中国进口商品关税预期的影响，最后，利用中国进口总额和关税总额的季度数据，对式（5.41）和式（5.42）中的相关参数进行估计。第二部分根据之前学者

的相关研究成果，对模型中的一些常用参数进行赋值。

5.3.1 校准核心参数

本章利用工业企业的数据库对不同类型的中间品生产商进入出口市场的沉没成本进行计算。本章的思路是，首先基于微观数据计算出口的中间品生产商退出出口市场的概率 Pro^1，以及未出口的中间品生产商继续不出口的概率 Pro^0。进而利用厂商技术水平的累积分布函数 $\Phi(\bullet)$ 计算出稳态时不同类型企业进入出口市场的边际技术阈值 z^0 与 z^1，即 $z^1 = \Phi^{-1}(Pro^1)$、$z^0 = \Phi^{-1}(Pro^0)$。然后结合式（5.38）计算出不同类型中间品生产商进入出口市场的沉没成本 $S(0)$ 与 $S(1)$。在具体计算 Pro^1 与 Pro^0 时，本章将 1998—2006 年的中国工业企业数据每两年进行一次合并，剔除出口交货值小于 0 的样本，并以企业法人代码为依据进行筛选。在本章所建立的模型中，部分中间品生产商在做出经营决策之前便已受到"死亡"冲击而退出市场，因此本章按照如下方式计算 Pro^1 与 Pro^0：

$$1 - Pro_y^1 = \frac{\sum_{t=1999}^{2006} \frac{存活下来且坚持出口的企业数}{存活且上一年度出口的企业数}}{8}$$

$$Pro_y^0 = \frac{\sum_{t=1999}^{2006} \frac{存活下来且坚持不出口的企业数}{新进入和上一年度存活下来且未出口的企业数}}{8}$$

$$Pro^1 = 1 - (1 - Pro_y^1)^{0.25}$$

$$Pro^0 = (Pro_y^0)^{0.25}$$

其中，Pro_y^1 为出口的工业企业退出出口市场的年平均概率，Pro_y^0 为未出口的工业企业继续不出口的概率。每一年度具体指标情况如表 5.1 所示。

表 5.1　1998—2006 年中国工业企业出口持续性情况

时间	存活下来且坚持出口的企业数	存活且上一期出口的企业数	$1 - Pro_{y,t}^1$	存活下来且坚持不出口的企业数	新进入和上一期存活下来且未出口的企业数	$Pro_{y,t}^0$
1998—1999 年	25 770	30 601	0.842 1	122 502	131 431	0.932 1
1999—2000 年	26 301	30 007	0.876 5	121 978	132 878	0.918 0

表5.1(续)

时间	存活下来且坚持出口的企业数	存活且上一期出口的企业数	$1-Pro^1_{y,t}$	存活下来且坚持不出口的企业数	新进入和上一期存活下来且未出口的企业数	$Pro^0_{y,t}$
2000—2001年	26 502	30 029	0.882 5	125 086	139 005	0.899 9
2001—2002年	32 113	36 298	0.884 7	132 070	145 263	0.909 2
2002—2003年	36 412	40 342	0.902 6	141 387	155 883	0.907 0
2003—2004年	37 590	42 218	0.890 4	194 865	234 267	0.831 8
2004—2005年	55 855	68 109	0.820 1	183 977	203 748	0.903 0
2005—2006年	61 391	69 874	0.878 6	214 171	232 098	0.922 8
年均值	—	—	0.872 2	—	—	0.903 0

注：存活下来且坚持出口的企业是指在连续两年存在于数据库中且两年出口额均大于0的企业；存活且上一期出口的企业是指在连续两年存在于数据库中且上一年出口额大于0的企业；存活下来且坚持不出口的企业是指在连续两年存在于数据库中且两年出口额均为0的企业和新进入且未出口的企业总和；新进入和上一期存活下来且未出口的企业是指上一期出口额为0的企业与本期新进入的企业总和。

从表5.1中的内容可以看出，1998—2006年，中国工业企业无论是出口企业的年度出口市场年退出率，还是未出口企业的年度出口市场进入率，都比较稳定，并未出现大幅度波动，采用以上数据计算出来的 Pro^1 与 Pro^0 也相对可靠。根据表中计算结果，可知 $Pro^0 = 0.974\ 8$ 且 $Pro^1 = 0.033\ 6$，因此，本章将 $S(0)$ 与 $S(1)$ 的数值分别设为 0.392 8 和 0.098 3。

在利用工业企业的数据库校准进入出口市场的沉没成本之后，本章采用中国2017年的进口产品数据估计中美两国间的关税威胁对中国进口商品关税预期的影响。本章的思路是，将国务院关税税则委员会公布的对美国商品加征的关税税率和中国2017年的进口产品数据依据HS-6编码进行匹配，计算出在中国进口商品的结构和来源国构成均不发生变化的情况下，进口同样数量的商品需要新缴纳的关税税额，并依据新增的关税税额估计关税威胁（$\Delta\tau_t$）对中国进口商品关税预期（$\varepsilon^N_{\tau,t-1}$）的影响。在具体估计过程中，本章所使用的对美国商品加征的关税税率数据来自中华人民共和国财政部关税司①，中国 2017 年的进口产品数据来自哈佛大学经济复杂性数据库②（Atlas of Economic Complexity Dataverse），该数据库所提供的全球贸易流量数据是在联合国 Comtrade 数据库所提供的全球原始贸易流量数据的基础上运用"Bustos-Yildirim"方法进行调整的结果，调整后的数据解决了 Comtrade 数据库中存在的各国进出口总量不对称的问题③。国务院关税税则委员会公布的加征关税的产品清单全部采用 8 位的 HS-2017 产品编码，而哈佛大学提供的中国进口产品数据采用的是 6 位 HS-1992 产品编码，因此本章先将加征关税产品清单中的 8 位 HS-2017 产品编码合并为 6 位的 HS-2017 产品编码，并按照联合国公布的 HS 编码转换规则④转换为 HS-1992 产品编码，并将其与进口产品数据进行匹配。考虑到在进行产品编码合并过程中存在同一个 6 位产品编码下适用不同的加征税率问题，本章将分别按照该产品所适用的最高税率和最低税率计算出新增关税税额的上限与下限，然后在该区间内选择合理的关税预期冲击数值。

哈佛大学经济复杂性数据库提供的数据显示，2017 年在中国进口的 4 644 种产品中，全部或部分原产自美国的商品共计 4 127 种，在本次中美贸易摩擦期间，国务院关税税则委员会公布的加征关税商品清单中共包含了原产自美国的商品 3 984 种，这些商品在 2017 年的全年进口额约为 995.8 亿美元，约占中国 2017 年进口商品总额的 6.95%，中国对原产于美国的产品进行的关税威胁将会使中国进口商品的关税预期上升 1.53%~2.36%。虽然哈佛大学经济复杂性数据库提供的进出口产品数据解决了各国贸易流量不对称的问题，但是将 HS-2017 产品编码转换为 HS-1992 产品编码时，有可能扩大部分商品加征关税税率的计算误差。为确保计算结果的稳健性，本书同时使用了联合国 Comtrade 数据库所提供的原始数据计算关税威胁对中国进口商品关税预期的影响，具体结果如表 5.2 所示。

---

① 数据来源：http://gss.mof.gov.cn/。
② 数据来源：https://dataverse.harvard.edu/dataset.xhtml?persistentId=doi:10.7910/DVN/T4CHWJ。
③ 有关具体数据处理方法的内容参见：https://atlas.cid.harvard.edu/about-data。
④ 数据来源：https://unstats.un.org/unsd/trade/classifications/correspondence-tables.asp。

表 5.2　关税威胁对中国进口商品关税预期的影响

数据来源	新增关税税额上限/亿美元	关税威胁上限/%	新增关税税额下限/亿美元	关税威胁下限/%	2017年中国进口总额/亿美元
哈佛大学经济复杂性数据库	346.84	2.36	222.69	1.53	14 334.94
联合国Comtrade数据库	389.17	2.25	282.63	1.63	16 877.47

从表 5.2 中的内容可以看出，联合国 Comtrade 数据库和哈佛大学经济复杂性数据库虽然在 2017 年中国进口总额方面存在一定差异，但两个数据库分别结合加征关税产品清单所计算出来的税率预期冲击上限和下限的结果却十分接近，说明了本章计算结果的稳健性。结合表 5.2 中的结果，本章将关税威胁的数值设为 2%，即 $\Delta \tau_t = 0.02$，并且假设进口产品需求者在第 $t-1$ 期便已知晓本国政府所提出关税威胁的具体数值，并认为该关税威胁最终实施的概率为 $pro(\Delta \tau_t) = 0.5$[①]。因此，本章将中美贸易摩擦期间中国关税威胁对关税预期的冲击 $\varepsilon^N_{\tau,t-1}$ 设置为 0.01，即 $\varepsilon^N_{\tau,t-1} = E(\Delta \tau_t) = pro(\Delta \tau_t) * \Delta \tau_t = 0.01$。

接下来，本章将对中国进口关税波动率的相关参数进行估计。具体的估计方法是，将经季节调整后的中国进口商品总额 IM_t 与中国关税总额 T_t 的季度数据，按照 $\tau_t = \dfrac{T_t}{IM_t - T_t}$ 的方式计算出中国进口商品的季度关税税率 τ_t，并按照式（5.41）至式（5.42）中的形式估计相关参数。本章使用的进口总额与关税总额数据来自 Wind 数据库，样本区间为 1995 年第一季度至 2019 年第四季度。相关参数的估计结果如表 5.3 所示。

[①] 从本次中美贸易摩擦的过程来看，中美两国开始公布的加征关税产品清单和对相应产品实施的加征关税税率，与最终实施的结果存在一定差异，且中美两国间双边贸易谈判进程也是"一波三折"，这就使市场主体无法准确预期两国进口关税的走向，因而本章假设关税威胁最终实施的概率为 0.5。

表 5.3 关税波动率的参数估计结果

参数	中位值	5%分位数	95%分位数
ρ_τ	0.908	0.832	0.978
ρ_σ	0.91	0.764	0.979
σ	−6.051	−6.584	−5.226
η	0.643	0.400	0.999
$\bar{\tau}$	0.023	0.004	0.043

从表 5.3 的结果中可以看出,关税税率冲击的平均标准差为 $e^{-6.05}$ = 0.002 36,一单位标准差的关税波动率冲击将使关税税率冲击的平均标准差变为 $e^{-6.05+0.64}$ = 0.004 47。

5.3.2 校准其他参数

家庭部门的相关参数中,本章使用的是季度数据对关税随机动率的相关参数进行校准,因此将家庭贴现因子 β 的数值设为 0.99;借鉴 Altig 等 (2011) 的研究成果,将消费习惯参数 b 设为 0.75;根据康立、龚六堂 (2014) 的研究,将家庭的风险规避参数 γ 设定为 2;参考王立勇、纪尧 (2019) 的设置,将劳动供给弹性倒数 v 设置为 1.3;借鉴张开、龚六堂 (2018) 的设置,将劳动休闲比率参数 ψ 设定为 4;同时,本章将 Backus 等 (1994) 将本国产品和外国产品的替代弹性 θ 设为 1.5。在价格粘性与调整成本方面,借鉴 Fernández-Villaverde 等 (2015) 的设置,将中间品替代弹性 ε_D、最终品替代弹性 ε_f 和劳动替代弹性 ε_w 设定为 21,将工资调整成本参数 ρ_w 设定为 2 351,将产品价格调整成本参数 ρ_P 设定为 237.48;参照康立、龚六堂 (2014) 的研究,将投资调整成本系数 κ 设定为 5。在消费者产品偏好方面,借鉴梅冬州、龚六堂 (2011) 的研究,将消费者对本国商品的偏好 ω 设为 0.5。参考仝冰 (2010) 的设置,将资本收入份额 α 设定为 0.4。在货币政策函数方面,借鉴 Caldara 等 (2020) 的设置,将通胀反应参数 ρ_π 设定为 1.25,将利率平滑参数 ρ_R 设定为 0.85。在企业进入和退出方面,参照毛其淋、盛斌 (2013) 的研究,将企业退出概率 ϕ 设定为 0.045 5,将进入市场的沉没成本参数 S^E 设定为 0.031 5,以确保稳态时的企业进入数量 N^E 为 0.057 4。借鉴 Alessandria 和 Choi (2007) 的研究,将企业技术分布的标准差 σ_z 设定为 0.5。表 5.4 给出了参数校准值的汇总情况。

表 5.4 参数校准值汇总

参数	描述	取值	参数	描述	取值
β	贴现因子	0.99	ω	对本国商品的偏好	0.5
b	消费习惯	0.75	α	资本收入份额	0.4
γ	风险规避参数	2	ρ_π	通胀反应参数	1.25
v	劳动供给弹性的倒数	1.3	ρ_r	利率平滑参数	0.85
ψ	劳动休闲比率	4	ϕ	企业退出概率	0.045 5
θ	两国商品替代弹性	1.5	σ_z	企业技术标准差	0.5
ε_D	中间品替代弹性	21	S^E	进入市场的沉没成本	0.031 5
ε_f	最终品替代弹性	21	$S(0)$	开始出口沉没成本	0.392 8
ρ_P	产品价格调整成本系数	237.48	$S(1)$	继续出口沉没成本	0.098 3
ρ_w	工资调整成本系数	2 351	ρ_τ	关税持续性参数	0.90
ε_w	劳动替代弹性	21	ρ_σ	不确定性持续性参数	0.91
δ	资本折旧率	0.025	η	不确定性冲击标准差	0.64
κ	投资调整成本系数	5	$\varepsilon_{\tau,t-1}^N$	关税预期冲击	0.01

5.4 数值模拟

上一节基于微观数据对 DSGE 型中的核心参数进行计算,同时结合相关学者的研究成果对其余参数进行了校准。接下来,本节将基于本次中美贸易摩擦期间的基本事实进行数值模拟。考虑到在本次中美贸易摩擦期间,中美两国除了互相宣布对原产于对方的进口商品加征关税,同时两国的双边贸易磋商进程也是跌宕起伏。本次中美贸易摩擦不仅让两国贸易政策不确定性增强,而且使两国市场主体对进口商品关税的预期受到冲击。因此在进行数值模拟时,本节首先分析中美贸易摩擦对宏观经济运行的整体影响,进而单独考察贸易政策不确定性上升对宏观经济运行的影响。具体而言,本节假设在数值模拟的首期,市场主体知晓两国正在进行双边贸易谈判,且该谈判成功的概率为50%,如果谈判破裂,则导致两国进口关税水平同时上升2%;若谈判成功,则保持现有进口关税水平不变。因此,未来的进口关税税率服从一个取值为 0 或 0.02 的伯努利分布,且 $P(0) =$

$P(0.02) = 0.5$。此时，中美贸易摩擦对未来进口商品关税水平的预期冲击为 $\varepsilon_{\tau,0}^N = E_0(\Delta\tau_1) = 0.01$，且此时关税不确定性为 $\sigma_{\tau,0} = [P(0) * P(0.02)]^{0.5} * \varepsilon_{\tau,0}^N = 0.01$。此后，关税预期 $E(\tau_t)$ 与关税不确定性 $\sigma_{\tau,t}$ 按照式（5.41）与式（5.42）所刻画的递归过程回归到相应的稳态水平。由于本章研究的贸易政策不确定性上升属于对关税波动率的二阶冲击，且独立分析二阶矩冲击的效应就必须对状态空间系统进行至少三阶展开（许志伟，王文甫，2019），本节对均衡方程进行三阶近似，并用剪枝算法（pruning algorithm）求解①。具体的脉冲响应结果如图 5.1 所示。

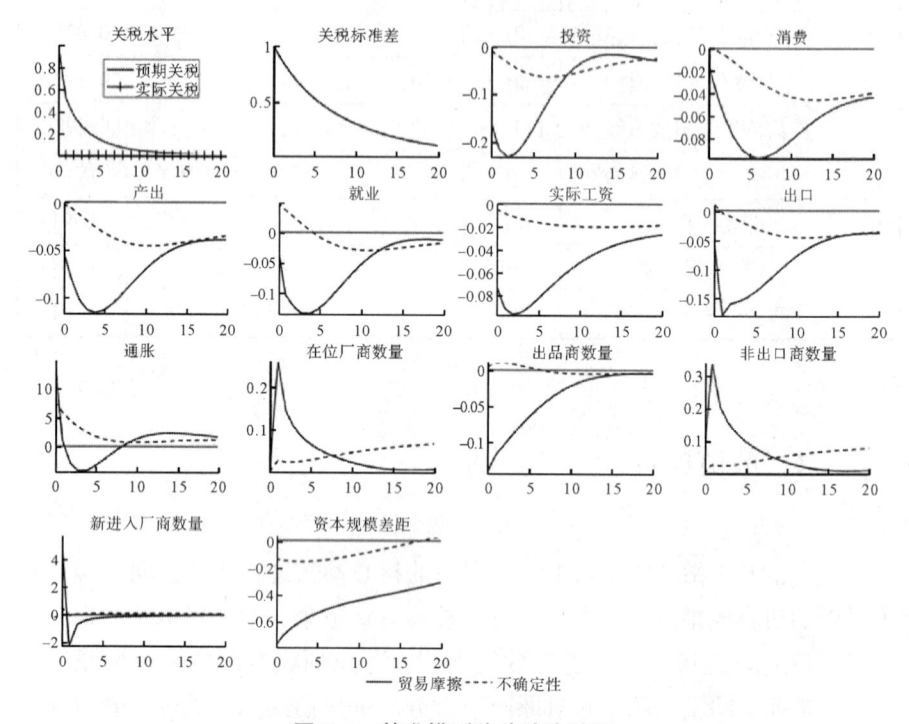

图 5.1　基准模型脉冲响应结果

首先来看贸易本次贸易摩擦对宏观经济运行的影响。在宏观经济指标方面，贸易摩擦使得投资、消费、产出、就业和出口总量出现不同程度的下降，与产出相比，投资和出口对贸易摩擦冲击的反应更为强烈，但脉冲响应峰值出现得更早，下降过程的持续时间相对较短，2~3 期之后便逐步回升；消费对贸易摩擦冲击的反应相对较小，但脉冲响应峰值出现得相对

---

① 关于高阶近似和剪枝算法的内容详见附录 D。

较晚,在经历了连续 6 期的下降之后才开始回升。在企业进入决策方面,贸易摩擦使出口商当期的出口市场份额与预期利润下降,进而导致部分在位中间品生产商退出出口市场,出口商数量减少,产品出口额下降;实际工资下降使得潜在进入者的市场进入门槛降低(S_t^E 下降)、预期收益上升 [$V_{t+1}(z_t(j),\ 0,\ k_t(j))$ 上升],因此短期内新进入厂商的数量大幅增加,在涌入大量新进入厂商后,市场竞争变得更加激烈,厂商生存环境迅速恶化,新进入厂商数量大幅下降,在位厂商数量和非出口厂商数量在短期内达到峰值以后便开始迅速下降,表现为企业数量增加的"市场繁荣"只持续了较短的时间。该过程也可以从通胀的脉冲响应结果中得到印证,即零售商预期未来进口商品关税水平上升会导致更高的产品边际成本,促使其提升产品价格,同时关税不确定性的上升也使其有动力提高产品价格,两方面的共同作用导致本国通胀率大幅提升,随着关税预期和贸易政策不确定性逐步回到正常水平,其提升产品价格的意愿也逐步回落,但大量的新增在位厂商使得本国产品供给迅速增加,因此产品价格和通胀率不断下降,本国的企业市场生存环境恶化,促使新进入厂商数量减少,非出口厂商缩小企业规模,不断降低产品供给,此时本国通胀率和产品价格又会逐步回升。从脉冲响应结果可以看出,此次中美贸易摩擦虽然会在短期内通过本国产品对进口产品的替代效应而实现暂时的国内市场"繁荣",但从整体来看,贸易摩擦导致的关税预期和贸易政策不确定性上升将会导致宏观经济下行,给消费者福利带来损失。

下面将分析预期关税水平不变时,贸易政策不确定性冲击给宏观经济带来的影响。由于本章采取 Rotemberg(1982)提出的调整成本形式引入价格粘性,在未来价格上升幅度相同的情况下,本期商品价格越高,调整成本也就越小,因此零售商会倾向于将产品价格定在一个相对较高的水平;此外,贸易政策不确定性冲击使未来产品的生产成本与需求的不确定性上升,此时零售商会选择提高产品价格,虽然这样会使产品的市场需求量减小,但提高产品价格可以避免未来产品生产成本上升导致的亏损。从图 5.1 脉冲响应结果可以看出,贸易政策不确定性冲击使通胀上升,投资、消费和产出均出现不同程度的下降。与贸易摩擦冲击相比,投资、消费、产出、就业和出口总量在受到贸易政策不确定性冲击时的下降幅度更小,但持续时间更长。值得注意的是,贸易政策不确定性冲击在短期内导致就业、出口商数量和出口总量上升,这是因为贸易政策不确定性冲击使得零售商提高其产品加成率,进而导致通胀上升,实际工资下降,相应的企业出口沉没成本 $S_t(m_{t-1})$ 降低,同时还会缩小出口商和非出口商间资本存量的差距($K_t^1 - K_t^0$),虽然其进行产品出口的风险增加降低了其进入出口市场的预期收益,但出口沉没成本的降低和资本存量差距的缩小使得其进入出口市场的总成本降幅更大,因而短期内本国的出口商数量增多,出口总量增加。虽然提高产品价格会降低产品需求,进而导致中间品生产商在生产过程中雇佣的劳动减少,但实际工资的下降使潜在进入者的市场进入门槛降低(S_t^E 下降),用于支付进入沉没成本劳动需求 L_t^E 增加,加之出口厂商比非出口厂商需要雇佣更多的劳动,进而导致短时间内就业上升。

5.5 传导机制分析

如上一节所述,在前文的模型设定下,贸易摩擦和贸易政策不确定性冲击将导致宏观经济下行。为检验脉冲响应结果稳健性和进一步分析相关冲击的传导机制,本章将通过改变参数取值的方式来分析不同模型设定情况下,各经济变量对贸易摩擦冲击和贸易政策不确定性冲击的脉冲响应情况,其中具体参数取值如表 5.5 所示。

表 5.5 传导机制检验参数调整情况

敏感性分析	被调整参数	基础模型取值	调整后新值
新厂商进入 (model-1)	厂商退出率 ϕ	0.045 5	0
	新厂商进入量 N^E	0.057 4	0
名义粘性 (model-2)	价格调整成本系数 ρ_P	237.48	575
	工资调整成本系数 ρ_w	2 513	6 908
本国商品偏好 (model-3)	本国商品偏好系数 ω	0.5	0.7
消费习惯 (model-4)	消费习惯参数 b	0.75	0.5
投资调整成本 (model-5)	投资调整成本系数 κ	5	10

5.5.1 新厂商进入

在上一节的分析中,本章认为新厂商进入是解释贸易摩擦冲击和贸易政策不确定性冲击对宏观经济运行的核心机制之一,为检验该机制对脉冲响应结果的影响,本章将关闭基准模型中的厂商进入与退出通道,即将厂商退出率 ϕ 和每期新进入的厂商数量 N^E 的数值均设为 0,重新设置企业进入与退出参数后的脉冲响应结果如图 5.2 所示。从脉冲响应结果可以看出,关闭厂商进入与退出通道后,投资、消费、出口和产出等宏观经济变量在受到贸易摩擦冲击和贸易政策不确定性冲击后的下降幅度明显变小,且持续时间也变得相对较短。其原因是,当存在企业进入与退出机制时,中间品生产商在进行跨期决策时就已经存在不确定性因素,即企业在进入下一期后,仅有 $1-\phi$ 的概率可以继续在市场中经营,而有 ϕ 的概率会退出市场,当外生的贸易摩擦冲击和不确定性冲击来临时,这种企业生存的不确定性机制就起到了一种放大冲击的作用。此外,在关闭企业进入退出机制后,贸易摩擦冲击导致就业的下降幅度更大,且无法刻画出宏观经济在受到贸易政策不确定性冲击后就业短期上升的结果,因为其忽略了短期内大量新进入中间品生产商所创造的就业机会。最后,在出口商应对方面,当存在企业生存不确定性时,中间品厂商进入出口市场得到的预期利润增量相对较低,因此产品出口行为对企业的技术水平提出了更高的要求,由于本章假设各中间品厂商的技术水平服从正态分布,当贸易摩擦冲击使出口市场经营状况恶化时,出口中间品生产商数量的整体降幅会更小,出口参与决策也更加稳定,出口的中间品生产商会选择通过缩小企业规模,而非退出出口市场来应对贸易摩擦的冲击。

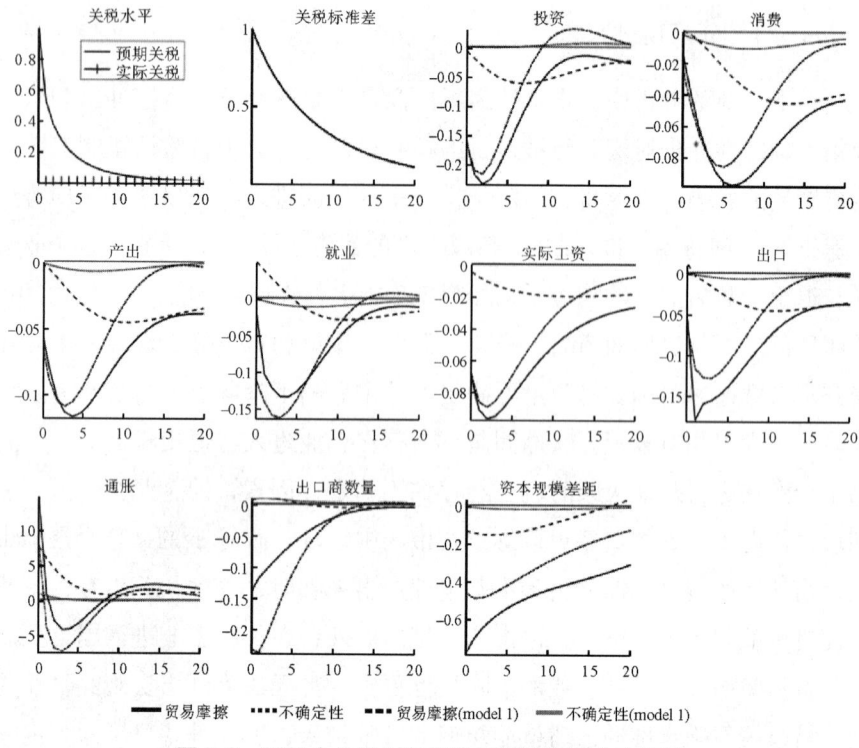

图 5.2 不同企业进入退出机制下的脉冲响应结果

5.5.2 名义粘性

在基准模型中，本章通过调整成本的形式引入名义粘性，并将工资调整成本系数 ρ_w 和价格调整成本系数 ρ_P 的数值分别设为 2 513 和 237.48，这意味着本章假设工资和产品价格每年调整一次，为检验名义粘性大小对脉冲响应结果的影响，本章将工资调整成本系数 ρ_w 的数值重新设置为 6 908，价格调整成本系数 ρ_P 的数值设置为 575，即假设工资和产品价格每两年调整一次。重新设置调整成本系数后的脉冲响应结果如图 5.3 所示。从脉冲响应结果来看，相较于基准模型，较高的名义粘性使投资、消费、出口和产出等宏观经济变量在受到贸易摩擦冲击和贸易政策不确定性冲击时下降的幅度更大，且这种负面效应持续更为持久，这说明较高的名义粘性提高了市场主体改变其决策的成本，消费者和厂商对关税预期和关税波动率的变化更为敏感。

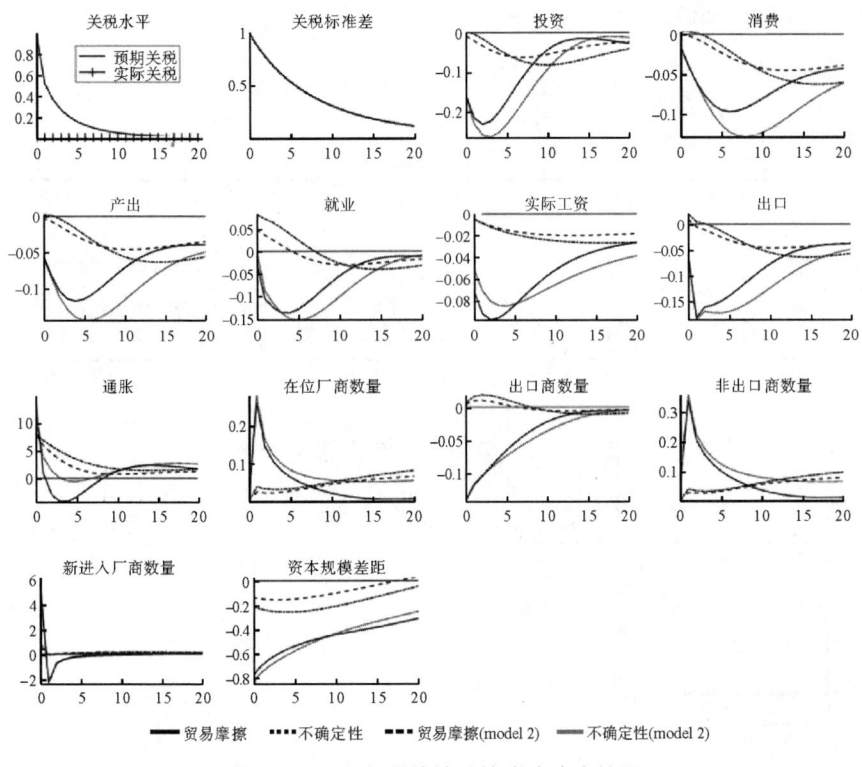

图 5.3 不同名义粘性下的脉冲响应结果

5.5.3 商品偏好

在基础模型中，本章将消费者对本国产品的偏好系数 ω 的数值设为 0.5，即消费者对本国商品和外国商品没有表现出明显的偏好，但消费者对不同类型的商品偏好程度会对不同国家的中间品需求产生影响，因此在这里通过将偏好系数 ω 的数值重设为 0.7 的方式来比较不同本国产品偏好下，贸易摩擦冲击和贸易政策不确定性冲击对宏观经济运行的影响，具体脉冲响应结果如图 5.4 所示。从脉冲响应结果可以看出，当消费者更加偏好本国商品时，贸易摩擦冲击和贸易政策不确定性冲击对各宏观经济变量的影响明显变小，这是因为当消费者更加偏好本国商品时，在最终消费品和投资品生产过程中，外国商品所占的份额更小，进出口对一国经济运行的重要性下降，各经济主体的决策受贸易摩擦和贸易政策不确定性冲击的影响也就更小。同时，当消费者对本国商品偏好程度较高时，贸易政策不确定性对经济的影响大幅下降，且主要表现为消费减少，投资和出口总额对贸易政策不确定性的反应不明显。

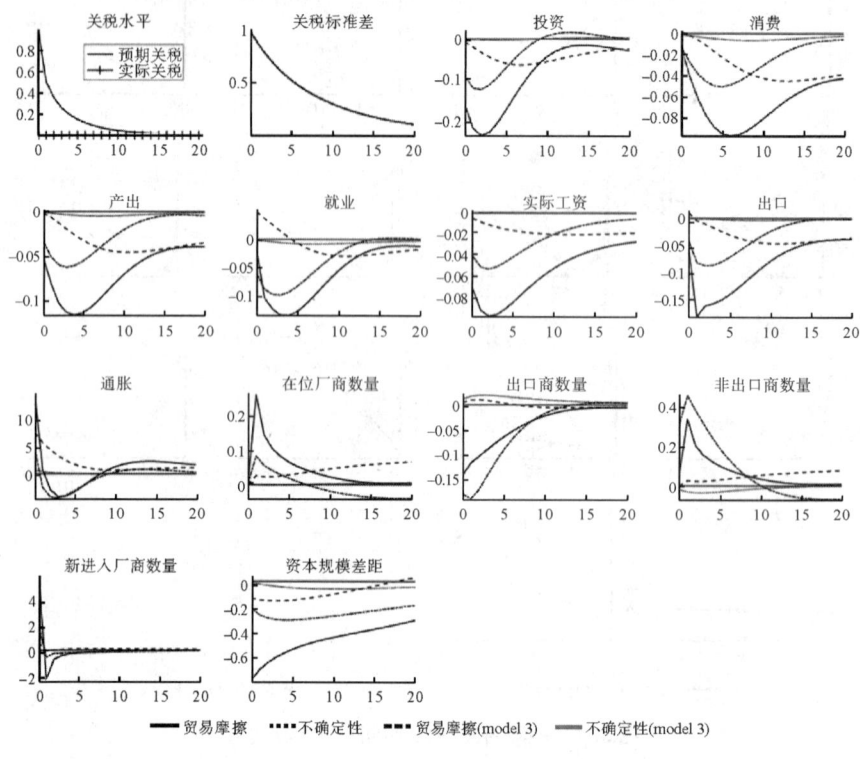

图 5.4 不同本国产品偏好下的脉冲响应结果

5.5.4 消费习惯

在基准模型中，本章在家庭效用函数中加入了消费习惯参数，为分析消费习惯设置对脉冲响应结果的影响，本章将消费习惯参数 b 的数值重新设置为 0.5，即与基准模型设置相比，此时家庭的当期消费量对未来效用的影响更小。具体的脉冲响应结果如图 5.5 所示。从脉冲响应结果中可以看出，当消费习惯参数变小时，贸易摩擦冲击和贸易政策不确定性冲击使消费、出口、就业和产出下降的幅度更大，但此时投资对冲击的反应幅度更小。出现这种结果的原因是，消费习惯参数越大意味着消费者对消费"平滑变动"的偏好越高，在受到冲击时消费者就会选择牺牲更多的储蓄来维持现有的消费水平，当消费习惯参数变小时，消费的跨期变动就会更加灵活，为了维持消费水平而减少的储蓄量也就更小，此时投资对冲击的响应也就会更小。

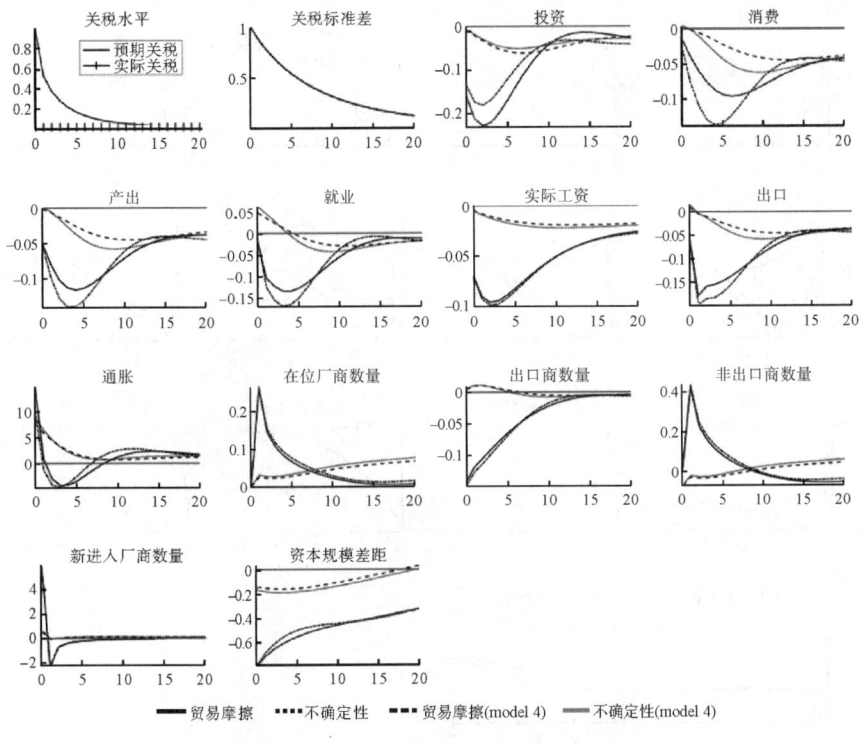

图 5.5 不同消费习惯下的脉冲响应结果

5.5.5 投资调整成本

为分析不同投资调整成本下，贸易摩擦冲击和贸易政策不确定性冲击对宏观经济运行的影响，本章在此将投资调整成本系数 κ 的数值设置为 10，观察投资调整成本系数上升后，各宏观经济变量对贸易摩擦和贸易政策不确定性冲击的响应情况，具体脉冲响应结果如图 5.6 所示。从脉冲响应结果可以看出，相对于基准模型，投资调整成本系数增大使得消费、投资、出口和产出等宏观经济变量对贸易摩擦冲击的反应幅度变小，而产品价格的上涨幅度增大。这是因为当预期未来的经营环境会恶化时，厂商需要在提高产品价格和减少产品供给这两种维持企业利润率的方式中进行权衡，更高的投资调整成本系数使得厂商投资行为调整变得更加"昂贵"，减少产品供给的成本也就更高，因此厂商会扩大产品价格上涨幅度，同时产品供给量下降得相对较少。和贸易摩擦相比，在不同投资调整成本洗漱下贸易政策不确定性冲击的脉冲响应结果变化较小。

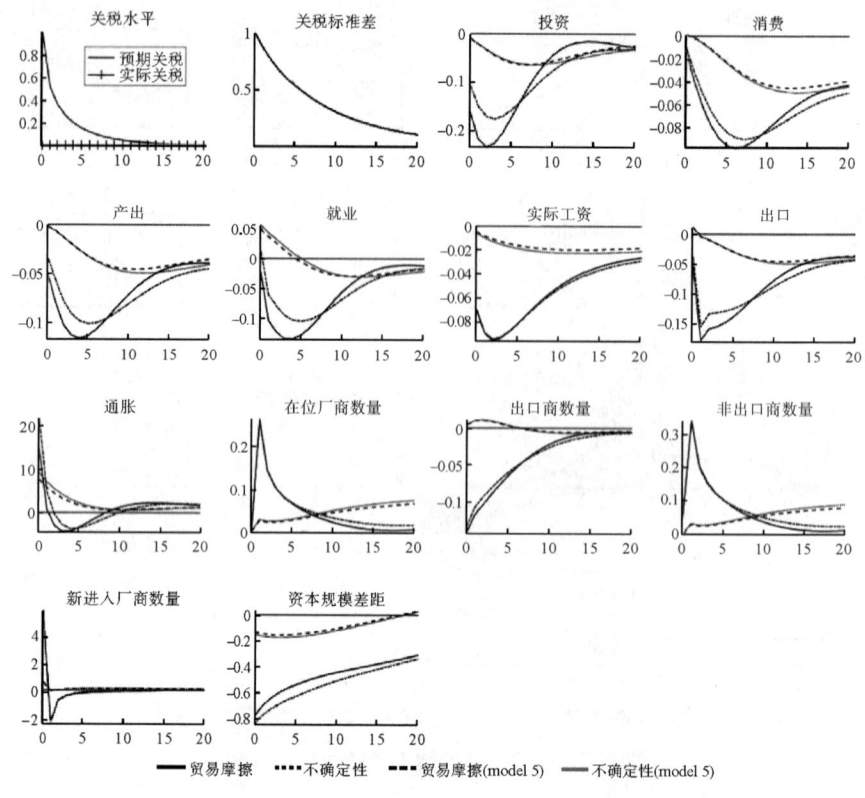

图 5.6 不同投资调整成本下的脉冲响应结果

5.6 本章小结

本章构建包含异质性企业的开放 DSGE 模型模拟本次中美贸易摩擦对宏观经济运行的影响,同时基于中国微观数据对模型中的核心参数进行校准,并借助三阶近似和剪枝算法分离出本次中美贸易摩擦过程中由于贸易政策不确定性上升而产生的经济波动效应。基于上述研究过程,本章得出以下相关结论:

第一,本章基于哈佛大学经济复杂性数据库与联合国 Comtrade 数据库所提供的中国 2017 年进出口产品级数据,发现在中国进口产品结构和来源国构成不变的情况下,如果中国对原产于美国的进口商品加征新的关税,会使得中国进口商品的税率上升 2% 左右。此外,基于 1998—2006 年中国工业企业数据库的分析发现，中国工业企业的出口市场参与决策相对稳定，非出口企业年平均出口市场进入率为87.22%，出口企业年平均出口市场退出率为90.3%。

第二，通过对数值模拟结果的脉冲响应图进行分析，发现中美贸易摩擦将导致宏观经济下行，即投资、消费、就业和产出等均出现不同幅度的下降，且本次中美贸易摩擦过程中，贸易政策不确定性上升所产生的"下行效应"占总效应的30%~40%。换句话说，除预期的经营环境恶化外，贸易摩擦过程中引起的贸易政策不确定性上升本身也会对宏观经济运行产生重要的影响。

第三，在传导机制分析中发现，新厂商进入与在位厂商退出是产生本章基准模型脉冲响应结果的核心传导机制。一方面，厂商跨期生存的"不确定性"会放大贸易摩擦和贸易政策不确定性冲击的影响，使整体宏观经济系统在受到冲击时产生更加强烈的反应；另一方面，与Caldara等（2020）的模型相比，引入厂商进入与退出机制可以模拟出国内市场需求与国际市场需求的"替代效应"，即进出口市场的经营环境不确定性上升时，进口商品价格预期的不确定性增加，消费者对本国产品的需求上升，非出口企业的预期经营状况改善，短时间内有大量的新厂商进入市场，进而引起本国在位厂商数量增加和就业规模扩大。但是这种"替代效应"的"投机"属性十分明显，就业规模和企业数量在短期上升后迅速下降，宏观经济系统在受到贸易政策不确定性冲击后仍然表现出明显的"下行"特点。

第四，此外，本章在传导机制分析中还发现，名义粘性、商品偏好、消费习惯和投资调整成本均会对脉冲响应结果产生一定的影响，其中名义粘性越强、对进口商品偏好越强、投资调整成本越低时，贸易摩擦和贸易政策不确定性冲击对各宏观变量的影响越大；而消费习惯对投资和消费反应程度呈现出非对称变化的特点，消费习惯越强，消费的下降幅度越小而投资的下降幅度越大，反之亦然。

6 贸易政策不确定性影响宏观经济运行的实证分析

6.1 贸易政策不确定性与宏观经济运行的研究现状

WTO 的数据显示，中国是 2018 年进出口总量排名世界第一的国家，进出口总额达 4.62 万亿美元，同年中国外贸依存度约为 33.7%，这个比例虽然不算很高，但考虑到中国 13.6 万亿美元的经济体量，进出口对中国经济增长的贡献仍十分重要。在影响进出口的各种因素中，贸易政策不确定性的地位十分重要，相关学者的研究表明，贸易协定和多边承诺会降低出口商所面对的贸易政策不确定性，从而增加出口量（Handley，2014），中国加入 WTO 以后所带来的贸易政策不确定性下降会使得更多的中国企业进入出口市场（Feng et al.，2017），且中国在 2000—2005 年对美出口增长的三分之一可归因于贸易政策不确定性下降（Handley & Limão，2017）。

尽管稳定的贸易政策环境为中国和世界的经济增长均做出了重要贡献，但在 2008 年全球金融危机之后，人们普遍担心保护主义会像"大萧条"期间一样盛行（Limão & Maggi，2015），而特朗普上台之后奉行的贸易单边主义最终将这种担忧变成了现实，在其领导下的美国政府频频挑起与其他国家的贸易争端，其中中美贸易摩擦无疑是其推行的多种贸易单边主义政策中最引人关注的政策。本次中美贸易摩擦的开始以 2018 年 3 月美国宣布对中国输美商品进行"301 调查"为标志，随后美国宣布对中国商品加征关税，并不断扩大征税商品范围和提高加征税率，同时中国也采取了相关措施进行反制。虽然两国于 2020 年 1 月签署了阶段性协议，但是此前加征的关税尚未完全取消，未来两国间的贸易政策走向也并不明朗。贸易政策不确定性对中国进出口具有十分重要的影响，且在中美两国达成最终贸易协议之前，难以对两国的贸易政策形成准确的预期。因此，在未来一段时间内，贸易政策不确定性仍将是影响中国宏观经济运行的重要因素之一。

虽然国内众多学者已经就贸易政策不确定性的影响展开了相关研究（毛其淋，许家云，2018；汪亚楠，2018；周定根 等，2019），但是他们多是基于企业级微观数据研究贸易政策不确定性对企业行为的影响，并就贸易政策不确定性对中国宏观经济的影响进行讨论。此外，在进行实证研究时，绝大多数学者都是结合中国加入 WTO 前后贸易政策不确定性的变化进行探讨，并未将研究范围扩展至本次中美贸易摩擦。

针对上述事实，本章采用 SVAR 作为分析工具，利用 Huang 和 Luk（2020）公布的中国贸易政策不确定性指数衡量贸易政策不确定性，结合中国宏观数据分析贸易政策不确定性对中国宏观经济运行的影响，并在进行贸易政策不确定性冲击识别时纳入本次中美贸易的相关信息，借此保证研究的时效性。本章的后续内容安排如下：第 2 节对中国宏观经济运行的基本事实进行描述；第 3 节介绍本章识别贸易政策不确定性冲击的基本策略和研究的数据来源；第 4 解呈现相关实证结果和稳健性检验结果；第 5 节通过构建混合 TVP-SV-VAR 模型分析贸易政策不确定性冲击的时变效应；第 6 节对本章内容的结果进行总结。

6.2 中国宏观经济运行的基本事实描述

在进行实证分析之前，本章首先对中国宏观经济运行的基本事实进行描述，并结合样本区间内中国贸易政策不确定性的变化情况直观分析贸易政策不确定性变化对中国宏观经济运行的影响。在进行基本事实描述的过程中，本章先将宏观景气指数中的一致指数作为反映宏观经济运行情况的总体指标进行直观分析，而后选择合适的变量对生产、消费和进出口进行针对性分析。被用于基本事实描述的中国宏观经济变量均来自 Wind 数据库，贸易政策不确定性指数来自 Huang 和 Luk（2020），样本区间为 2001 年第二季度至 2019 年第四季度。同时，为方便和贸易政策不确定性指数均进行对照，本章将所有指标均标准化为均值为 0、方差为 1 的序列。

6.2.1 宏观经济整体运行情况的基本事实描述

图 6.1 展示了样本区间内中国宏观景气指数和贸易不确定性指数的变动情况，其中阴影部分为依据 OECD 公布的合成先行指数标注的中国经济下行区间。

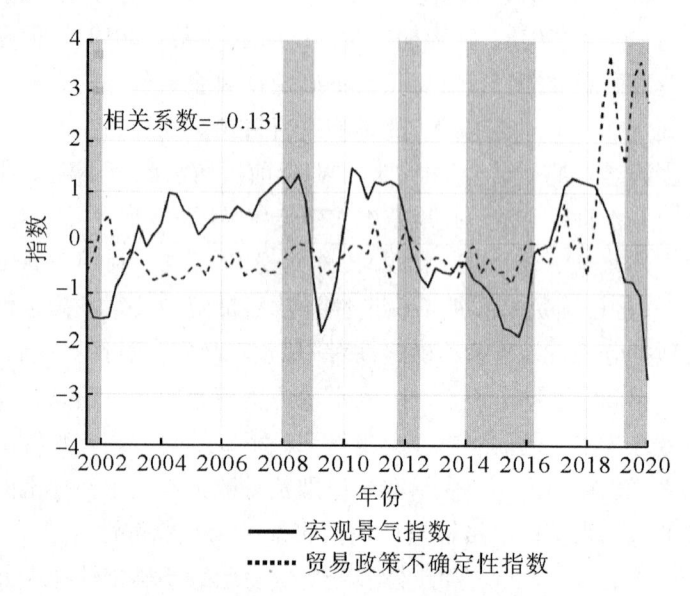

图 6.1 宏观景气指数与贸易政策不确定性指数的变化情况

从图 6.1 中呈现的信息来看，中国宏观景气指数的下降区间和中国经济的下行区间高度吻合，在一定程度上说明了本章选择宏观景气指数作为反映宏观经济运行情况总体指标的合理性。仔细观察宏观景气指数在不同时间点上的取值可以发现，在 2001 年年底中国加入 WTO 以后，对国际市场的充分开发与利用使中国宏观景气指数迅速上升，并在 2008 年第二季度之前一直稳定在高位。连续几年的超高速增长使得中国宏观经济呈现出一些"过热"的迹象，为防止经济"过热"所带来的风险，政府从 2006 年第二季度起通过从紧的货币政策搭配稳健的财政政策[①]给经济"降温"。通过一系列的政策调整，中国经济增长"过热"的势头得到了一定的抑制，

---

① 稳健的财政政策包括减少财政赤字、减少长期建设国债、减少国家建设性支出与推进税制改革等措施。从紧的货币政策体现为中国人民银行分别在 2006 年 4 月 28 日、2006 年 8 月 19 日、2007 年 3 月 18 日、2007 年 5 月 19 日、2007 年 7 月 20 日、2007 年 8 月 22 日、2007 年 9 月 15 日和 2007 年 12 月 20 日实施的 8 次上调基准利率。

但 2008 年爆发的全球金融危机使西方国家经济发展遭受重创，外需的迅速减少叠加"降温"政策的滞后效应使得中国的宏观经济形势在 2008 年第三季度开始急转直下，宏观景气指数迅速降低。为缓解经济下行压力，中国政府于 2008 年第四季度提出了刺激经济的"四万亿"计划，及时扭转了宏观经济下行趋势，宏观景气指数也在短期内迅速回升。不过，"四万亿"计划只能暂时扭转经济颓势，无法从根本上解决中国经济的结构性问题。在刺激经济增长的政策结束后，经济结构不合理导致的中国经济增长乏力问题开始逐步显现，中国宏观景气指数在 2011 年第三季度至 2012 年第三季度和 2013 年第四季度至 2015 年第三季度两个时间段内出现明显下降。房地产行业库存过多、传统制造业产能过剩、融资杠杆率过高和企业负担过重等问题直接促成了以"三去一降一补"为核心特征的供给侧结构性改革措施的出台。在 2015 年年底实施的供给侧结构性改革之后，中国的宏观经济环境得到明显改善，宏观景气指数也出现了明显的上升，并在接下来近两年的时间里保持在高位。但是，2018 年由美国政府挑起的中美贸易摩擦破坏了中国经济改革的大好形势，除采用加征关税的形式限制中国产品进口外，美国政府还对一些中国企业实行技术封锁，并在国际上联合其他国家抵制中国企业对国际市场进行开发。对中国这样的国际贸易大国而言，中美贸易摩擦导致中国经济下行压力增加，同时引起了社会各界对未来经济发展形势的担忧，这种担忧直观地体现在了宏观景气指数上，从 2018 年第二季度开始，中国宏观景气指数迅速下降。

此外，如图 6.1 所示，样本区间内中国贸易政策不确定性指数和中国宏观景气指数呈现负相关关系，两项指标间的相关系数为-0.131。同时，在 2002 年第一季度至 2003 年第四季度和 2018 年第二季度至 2019 年第四季度这两个时间区间内，中国贸易政策不确定性指数和宏观景气指数呈现出明显的反向变动关系。直观来看，在这两个时间段内，贸易政策不确定性变化对中国宏观经济运行情况产生了重要影响，即 2001 年年底中国加入 WTO 后贸易政策不确定性的降低为中国经济增长增添了新的动力，而 2018 年的中美贸易摩擦加大了中国经济的下行压力，使得中国宏观经济的总体发展环境恶化。

6.2.2 宏观经济具体指标的基本事实描述

6.2.2.1 生产指标变化的特征事实

在这里，本章选择工业增加值同比增长率作为反映生产情况的代理指标，图 6.2 展示了样本区间内中国工业增加值同比增长率的相对变动情况，其中阴影部分为依据经济合作与发展组织公布的合成先行指数标注的中国经济下行区间。

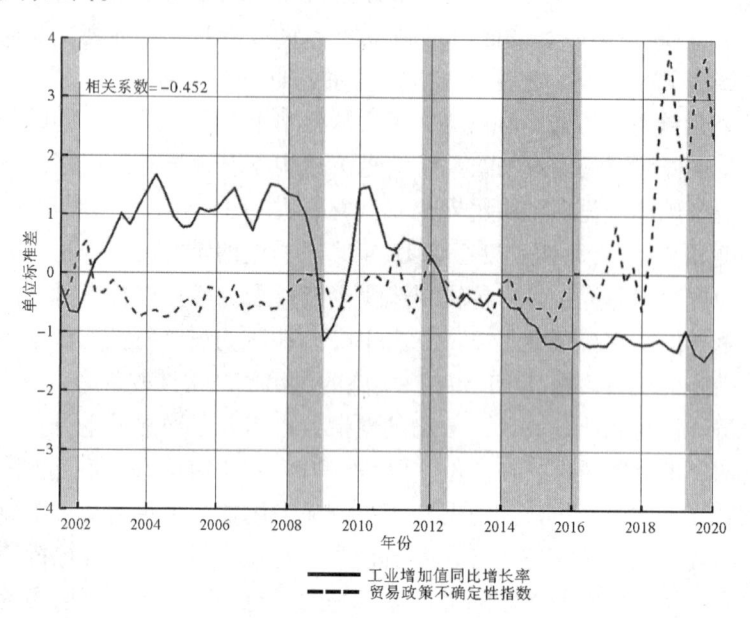

图 6.2　工业增加值同比增长率与贸易政策不确定性指数的变化情况

从图 6.2 中呈现的信息可以看出，在 2015 年第三季度之前，中国工业增加值同比增长率的相对变动情况和中国宏观景气指数的相对变动情况几乎是同步的，即在中国加入 WTO 之后，中国工业增加值同比增长率迅速上升且在一段时间内保持在高位。受国际金融危机和紧缩性宏观经济政策叠加效应的影响，于 2008 年出现明显下降。在 2009 年受到"四万亿"计划刺激之后迅速回升，并在刺激政策结束之后逐步回落。不过，工业增加值同比增长率与宏观景气指数的不同之处在于，在 2015 年年底中央政府实施供给侧结构性改革措施之后，工业增加值增长率并未像宏观景气指数那样迅速回升，且中美贸易摩擦开始之后也并未出现明显下降，而是在较长的时间内保持在低位。出现这种情况的原因是，2015 年年底实施供给侧结构性改革的目的并非单纯地促进经济增长，而是通过调整经济结构、控制金融风险和减轻企业负担的形式来实现从"高速增长"向"高质量发展"转变，虽然数量指标变化不甚明显，但是宏观经济质量得到了提升。

此外，如图 6.2 所示，样本区间内中国贸易政策不确定性指数和工业增加值同比增长率呈现负相关关系，两项指标间的相关系数为-0.452。同时，在中国加入WTO前后和此次中美贸易摩擦期间，贸易政策不确定性指数和工业增加值同比增长率的反向变动关系十分明显。不同之处在于，在中国加入WTO前后，在贸易政策不确定性指数出现明显变化的同时，工业增加值同比增长率的变化幅度也较大，两个指标间的协同变动不仅体现在变动方向上，而且体现在变动幅度上。但在本次中美贸易摩擦期间，上述两个指标间的协同变化主要表现为存在反向变动趋势，变化幅度方面的协同性相对较差。虽然在中美贸易摩擦开始之后，中国贸易政策不确定性指数上升趋势明显，且相对变化幅度较大，但是工业增加值同比增长率的下降趋势不甚明显，且波动幅度相对较小。直观上讲，导致这种情况的原因可能是以下两个：一是在经历了21世纪初近20年的高速发展之后，中国的经济总量扩大了近10倍[①]，经济规模的扩张客观上增强了经济系统自身的稳定性，进而导致波动幅度更小；二是随着中国经济的不断发展，中国经济增长对国际市场的依赖程度正在逐步下降，这在一定程度上减弱了国际市场行情变化对中国经济增速所产生的影响。

6.2.2.2 消费指标变化的特征事实

在分析样本区间内中国消费变化的特征事实时，本章选择社会消费品零售总额的同比增长率作为消费变化的代理指标。图6.3展示了样本区间内中国社会消费品零售总额同比增长率的相对变动情况。

从图6.3中呈现的信息可以看出，样本区间内中国社会消费品零售总额同比增长率可以分为两个阶段。第一个阶段为2001年第二季度至2008年第四季度，在这一阶段中，社会消费品零售总额同比增长率从相对低位震荡上升最高点，其中2008年上升幅度最大。第二阶段为2009年第一季度至2019年第四季度，在本阶段中，社会消费品零售总额同比增长率从最高点开始逐步下跌，其中2010年第二季度至2011年第三季度下降得最为明显。

整体而言，社会消费品零售总额同比增长率在2008年第一季度至2010年第二季度这个时间段内出现较大波动，在其余时期的波动幅度相对较小。2008年金融危机前后社会消费品零售总额同比增长率出现大幅波动可能是因为在政府出台"四万亿"刺激计划之前，西方国家经济不景气导致中国商品出口受阻，大量出口商品转内销，导致社会消费品零售总额快速增加，"四万亿"刺激计划出台以后，由于该计划主要是将资金投入基础设施和公用事业领域，政府支出对居民消费存在一定的挤出效应。同

---

① 国家统计局的数据显示，2000年中国GDP为9.91万亿元，2019年中国GDP为98.85万亿元。

时，西方国家经济的逐渐恢复使得中国出口贸易逐步好转，商品外销比例的上升也在一定程度上抑制了国内消费的增加。

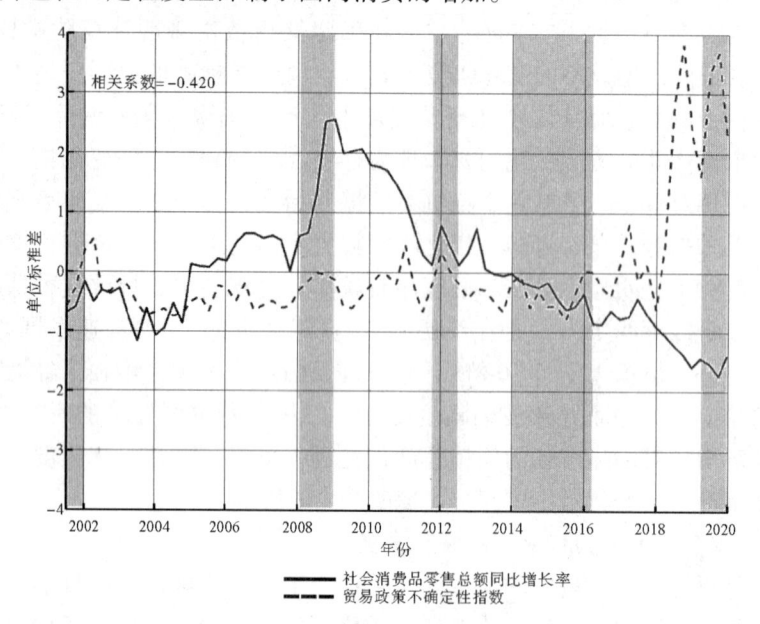

图 6.3　社会消费品零售总额同比增长率与贸易政策不确定性指数的变化情况

虽然社会消费品零售总额同比增长率也和贸易政策不确定性指数之间的相关系数为−0.42，说明两个指标之间存在着负相关关系，但是和工业增加值同比增长率不同的是，在中国加入 WTO 前后，社会消费品零售总额同比增长率并未出现大幅度波动且也未表现出明显的趋势特征。而在此次中美贸易摩擦前后，虽然也没有出现大幅震荡，但其下行趋势却十分明显。出现这种现象的原因可能是本次中美贸易摩擦期间，中美两国贸易谈判持续时间长且进程十分曲折，两国间贸易前景不甚明朗。贸易政策不确定性的上升使得中国整体的宏观经济不确定性和经济政策不确定性均有一定程度上升，消费者出于"避险"需求增加了预防性储蓄，进而在一定程度上抑制了消费的增长。

6.2.2.3　进出口指标变化的特征事实

在分析样本区间内中国进出口变化的特征事实时，本章分别选择进口额同比增长率和出口额同比增长率作为代理指标，从进口和出口两个角度进行事实分析。

图 6.4 呈现了样本区间内中国进口额同比增长率和出口额同比增长率的相对变化情况。总体而言，这两个指标的相对变动情况和宏观景气指数

的相对变动情况存在着较高的一致性。通过将进口额同比增长率和出口额同比增长率进行对比可以发现，在2008年金融危机以前，这两个指标无论是在变动趋势还是相对变动幅度上都保持了高度的协同性，但在金融危机爆发之后，二者的相对变动幅度出现了明显的差异。具体而言，与进口贸易总额同比增长率相比，出口贸易总额在金融危机爆发之后到"四万亿"刺激计划结束这段时间内的相对变化幅度更大，波动更为剧烈，且无论是峰值还是谷值都出得相对更早。在中国经济进入"新常态"之后，进口额同比增长率的波动幅度明显变小，但震荡的频率更高，与之相比，同时期的出口总额同比增长率却拥有相对明显的趋势性特征，即在供给侧结构性改革之后稳步上升，并在2017年第一季度至2018年第一季度保持在高位，但在中美贸易摩擦开始后出现明显下滑。

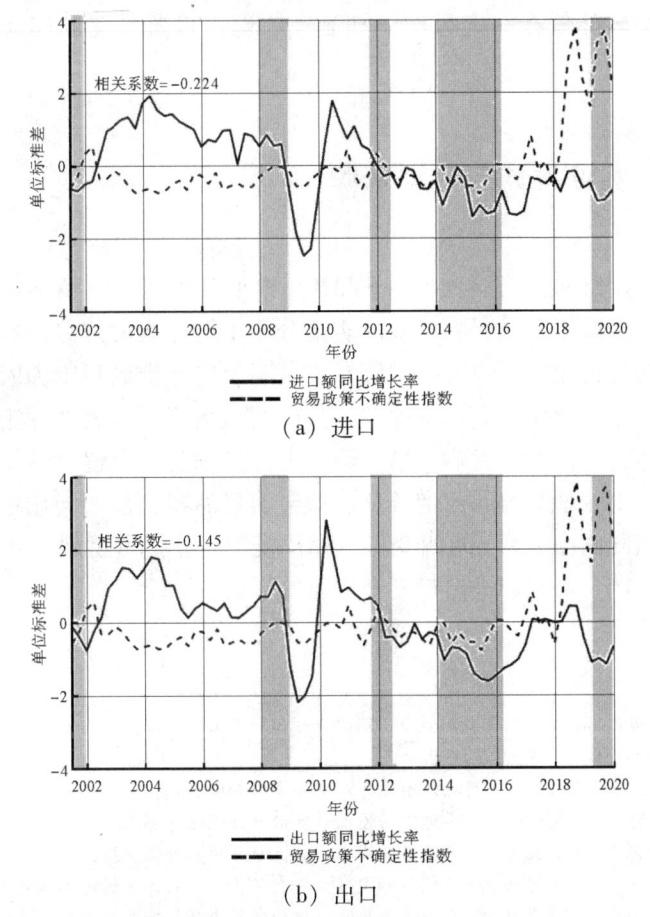

（a）进口

（b）出口

图 6.4　进出口贸易总额同比增长率与贸易政策不确定性指数的变化情况

6　贸易政策不确定性影响宏观经济运行的实证分析　125

此外，如图6.4所示，进口贸易总额同比增长率和出口贸易总额同比增长率均与贸易政策不确定性指数呈现出一定的负相关关系，相关系数分别为-0.224和-0.145。在中国加入WTO之后的一段时间内，进口贸易总额同比增长率和出口贸易总额同比增长率均出现了较为明显的上升，但在中美贸易摩擦发生之后，出口贸易总额同比增长率出现了大幅下滑，而进口贸易总额同比增长率的下降程度则相对较小。下降幅度存在差异的原因可能：一是虽然在中美贸易摩擦期间，中美两国主要都以加征进口商品关税为手段向对方施压，但两国从对方进口的商品总量差异较大[①]，在不考虑商品价格需求弹性差异的情况下，从直觉上讲，两国加征同等比例关税对中国商品出口总量的影响更大；二是在2018年11月，国务院关税税则委员会宣布降低1 585个税目下商品的最惠国进口关税税率[②]，进口商品关税税率的整体降低在一定程度上抑制了中国进口贸易总额同比增长率的下降。

6.3 实证设计与数据来源

本章采用结构向量自回归（SVAR）模型分析贸易政策不确定性冲击对中国宏观经济运行的影响。基准实证分析主要分为两部分内容：第一部分内容是通过构建一个包含中国贸易政策不确定性指数和中国宏观景气指数中一致指数的双变量SVAR模型，分析贸易政策不确定性冲击对中国宏观经济整体运行情况的影响；第二部分内容是构建一个包含贸易政策不确定性指数、工业增加值同比增长率、社会消费品零售总额同比增长率和进口贸易总额同比增长率[③]的四变量SVAR模型，分析贸易政策不确定性冲击对中国生产、消费和进出口三个方面的影响。

[①] 联合国Comtrade数据库数据显示，2017年中国对美国的商品出口总额约为4 303亿美元，而进口美国商品总额约为1 544亿美元。

[②] 具体内容参见国务院关税税则委员会2018年第9号公告。

[③] 这里选择进口额同比增长率对中国进出口活动进行描述主要基于以下两个原因：一是从数据特点上看，进口额同比增长率和贸易政策不确定性指数的相关性更强；二是从本次中美贸易摩擦的现实情况来看，中国的贸易政策不确定性主要表现为进口商品关税的不确定性，进口关税税率主要影响一国商品的进口量，而一国商品的出口量虽然受到本国的政策和商品特点影响，但是东道国的需求结构和关税政策对出口量的影响更大。

6.3.1 贸易政策不确定性冲击的识别策略

在研究贸易政策不确定性冲击对中国宏观经济整体运行情况的影响时，本章构建了如下 SVAR 模型：

$$X_t = C + \sum_{i=1}^{p} X_{t-i} + \mu_t, \mu_t \sim (0, \Omega) \tag{6.1}$$

其中，$X_t = (\text{TPU}_t, \text{MPI}_t)'$，$\text{TPU}_t$ 为贸易政策的不确定性指数，MPI_t 为中国宏观景气指数，μ_t 为回归残差，Ω 为 μ_t 的方差—协方差矩阵，p 为模型中变量的滞后阶数。由前文内容可知，回归残差 $\mu_t = (\mu_t^{TPU}, \mu_t^{MPI})'$ 与结构冲击 $e_t = (e_t^{TPU}, e_t^{MPI})'$ 间的关系满足 $\mu_t = B_0 e_t$，B_0 为反映模型中各变量同期变化关系的同期效应矩阵。在第 5 章的内容中，本章通过构建一个包含异质性企业的两国 DSGE 模型对贸易政策不确定性冲击的影响进行数值模拟分析，结果表明正向的贸易政策不确定性冲击会导致宏观经济下行，这就为本章中 SVAR 模型的冲击识别提供了符号约束的理论基础。因此，本章在进行贸易政策不确定性冲击识别时，首先对同期效应矩阵 B_0 中的元素施加如下约束：

$$B_0 e_t = \begin{bmatrix} + & * \\ - & + \end{bmatrix} \begin{bmatrix} e_t^{TPU} \\ e_t^{MPI} \end{bmatrix} = \begin{bmatrix} \mu_t^{TPU} \\ \mu_t^{MPI} \end{bmatrix} = \mu_t \tag{6.2}$$

其中，+ 代表同期效应矩阵 B_0 中该位置上元素的符号为正，- 代表同期效应矩阵 B_0 中该位置上的元素为一负数，* 代表未对该位置上的元素施加任何约束。式（6.2）中同期效应矩阵中的元素构成意味着：正向的贸易政策不确定性冲击会导致当期贸易政策不确定性指数上升，同时还会引起宏观景气指数的下降。

虽然上述符号约束可以在一定程度上帮助我们缩小脉冲响应值的范围，但是却无法保证准确识别出贸易政策不确定性冲击。因为从直觉上讲，除了贸易政策不确定性冲击，如地缘政治事件[1]和疫情暴发[2]等其他冲击也有可能导致贸易政策不确定性指数上升和宏观经济指数下降。为更加

---

[1] 例如，在第四次中东战争期间，石油输出国组织（OPEC）就曾经通过暂停原油出口的政策打击以色列及西方国家盟友，在提升贸易政策不确定性的同时也导致宏观经济受到巨大的负面冲击。

[2] 例如，新冠病毒感染疫情暴发初期，许多国家为了应对疫情一方面限制部分医疗物资出口，另一方面对民众出行和聚集进行限制，改变贸易政策的同时客观上也导致了短期内宏观经济不景气。

准确地分析贸易政策不确定性冲击的影响，本章在施加如式（6.2）中的符号约束的基础上，结合本次中美贸易摩擦的基本事实，通过叙事法对结构冲击施加约束，从而实现冲击识别的目的。

通过观察贸易政策不确定性指数在不同时间的可以看到，在中美贸易摩擦期间，贸易政策不确定性指数出现了两个峰值，时间分别是2018年第三季度和2019年第三季度。笔者重新梳理中美贸易摩擦期间的基本事实发现，在2018年第三季度中，中美两国于7月6日同步开始实施之前公布的对部分进口商品加征关税措施①。由于美国于7月10日宣布扩大对华加征关税的范围，并公布了产品清单，中国于8月3日也公布了扩大对美加征关税的商品清单作为反制措施，两国新公布的对进口商品加征关税的措施于9月24日正式实施②。在2019年第三季度中，中美两国于7月底进行了第12轮谈判，但8月1日美国就宣布对剩余的中国输美的3 000亿美元商品加征关税，原计划加征关税措施于9月1日全部实行，但实际上按期加征关税的比例为40%，剩余60%的商品被推迟到12月15日加征关税。作为回应，中国于8月23日也公布了新的进口商品加征关税清单，其中1 717个税目的商品从9月1日开始提高税率，剩余3 061个税目的商品则从12月15开始加征关税③。同日，美国宣布将提高此前公布的所有中国进口商品加征关税税率提高5%，中国宣布对美国的汽车及零部件恢复加征关税④。虽然整个8月中美两国贸易关系十分紧张，但到了9月，这种紧张局面得到了一定缓和，先是美国主动推迟提高加征关税税率的时间节点，而后中国宣布对部分美国农产品进行关税排除⑤。

对比2018年第三季度和2019年第三季度中的基本事实可以发现，2019年第三季度中美贸易摩擦的相关事件更能突出贸易政策不确定性的变化：

首先，2018年第三季度两国贸易政策的变化具有更高的可预测性，2019年第三季度两国的贸易政策变化更加突然。美国在2018年3月就宣布要对中国展开"301"调查，并于6月16日确定了加征关税的商品清单和明确的实施时间，当天中国也公布了对美国商品加征关税的反制措施，

---

① 资料来源：http://gss.mof.gov.cn/gzdt/zhengcefabu/201806/t20180616_2930325.htm。
② 资料来源：http://gss.mof.gov.cn/gzdt/zhengcefabu/201808/t20180803_2980950.htm。
③ 资料来源：http://gss.mof.gov.cn/gzdt/zhengcefabu/201908/t20190823_3372928.htm。
④ 资料来源：http://gss.mof.gov.cn/gzdt/zhengcefabu/201908/t20190823_3372945.htm。
⑤ 资料来源：http://world.people.com.cn/n1/2019/0914/c1002-31352856.html。

这样就使得公众能在一定程度上预期到接下来的加征关税行为。而在 2019 年第三季度之前，两国经贸关系总体趋于缓和，两国首脑在日本大阪进行会晤，同意继续通过磋商的方式解决中美贸易分歧，且美国承诺不再新增中国产品关税①。在 2019 年第三季度中，7 月中美两国进行了贸易谈判、8 月份中美两国宣布扩大加征关税商品范围和提高加征税率、9 月中美两国先后宣布对部分进口自对方的商品进行关税排除，跌宕起伏的贸易谈判进程和短时间内频繁变化的关税政策让两国市场主体完全无法准确预测未来两国贸易政策的走势。

其次，与 2018 年第三季度相比，2019 年第三季度间两国的贸易政策变化幅度更大、波及范围更广。在 2019 年 8 月之前的近一年时间内，中美两国对进口商品加征关税的范围都相对固定，其中中国对约 1 100 亿美元的进口商品加征关税，美国对约 2 500 亿美元的进口商品加征关税。而在 2019 年 8 月，中美两国都宣布扩大加征关税的进口商品范围，中国公布了约 750 亿美元的新清单，美国公布了约 3 000 亿美元的新清单。此外，美国还宣布提高此前 2 500 亿美元的进口商品关税税率，中国公布的约 750 亿美元的新清单中也有部分商品在此前已经被加征了进口关税②。中美贸易摩擦进行至此，加征关税的商品清单几乎已经包括两国商品贸易中的所有内容，经营主体逐渐稳定的关税预期被打破，未来两国间的经贸关系和贸易政策走势变得更加扑朔迷离。

结合上述基本事实，本章在进行贸易政策冲击识别时除了施加式（6.2）中的符号约束之外，还施加了如下冲击约束：

$$e_t^{TPU} > 0, t = 2019：Q3 \qquad (6.3)$$

在运用前述两种约束进行冲击识别时，首先将数据代入如式（6.1）所示的模型中进行回归，在估计出相关参数之后，对回归残差 μ_t 的方差—协方差矩阵 Ω 进行 Cholesky 分解，将 μ_t 表示为一个下三角阵 P 及其转置矩阵的乘积，即 $\mu_t = PP'$。然后，随机生成包含 4 个随机数的 2 维方阵，对每个方阵而言，均可通过 QR 分解得到一个正交矩阵 Q。此外，由于回归残差 μ_t 与结构冲击 e_t 间的关系满足 $\mu_t = PQ e_t = B_0 e_t$，即 $B_0 = PQ$。此时，结合此前估计出的回归残差 μ_t，可利用 $e_t = \begin{bmatrix} e_t^{TPU} \\ e_t^{MPI} \end{bmatrix} = B_0^{-1} \mu_t$ 估计出不同时间

---

① 资料来源：http://www.xinhuanet.com/world/2019-06/29/c_1124688101.htm。
② 资料来源：http://gss.mof.gov.cn/gzdt/zhengcefabu/201908/t20190823_3372928.htm。

点上结构冲击的数值,最后从所有满足结构冲击约束的 B_0 中随机抽取 5 000 个,构建满足所有约束条件的同期效应矩阵集,并通过脉冲响应的结果分析贸易政策不确定性冲击对中国宏观经济整体运行情况的影响。

分析贸易政策不确定性冲击对中国生产、消费和进出口三个方面的影响时,本书构建如下 SVAR 模型:

$$X_t = C + \sum_{i=1}^{p} X_{t-i} + \mu_t, \ \mu_t \sim (0, \Omega) \tag{6.4}$$

其中,$X_t = (\text{TPU}_t, \text{IP}_t, \text{CON}_t, \text{IM}_t)'$,$\text{TPU}_t$ 为贸易政策不确定性指数,IP_t 为工业增加值同比增长率,CON_t 为社会消费品零售总额同比增长率,IM_t 为进口总额同比增长率,μ_t 为回归残差,Ω 为 μ_t 的方差—协方差矩阵,p 为模型中变量的滞后阶数。为识别贸易政策不确定性冲击,在此处本书施加了如下符号约束和叙事法约束:

$$B_0 e_t = \begin{bmatrix} + & * & * & * \\ - & + & * & * \\ * & * & + & * \\ * & * & * & + \end{bmatrix} \begin{bmatrix} e_t^{\text{TPU}} \\ e_t^{\text{IP}} \\ e_t^{\text{CON}} \\ e_t^{\text{IM}} \end{bmatrix} = \begin{bmatrix} \mu_t^{\text{TPU}} \\ \mu_t^{\text{IP}} \\ \mu_t^{\text{CON}} \\ \mu_t^{\text{IM}} \end{bmatrix} = \mu_t \tag{6.5}$$

$$e_t^{\text{TPU}} > 0, \ t = 2019:Q3 \tag{6.6}$$

虽然式(6.5)中同期效应矩阵包含 16 个元素,但本章仅对第一列中的前两个元素的符号进行限制,这样做的原因主要有三个:首先,在进行冲击识别时,施加的约束越少,越能避免主观假设对 SVAR 模型分析结果的干扰,越有利于呈现出数据本身所包含的客观信息。其次,从第 5 章中 DSGE 模型的仿真结果可以发现,贸易政策不确定性冲击对企业投资行为影响最大,换句话说,企业生产行为对贸易政策不确定性冲击的反应最为强烈,因此本章假设同期效应矩阵中对应位置的元素为一负实数。最后,由于本章主要研究贸易政策不确定性冲击对现实经济活动的影响,虽然施加的上述约束无法对 SVAR 模型中的其他冲击进行识别,但是式(6.5)与式(6.6)中的约束条件已经可以实现对贸易政策不确定性冲击的识别,因此上述约束条件足以满足本章的研究需求。

6.3.2 稳健性检验

在按照前述识别策略进行实证分析之后,本章将通过以下两种方式对实证结果进行稳健性检验:

首先，由于在本次中美贸易摩擦期间，除了贸易政策不确定性大幅提高之外，两国以关税为代表的贸易政策本身也发生了巨大变化，对中国这样的贸易大国而言，贸易政策本身的变化也可能会对宏观经济运行产生重要影响。因此，本章将中国进口商品关税税率加入前述的两个 SVAR 模型中，对贸易政策不确定性冲击的基准识别结果进行稳健性检验。

其次，本书在第 3 章中已经指出，"随机波动率法"和"不确定性指数法"在衡量贸易政策不确定性时各有优劣，不同的衡量方式在测度贸易政策不确定性时的侧重点也存在不同。为检验基准实证结果的可靠性，本章选择用中国关税的随机波动率作为中国贸易政策不确定性的替代衡量指标，对前文的基准实证结果进行稳健性检验。

6.3.3 数据来源

本章的样本区间为 2001 年第二季度至 2019 年第四季度，其中贸易政策不确定性指数来自 Huang 和 Luk（2020）；中国宏观景气指数、工业增加值同比增长率、社会消费品零售总额同比增长率和进口贸易总额同比增长率数据来自 Wind 数据库；中国进口商品关税的平均税率是由 Wind 数据库中进口商品总额与关税总额计算得到，平均进口关税税率和关税税率随机波动率的方法与本书第 3 章中使用的方法一致；在进行 SVAR 分析过程中，本章均将相关变量的滞后阶数设为 2 阶。

6.4 实证结果

在明确贸易政策不确定性冲击的识别策略之后，本章首先分别利用式（6.1）和式（6.4）中构建的 SVAR 模型分析贸易政策不确定性冲击对宏观经济整体运行和生产、消费、进口三个现实经济活动领域所造成的影响。然后，本章依据前文中提到的方法对基准回归结果进行稳健性检验。

6.4.1 脉冲响应结果

6.4.1.1 贸易政策不确定性冲击对宏观经济整体运行情况的影响

图 6.5 展现了对式（6.1）中的 SVAR 模型施加一单位贸易政策不确定性冲击的情况下，宏观景气指数的脉冲响应情况。图 6.5 中黑色实线为所有脉冲响应函数值的中位数，灰色区域为 50% 的脉冲响应函数值置信区

间。从脉冲响应函数值的形状来看，贸易政策不确定性冲击使得宏观景气指数出现一个"驼峰状"的负向偏离，且在出现之后的前3期，宏观景气指数呈现出不断下降的趋势，在第3期到达谷底，从第4期开始逐步回升，并且在经历了大约两年的"恢复期"之后，宏观景气指数才能够回到和贸易政策不确定性冲击之前大致相同水平。在数量关系方面，一单位的贸易政策不确定性冲击在当期会造成宏观景气指数下降约0.2个单位，并且该冲击的效应直到3期之后才会完全释放，并在当期累积导致宏观景气指数出现约0.45个单位的负向偏离。

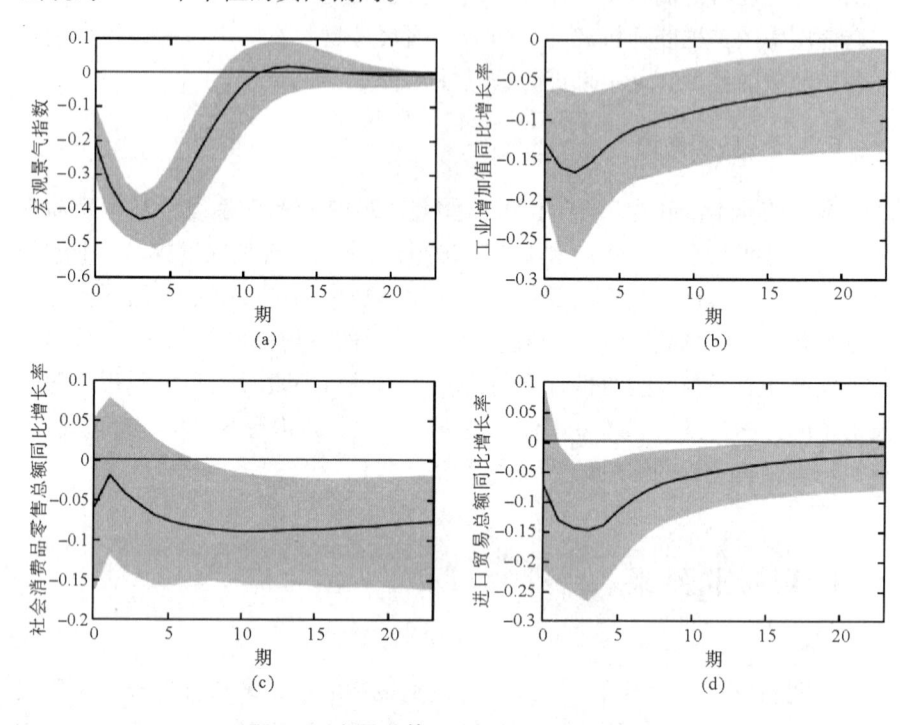

图6.5 贸易政策不确定性冲击脉冲响应

6.4.1.2 贸易政策不确定性冲击对具体宏观经济指标的影响

图6.5（b）至图6.5（d）展现了在对式（6.4）中的SVAR模型施加一单位贸易政策不确定性冲击的情况下，具体宏观经济指标的脉冲响应情况。在受到贸易政策不确定性冲击影响后的前两期，工业增加值同比增长率呈现出不断下降的趋势，在第2期到达谷底，从第3期开始缓慢回升。而进口贸易总额同比增长率的负向偏离则是在第3期出现峰值，第4期开始逐步回升，且其回升速度要快于工业增加值同比增长率的回升速度。尽管社会消费品零售总额同比增长率的脉冲响应值置信区间较大，但从其中

位数的情况来看，社会消费品零售总额同比增长率在受到贸易政策不确定性冲击后会出现一个长期缓慢下降的趋势，并在第 9 期之后缓慢回升，但其回升速度要明显慢于另外两个指标。在数量关系方面，一单位贸易政策不确定性冲击会导致同期的工业增加值同比增长率、社会消费品零售总额同比增长率和进口贸易总额同比增长率分别下降 0.13、0.04 和 0.07 个单位。在峰值方面，工业增加值同比增长率和进口贸易总额同比增长率的偏离程度相当，大致为负向偏离 0.16 个单位，而社会消费品零售总额同比增长率的峰值相对较小，负向偏离程度不足 0.1 个单位。

6.4.2 预测误差方差分解结果

为更好地分析贸易政策不确定性冲击对中国宏观经济运行的影响，本节将在前文识别结果的基础上进行预测误差方差分解。

图 6.6（a）展示了宏观景气指数的方差分解结果，其中，黑色实线为方差分解的中位值曲线，灰色区域为 50% 置信区间。从方差分解的结果来看，虽然贸易政策不确定性冲击对宏观景气指数的当期解释力相对较低，但其中位值也将近 30%。随着时间的推移，贸易政策不确定性冲击的解释力度逐步上升，在第 5 期达到峰值，并在长期中稳定在高位。从方差分解的中位值来看，贸易政策不确定性对宏观景气指数的长期解释力度稳定在 65% 左右。

图 6.6（b）至图 6.6（d）展示了具体宏观经济指标的方差分解结果，其中黑色实线为方差分解的中位值曲线，灰色区域为 50% 置信区间。从方差分解的结果来看，贸易政策不确定性冲击对工业增加值同比增长率、社会消费品总额同比增长率和进口贸易总额同比增长率的解释力度都会随着时间的推移而缓慢上升。从方差分解的中位值来看，贸易政策不确定性冲击对工业增加值同比增长率和进口贸易总额同比增长率的短期解释力度约为 18%，而对社会消费品零售总额同比增长率的短期解释力度相对较低，约为 12%。在长期解释力度方面，贸易政策不确定性冲击对社会消费品零售总额同比增长率和进口贸易总额同比增长率的解释力度大致相同，稳定在 22% 左右，而对社会消费品零售总额同比增长率的长期解释力度相对较大，达到了 25% 左右。

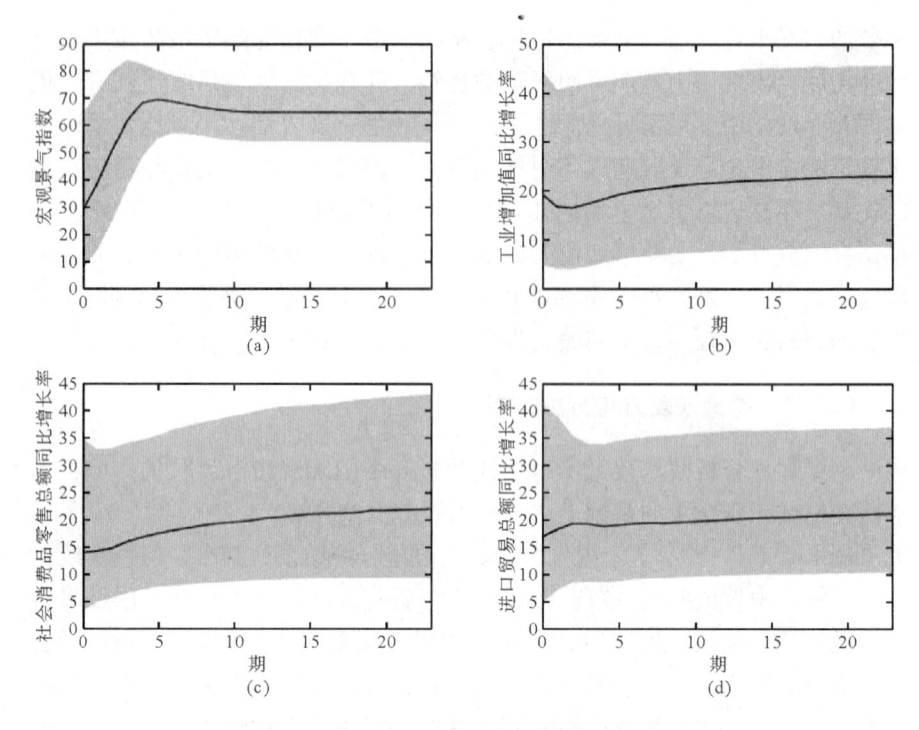

图 6.6 预测误差方差分解

6.4.3 稳健性检验结果

6.4.3.1 排除关税税率变化的影响

在本次中美贸易摩擦期间，两国贸易政策的不确定性主要表现为关税的不确定性，而进口商品关税的变化本身也有可能会对宏观经济产生重要影响。本节在进行稳健性检验时首先排除近年来中国进口关税水平变化对宏观经济的影响，具体做法是在 SVAR 模型中加入样本区间内中国进口商品的平均关税税率，并将此时的脉冲响应结果和前文的基准结果进行对比，加入关税税率后的脉冲响应结果如图 6.7 所示。

从图 6.7 中呈现的脉冲响应结果来看，在基准 SVAR 模型中加入中国进口商品的平均关税税率之后，脉冲响应函数的整体形状和置信区间并没有发生明显改变。唯一的不同在于，考虑样本区间内中国进口商品平均关税税率的变化情况后，脉冲响应函数值变得相对较小，但整体变化幅度不大，这在一定程度上佐证了本章基准分析结果的稳健性。

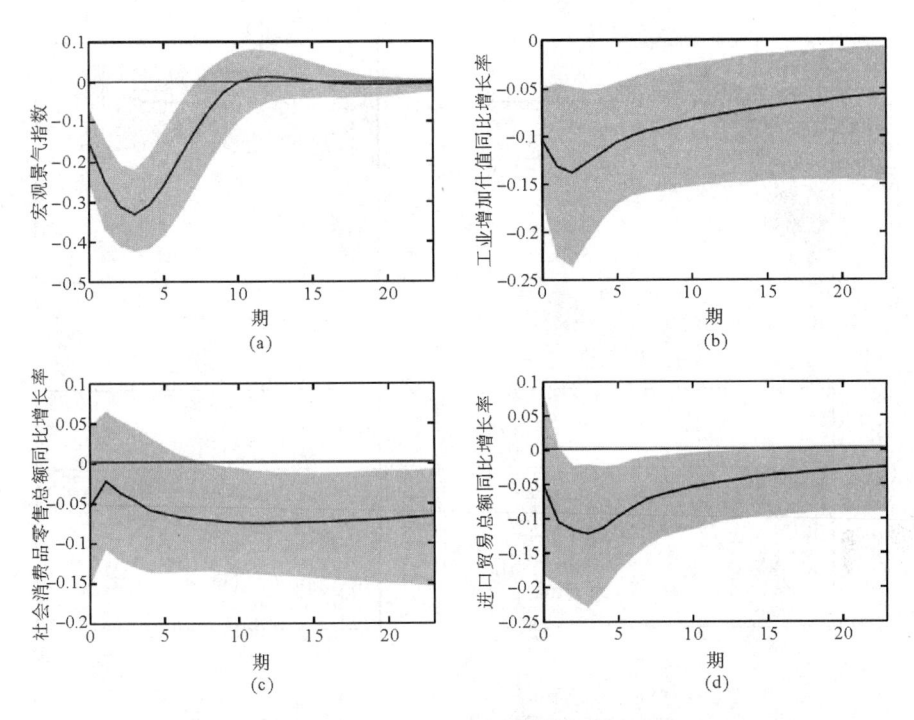

图6.7 考虑关税水平变化的脉冲响应（宏观景气指数）

6.4.3.2 改变贸易政策不确定性的测度方式

在前文分析中已经提到，"不确定性指数法"和"随机波动率法"在测度贸易政策不确定性时的侧重点各不相同："不确定性指数法"更加强调经济主体对未来一段时间内，贸易政策向"坏"的方向发展的可能性，而"随机波动率法"则更加关注过去一段时间内以关税为代表的贸易政策表现出的随机波动特征。为检验基准实证结果的稳健性，本章选择采用"随机波动率"法对样本区间内中国进口商品关税平均税率的随机波动率进行测度，并将其作为贸易政策不确定性的代理指标进行实证分析，更换贸易政策不确定性测度方法后的脉冲响应结果如图6.8所示。

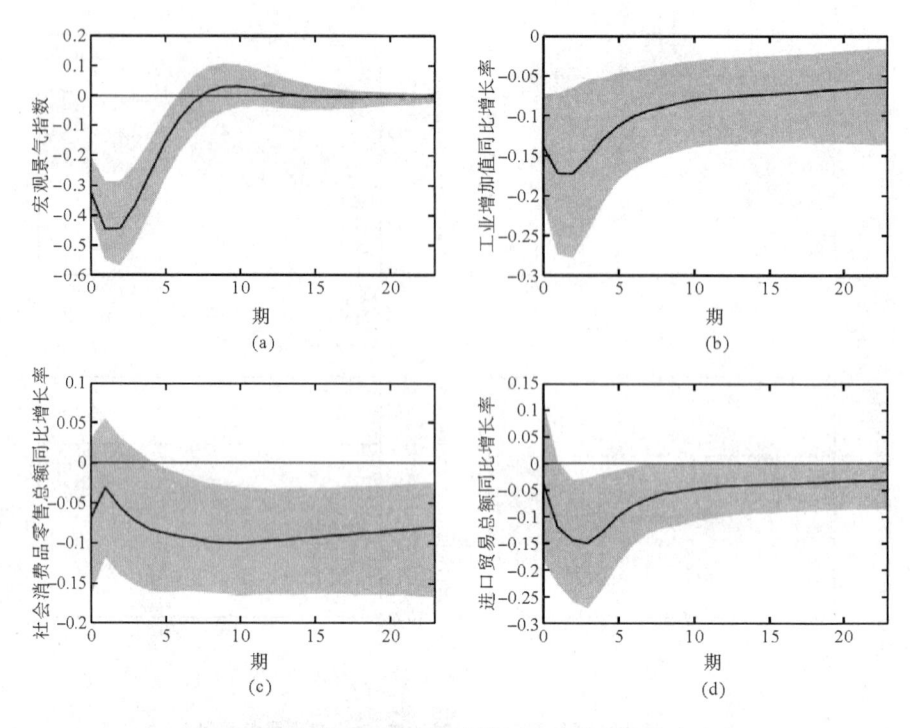

图 6.8 改变贸易政策不确定性测度方式后的脉冲响应

从图 6.8 中呈现的脉冲响应情况来看，在改变贸易政策不确定性的测度方法之后，脉冲响应函数的整体形状和置信区间并没有发生明显改变，一个细微的差异在于，在用中国进口商品关税税率的随机波动率度量中国贸易政策不确定性之后，同期的脉冲响应函数值变得相对较小，而脉冲响应的峰值却变得更大。总的来说，各指标脉冲响应值的整体情况和基准结果相比变化不大，说明本章基准分析结果具有稳健性。

6.5 时变视角下贸易政策不确定性冲击的影响分析

从中国宏观经济运行的基本事实描述中可以看出，在中国经济进入"新常态"以后，反映生产、消费和进出口的几个宏观经济指标和之前相比，无论是数值还是相对变化幅度都发生了较为明显的变化，经济基本面的转变有可能导致贸易政策不确定性冲击在不同时间段内的影响存在差异，有必要从时变视角对贸易政策不确定性冲击的影响进行分析。此外，从样本区间内贸易政策不确定性指数的情况来看，在本次中美贸易摩擦期间，中国的贸易政策不确定性指数无论是取值还是相对变化幅度和其他时间段相比均存在较大差异，说明贸易政策不确定性冲击本身也在发生着变化。针对以上情况，本章尝试构建包含随机波动率的时变参数的向量自回归（TVP-SV-VAR）模型对贸易政策不确定性冲击的影响进行时变分析。虽然实证研究的结果表明，TVP-SV-VAR 模型在宏观经济预测方面的表现要明显优于同方差假设下的常系数 VAR（Clark & Ravazzolo，2015；Cross & Poon，2016），但是相对复杂的模型设置所导致的过度参数化问题也引起了部分学者的关注（Nakajima & West，2013）。针对 TVP-SV-VAR 模型存在的过度参数化问题，Chan & Eisenstat（2018a）提出了一种相对灵活的混合 TVP-SV-VAR（hybrid TVP-SV-VAR）建模策略，即在进行实证分析的 TVP-SV-VAR 模型中，允许部分方程的参数是常数。在对贸易政策不确定性冲击的影响进行时变分析时，本章将借鉴 Chan & Eisenstat（2018a）使用的模型设置思路，并根据 Chan & Eisenstat（2018b）提出的方法计算出不同模型设置下的边际似然函数值，并将其作为选择具体模型设置形式的判断标准。

6.5.1 混合 TVP-SV-VAR 模型

在选择最终进行实证分析的混合 TVP-SV-VAR 模型之前，本章先构建一个标准的 TVP-SV-VAR 模型：

$$B_{0,t} Y_t = b_t + \sum_{i=1}^{p} B_{i,t} Y_{t-i} + \varepsilon_t, \varepsilon_t \sim N(0, \Omega_t) \quad (6.7)$$

其中，$Y_t = (Y_{1,t}, \cdots, Y_{n,t})'$，$B_{0,t}$ 为主对角线元素为 1 的下三角矩阵，$B_{i,t}$ 为滞后项的系数矩阵，ε_t 为结构冲击，Ω_t 为结构冲击 ε_t 的方差—协方差矩阵，n 为模型中的变量个数，p 为滞后阶数。由于在 TVP-VAR 模型中加入了随机波动率，因此 $\Omega_t = diag(e^{h_{1,t}}, \cdots, e^{h_{n,t}})$，其中 $h_{i,t}(1 \leq i \leq n)$ 为各冲击的对数随机波动率，不同冲击间的随机波动率相互独立且满足随机游走过程，即

$$h_{i,t} = h_{i,t-1} + \mu_{i,t}, \mu_{i,t} \sim N(0, \sigma_{i,h}^2) \quad (6.8)$$

结构冲击的方差—协方差矩阵为一对角阵，且 $B_{0,t}$ 为主对角线元素为 1 的下三角矩阵，因此可以通过逐一估计单个方程系数的方式得到 TVP-SV-VAR 模型的全部系数。假定 $b_{i,t}$ 代表截距项 b_t 中的第 i 个元素，$B_{i,j,t}$ 代表矩阵 $B_{j,t}$ 的第 i 行，此时 $\beta_{i,t} = vec(b_{i,t}, B_{i,1,t}, \cdots B_{i,p,t})$ 表示由式

(6.7) 中第 i 个方程的截距项与滞后项系数所组成的向量。假定矩阵 $B_{0,t}$ 的第 i 行中没有被施加任何约束的元素所组成的向量为 $\alpha_{i,t}$，此时式 (6.7) 中第 i 个方程可写为如下形式：

$$Y_{i,t} = \widetilde{X}_t \beta_{i,t} + W_{i,t} \alpha_{i,t} + \varepsilon_{i,t}, \varepsilon_{i,t} \sim N(0, e^{h_{i,t}}) \quad (6.9)$$

其中，$W_{i,t} = (-Y_{i,t}, \cdots, -Y_{i-1,t})$ 且 $\widetilde{X}_t = (1, Y'_{t-1}, \cdots, Y'_{t-p})$。令 $X_{i,t} = (W_{i,t}, \widetilde{X}_t)$，此时可进一步将式 (6.9) 中的表达式写为

$$Y_{i,t} = X_{i,t} \theta_{i,t} + \varepsilon_{i,t}, \varepsilon_{i,t} \sim N(0, e^{h_{i,t}}) \quad (6.10)$$

其中，$\theta_{i,t}$ 为一个 $np+i$ 维的系数向量，且 $\theta_{i,t} = (\alpha'_{i,t}, \beta'_{i,t})'$。和前文对于随机波动率的假设一样，这里假设回归系数也服从一个随机游走过程，即

$$\theta_{i,t} = \theta_{i,t-1} + \eta_{i,t}, \eta_{i,t} \sim N(0, \Omega_{\theta_i}) \quad (6.11)$$

若 TVP-SV-VAR 模型中所有方程均具有时变参数的特点，则可以基于式 (6.10)、式 (6.11) 和式 (6.8) 对各方程的系数及冲击的波动率进行逐个估计。但在混合 TVP-SV-VAR 模型设置下，有部分方程的回归系数是常数，此时这些方程就退化为具有随机波动率的向量自回归（SV-VAR）方程，因此在进行参数估计时 $\theta_{i,t} = \theta_{i,t-1} = \theta_i$，即基于式 (6.10) 和式 (6.8) 对方程中的回归系数进行估计。虽然混合 TVP-SV-VAR 模型更为灵活，但这种灵活的特点也为具体的模型设置带来了一定困难：如果时变参数方程设置过多，则会引起模型的过度参数化问题，导致估计结果的不准确；如果事变参数方程设置得过少，则很难全面反映冲击的时变特征。

6.5.2 选择最优模型设置

与前文中的基准实证一样，本章在进行时变效应分析时也主要包括两部分内容，第一部分内容是通过构建一个包含中国贸易政策不确定性指数和中国宏观景气指数中一致指数的双变量混合 TVP-SV-VAR 模型，分析贸易政策不确定性冲击影响中国宏观经济整体运行情况的时变效应。第二部分内容是构建一个包含贸易政策不确定性指数、工业增加值同比增长率、社会消费品零售总额同比增长率和进口贸易总额同比增长率的四变量混合 TVP-SV-VAR 模型，分析贸易政策不确定性冲击对中国生产、消费和进出口三个方面产生的时变影响。

由于混合 TVP-SV-VAR 模型的形式较为灵活①,在进行具体分析之前,本章根据 Chan 和 Eisenstat(2018)提出的方法计算出不同模型设置下的边际似然函数值,并将其作为具体模型设置形式的判断标准来选择最优的模型设置形式,不同模型设置下的对数似然函数值如表 6.1 所示。

表 6.1 在不同设置形式下的对数边际似然值

宏观经济整体运行情况		
TPU_t 方程	MPI_t 方程	对数边际似然值
常数	常数	−114.1
时变	常数	−113.5
常数	时变	−113.3
时变	时变	−112.5

具体宏观经济指标				
TPU_t 方程	CON_t 方程	IP_t 方程	IM_t 方程	对数边际似然值
时变	时变	时变	时变	−241.2
常数	时变	时变	时变	−243.2
时变	常数	时变	时变	−239.8
时变	时变	常数	时变	−246.4
时变	时变	时变	常数	−242.6
常数	常数	时变	时变	−242.3
常数	时变	常数	时变	−248.5
常数	时变	时变	常数	−245.0
时变	常数	常数	时变	−245.8

---

① 在分析贸易政策不确定性冲击影响中国宏观经济整体运行情况的时变效应时,模型包含两个变量,因此混合 TVP-VAR-SV 模型的设置方法有四种;分析贸易政策不确定性冲击对中国生产、消费和进出口三个方面产生的时变影响时,模型包含四个变量,因此混合 TVP-VAR-SV 模型的设置方法有 16 种。

表6.1(续)

宏观经济整体运行情况				
时变	常数	时变	常数	-241.0
时变	时变	常数	常数	-248.0
时变	常数	常数	常数	-247.2
常数	时变	常数	常数	-250.7
常数	常数	时变	常数	-243.8
常数	常数	常数	时变	-247.8
常数	常数	常数	常数	-249.1

注："TPU_t 方程""MPI_t 方程""CON_t 方程""IP_t 方程""IM_t 方程"分别代表 TVP-SV-VAR 模型中以"贸易政策不确定性指数""中国宏观景气指数""社会消费品零售总额同比增长率""进口总额同比增长率"为被解释变量的方程。

从表6.1中展示的不同形式的混合 TVP-SV-VAR 模型的边际似然函数值可以看出，在分析贸易政策不确定性冲击影响中国宏观经济整体运行情况的时变效应时，最优的模型设置方式应该是假设两个方程的回归系数均具有时变的特点；但分析贸易政策不确定性冲击对中国生产、消费和进出口三个方面产生的时变影响时，应该将 CON_t 方程设置为常系数形式，而其他三个方程均设置为时变参方程。除此以外，式（6.7）中的 TVP-SV-VAR 模型将同期效应矩阵设置为一个下三角阵，因此在后文的实证分析过程中，本书将贸易政策不确定性指数排在首位，即贸易政策不确定性指数的变动仅受到贸易政策不确定性冲击的影响，而贸易政策不确定性冲击会对模型中的其他变量产生同期效应。

在具体进行模型参数估计时，本章从下面四个方面对待估参数先验进行设计：

第一，模型的初始系数向量 θ_0。令 $\theta_0 = vec(\theta_{i,0}, \cdots, \theta_{n,0})$ 表示 TVP-SV-VAR 模型中的初始系数向量，假设 θ_0 的先验服从正态分布 $N(U_\theta, V_\theta)$，其中 $U_\theta = 0, V_\theta = 10 I_{np+i}$。

第二，结构冲击的初始对数波动率向量 h_0。令 $h_0 = (h_{i,0}, \cdots, h_{n,0})$ 表示 TVP-VAR-SV 模型中的初始系数对数波动率向量，假设 h_0 的先验服从正态分布 $N(U_h, V_h)$，其中 $U_h = 0, V_h = 10 I_n$。

第三，系数状态方程残差的方差协方差矩阵 Ω_θ。假设系数状态方程残差的方差协方差矩阵 Ω_θ 为一对角阵，即 $\Omega_\theta = diag(\sigma^2_{\theta,1}, \cdots, \sigma^2_{\theta,np+i})$，其主对角线上的元素 $\sigma^2_{\theta,i}$ 的先验服从逆高斯分布 $IN(u_{\theta,i}, v^2_{\theta,i})$，且 $u_{\theta,i} = 5, v_{\theta,i} = 0.01$。

第四，结构冲击对数波动率状态方程残差的方差协方差矩阵 Ω_h。假设系数状态方程残差的方差协方差矩阵 Ω_h 为一对角阵，即 $\Omega_h = diag(\sigma^2_{h,1}, \cdots, \sigma^2_{h,n})$，其主对角线上的元素 $\sigma^2_{h,i}$ 的先验服从逆高斯分布 $IN(u_{h,i}, v^2_{h,i})$，且 $u_{h,i} = 5, v_{h,i} = 0.1$。

6.5.3 混合 TVP-SV-VAR 模型估计结果

在本部分，本章将基于上述方法对样本区间内中国贸易政策不确定性冲击的时变波动率进行估计，并结合其他参数估计的结果计算各变量在不同时间点上受到贸易政策不确定性冲击后的脉冲响应值，基于脉冲响应的具体情况分析贸易政策不确定性冲击所产生的时变影响。

6.5.3.1 贸易政策不确定性的时变波动率

图 6.9 展现了样本区间内贸易政策不确定性后验波动率均值随时间变化的情况。从图 6.9 中信息可看出，在 2008 年金融危机以前，中国的贸易政策不确定性的波动率均值稳定在低位，与之对应的是贸易政策不确定性指数也在低位徘徊，说明在加入 WTO 之后到金融危机之前的这段时间内，中国的贸易政策整体稳定，市场主体并不担忧中国贸易政策的稳定性。在 2008 年金融危机爆发之后到本次中美贸易摩擦出现之前的这段时间内，中国的贸易政策不确定性指数的均值虽然没有发生明显变化，但其波动性却在持续上升，这就意味着在这段时间内，贸易政策不确定性虽然还不是受到广泛关注的重点问题，但是在一些时间点上发生的事件已经引起了部分经济主体的警觉。在本次中美贸易摩擦期间，中美两国进口关税税率多次调整，并且两国之间的谈判进程也是一波三折，与现状相对应的就是中国贸易政策不确定性指数较其他时间段有明显提升，且其波动率的上升速度明显加快，呈现出明显的"高均值—高方差"的特点，中国的贸易政策不确定性已经成为影响宏观经济运行的重要问题之一。

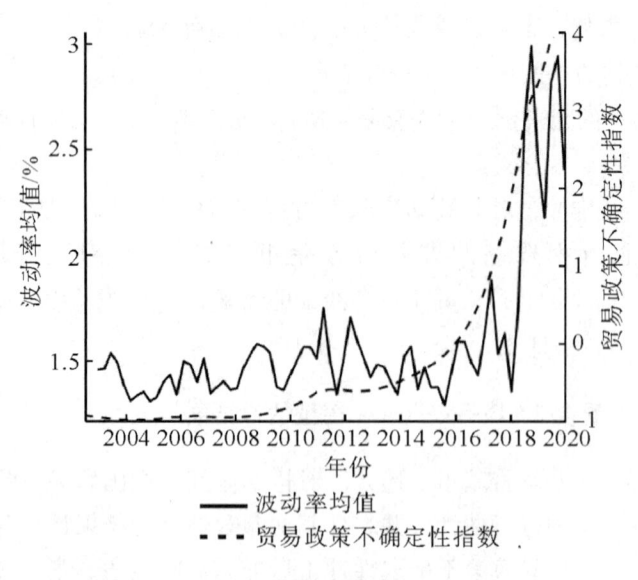

图 6.9 贸易政策不确定性指数及其时变波动率

6.5.3.2 宏观景气指数的时变脉冲响应

图 6.10 展示了样本区间内宏观景气指数对贸易政策不确定性冲击的时变脉冲响应。从整体来看，贸易政策不确定性冲击对宏观景气指数的影响主要体现为短期效应，长期效应很小。在短期内会引起宏观景气指数出现一个"驼峰状"的负向偏离，即贸易政策不确定性冲击对宏观景气指数的"负面影响"需要经过 1 到 2 个季度才会完全释放。从时变的角度来看，在本次中美贸易摩擦出现之前，贸易政策不确定性冲击对宏观景气指数的负面影响相对稳定，即使是在 2008 年金融危机前后也并未发生明显变化。但是在本次中美贸易摩擦期间，贸易政策不确定性冲击的"负面影响"明显增强，宏观景气指数受到 1 单位贸易政策不确定性冲击后的脉冲响应峰值从之前的 -0.2 扩大到 -0.6，说明近年来中国宏观景气指数对贸易政策不确定性冲击更加敏感。此外，考虑到本次中美贸易摩擦期间贸易政策不确定性指数较之前的一段时间明显上升的情况，可以认为由贸易摩擦引起的贸易政策不确定性上升对中国的宏观经济产生了较为重要的负面影响。

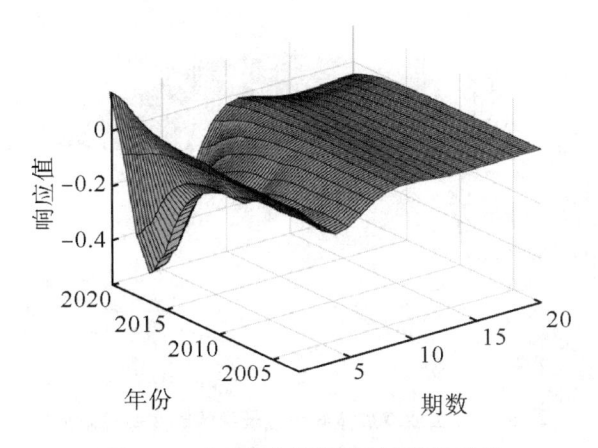

图 6.10　宏观景气指数的时变脉冲响应

6.5.3.3　工业增加值同比增长率的时变脉冲响应

图 6.11 展示了样本区间内工业增加值同比增长率对贸易政策不确定性冲击的时变脉冲响应。从整体来看，贸易政策不确定性冲击将导致工业增加值同比增长率下降，且这种"负面影响"主要体现为短期效应，从长期来看，贸易政策不确定性冲击对工业增加值同比增长率的影响相对较小。从时变的角度来看，在本次中美贸易摩擦出现之前，贸易政策不确定性冲击将会导致工业增加值同比增长率出现一个"驼峰状"的负向偏离，其峰值通常会在冲击过后的第 3 期出现，数值稳定在 -0.03 左右。而在本次中美贸易摩擦期间，工业增加值同比增长率的脉冲响应函数值发生了较为明显的变化，这种变化主要体现在短期，即贸易政策不确定性冲击会导致工业增加值同比增长率在短期内迅速下降，而后逐步回升，并且在回升过程中出现"超调"的现象。出现这种情况的原因可能有两个：一是自 2015 年开始实施供给侧结构性改革以来，中国的经济结构和中国企业的营商环境都发生了较大的变化；二是本次中美贸易摩擦波及的商品范围广、持续的时间长，且两国的谈判进程十分曲折，和其他时间段内的贸易政策相比，这段时间内贸易政策不确定性冲击自身就具有明显的特殊性。

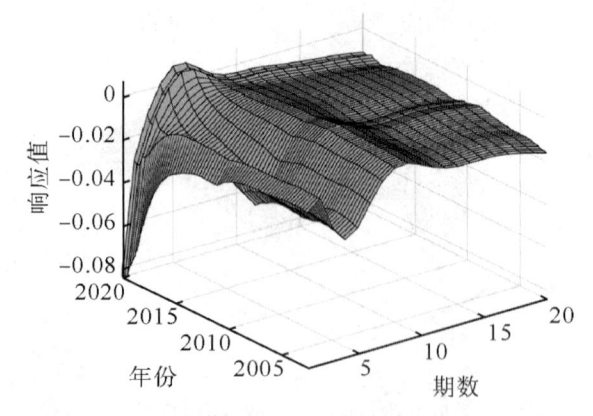

图 6.11 工业增加值同比增长率的时变脉冲响应

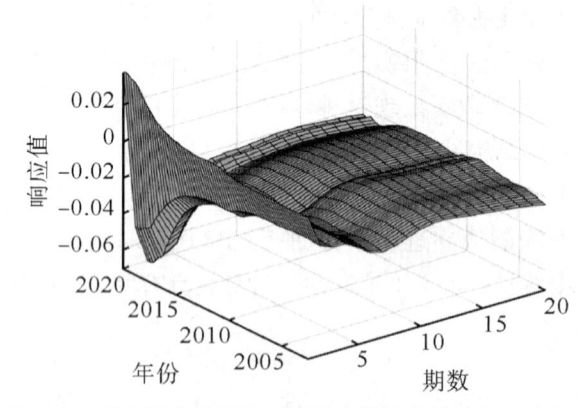

6.5.3.4 社会消费品零售总额同比增长率的时变脉冲响应

图 6.12 展示了样本区间内社会消费品零售总额同比增长率对贸易政策不确定性冲击的时变脉冲响应。从图 6.12 中反映的信息可以看出，虽然贸易政策不确定性冲击导致社会消费品零售总额同比增长率出现一个"驼峰状"的负向偏离，且在本次中美贸易摩擦期间的脉冲响应函数值要比其他时间段更大，但是和工业增加值同比增长率相比，其脉冲响应函数值也存在以下两点不同：一是在本次中美贸易摩擦出现之前，社会消费品零售总额同比增长率的脉冲响应峰值会在第 6 期出现，和前者相比，其脉冲响应峰值出现较晚；二是在受到贸易政策不确定性冲击后对社会消费品零售总额同比增长率在长期中也具有一定的负向影响。

图 6.12 社会消费品零售总额同比增长率的时变脉冲响应

6.5.3.5 进口贸易总额同比增长率的时变脉冲响应

图 6.13 展示了样本区间内中国进口贸易总额同比增长率对贸易政策不

确定性冲击的时变脉冲响应。从图 6.13 中呈现的信息可以看出，贸易政策不确定性冲击导致进口贸易总额同比增长率先上升后下降，且在短期内出现一个"驼峰状"的负向偏离，不过这种影响主要在短期内体现，从长期来看，贸易政策不确定性冲击对进口贸易总额同比增长率的影响很小。从时变的角度来看，本次中美贸易摩擦期间进口贸易总额同比增长率的脉冲响应要明显大于样本区间内的其他时段。脉冲响应值先上升后下降的原因是，当贸易政策不确定性受到冲击而上升时，进口商难以准确估计未来一段时间内购买外国进口商品的成本。为了避免因未来贸易政策变动而遭受损失，进口商选择增加进口商品存货，即在短时间内大量购进外国进口商品以满足国内市场需求。随着库存外国进口商品的增加，进口商就会选择逐步减少在商品库存方面的投入，此时进口贸易总额同比增速也就逐渐放缓。

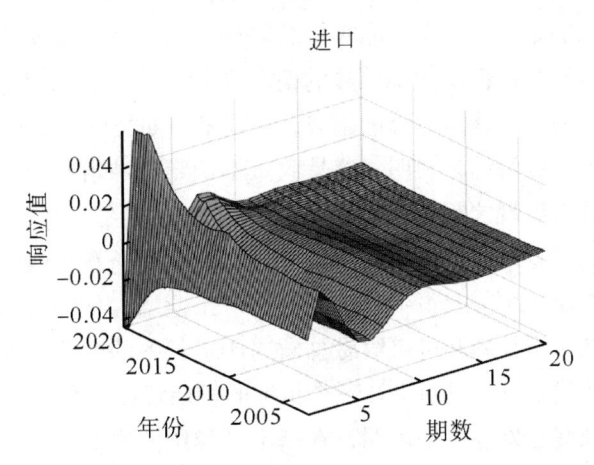

图 6.13 进口贸易总额同比增长率的时变脉冲响应

6.6 本章小结

本章将贸易政策不确定性指数作为中国贸易政策不确定性的代理指标，并构建 SVAR 模型分别分析贸易政策不确定性冲击对中国宏观经济整体运行情况和中国宏观经济具体指标的影响。在进行冲击识别时，本章基于第 5 章中 DSGE 模型的数值模拟结果对 SVAR 模型中的同期效应矩阵施加符号约束。同时，为保证冲击识别的准确性，本章还在仔细梳理本次中美贸易摩擦进程的基础上，采用叙事法对贸易政策不确定性冲击进行约束，并利用施加上述约束的 SVAR 模型进行脉冲响应分析和方差分解。此外，考虑到中国贸易政策不确定性冲击可能在不同时间段内的影响存在差异，本章构建了一个混合 TVP-SV-VAR 模型分析中国贸易政策不确定性冲击所产生的时变影响。基于上述研究过程，本章得出以下相关结论：

第一，基准脉冲响应结果表明，在受到贸易政策不确定性冲击后，反映宏观经济整体运行情况的宏观景气指数出现一个"驼峰状"的负向偏离，且其脉冲响应值在冲击到来之后的第 3 期达到峰值；在反映宏观经济运行的具体指标方面，贸易政策不确定性冲击使得工业增加值同比增长率和进口贸易总额同比增长率出现一个"驼峰状"的负向偏离，其中前者的脉冲响应峰值出现在第 2 期而后者的脉冲响应峰值在第 2 期到来。与前述两个指标不同的是，社会消费品零售总额同比增长率的脉冲响应函数值的置信区间相对较大，但从其中位数的情况来看，其在受到贸易政策不确定性冲击后会出现一个逐步下降的趋势，并在第 9 期之后缓慢回升。

第二，方差分解结果表明，贸易政策不确定性冲击对宏观景气指数的解释力度在冲击出现之后的前 5 期中逐步上升，并在长期中稳定在高位，从第 5 期开始，方差分解的中位值保持在 65% 左右；在反映宏观经济运行的具体指标方面，贸易政策不确定性冲击对工业增加值同比增长率、社会消费品总额同比增长率和进口贸易总额同比增长率的解释力度都会随着时间的推移而缓慢上升，且对上述三个指标的长期解释力度均超过了 20%。

第三，稳健性检验结果表明，在基准 SVAR 模型中加入中国进口商品的平均关税税率之后，脉冲响应函数的整体形状和置信区间并没有发生明显改变，一个细微的差别在于，考虑样本区间内中国进口商品平均关税税率的变化情况后，脉冲响应函数值变得相对较小，但整体变化幅度不大；在改变贸易政策不确定性的测度方法之后，脉冲响应函数的整体形状和置信区间并没有发生明显改变，仅是用中国进口商品关税税率的随机波动率度量中国贸易政策不确定性之后，同期的脉冲响应函数值变得相对较小，而脉冲响应的峰值却变得更大。总的来说，各指标脉冲响应值的整体情况和基准结果相比变化不大，说明本章基准分析结果具有稳健性。

第四，混合 TVP-SV-VAR 模型的脉冲响应结果表明，贸易政策不确定性冲击在短期内会引起宏观景气指数出现一个"驼峰状"的负向偏离，长期效应很小。在本次中美贸易摩擦出现之前，宏观景气指数的脉冲响应相对稳定，但在本次中美贸易摩擦期间，贸易政策不确定性冲击的"负面影响"明显增强。在反映宏观经济运行的具体指标方面，三个具体指标的脉冲响应值在短期内均会出现"驼峰状"的负向偏离，但是也存在一些不同之处：在本次中美贸易摩擦期间，工业增加值同比增长率的脉冲响应值在短期内迅速下降，而后逐步回升，并未体现出"先逐步下降，后逐步回升"的特点；和其他两项指标相比，社会消费品零售总额同比增长率的脉冲响应峰值出现较晚，且具有一定的长期效应；进口贸易总额同比增长率的脉冲响应值呈现出明显的先上升后下降的特点，且在本次中美贸易摩擦期间变动幅度明显增大。

7 研究结论与政策建议

7.1 研究结论

本书基于中美贸易摩擦过程中的相关基本事实比较三种贸易政策不确定性测度方式的优劣,同时判断贸易政策不确定性变化是导致宏观经济波动的外生冲击还是对宏观经济波动的内生响应,并基于贸易政策不确定性内生性分析结论从理论和实证两个角度分析贸易政策不确定性冲击对中国宏观经济运行的影响。

本书的主要研究结论如下:

第一,通过对三种贸易政策不确定性的核心思想和测度方式进行分析后发现,运用"关税测量法"计算简单,并且能够体现不同类型的产品所面临的不确定性差异,但是该方法前提假设相对较强,需在研究开始之前结合客观史实分析该假设的合理性;"不确定性指数法"所刻画的贸易政策不确定性更加全面,且并未对政策制定者的行为施加更多的约束性假设,但是也具有关键词存在一定的主观性、工作量相对较大等缺陷;"随机波动率法"虽具有易于融入理论模型、适用范围广泛和计算相对简便等优点,但是也存在不确定性构成单一和存在较大的误判风险的缺点。在与本次中美贸易摩擦过程中的基本事实进行比较后发现,就本次中美贸易摩擦过程中所发生的实际情况而言,"关税测量法"无法准确衡量贸易政策不确定性;"不确定性指数法"能够较好地反映此次中美贸易摩擦过程中两国的贸易政策不确定性,且丰富的时变性质还能够体现一段时期内经贸关系紧张与缓和的交替变化;"随机波动率法"测度贸易政策不确定性时,会将已经提前告知的关税波动也计入贸易政策不确定性指标中,且未能识别本次中美贸易摩擦期间出现的不同商品关税税率反向变动造成的抵消效应，低估了贸易政策不确定性。

第二，对贸易政策不确定性进行内生性识别发现，贸易政策不确定性是中国宏观经济波动的一个原因而非结果，且在重新选择滞后阶数和改变经济波动衡量指标的情况下，脉冲响应图仅外形发生一定变化，脉冲响应函数的整体分布情况仍然支持"贸易政策不确定性是中国宏观经济波动的一个原因而非结果"的结论。此外，本书在满足所有结构冲击约束的识别结果中，借助外部工具变量来寻找唯一解，并对该唯一解所产生的结构冲击进行分析，发现贸易政策不确定性冲击与汇率和资本账户政策不确定性冲击具有明显右偏和厚尾的非正态分布特点，且大于两倍标准差的冲击呈现出明显的聚集性；而工业增加值增长率冲击则相对接近正态分布，且大于两倍标准差的冲击不具有明显的聚集性。

第三，在从理论角度分析贸易政策不确定性冲击对中国宏观经济运行的影响时，基于哈佛大学经济复杂性数据库与联合国 Comtrade 数据库所提供的中国 2017 年进出口产品级数据，发现在中国进口产品结构和来源国构成不变的情况下，如果中国对原产于美国的进口商品加征新的关税，会使中国进口商品的税率上升 2% 左右；此外，基于中国工业企业数据库的分析，发现非出口企业年平均出口市场进入率为 87.22%，出口企业年平均出口市场退出率为 90.3%；数值模拟结果表明，中美贸易摩擦将导致宏观经济下行，即投资、消费、就业和产出等均出现不同幅度的下降，且本次中美贸易摩擦过程中，贸易政策不确定性上升所产生的"下行效应"占总效应的 30%~40%；在传导机制分析中发现，新厂商进入与在位厂商退出是产生本书基准模型脉冲响应结果的核心传导机制，如不考虑企业进入退出机制，则贸易政策不确定性冲击对宏观经济运行的负面影响将会大大减小；除企业进入退出机制以外，名义粘性、商品偏好、消费习惯和投资调整成本均会对脉冲响应结果产生一定的影响。

第四，在实证分析贸易政策不确定性对宏观经济运行的影响时发现，在受到贸易政策不确定性冲击后，反映宏观经济整体运行情况的宏观景气指数出现一个"驼峰状"的负向偏离；在反映宏观经济运行的具体指标方面，贸易政策不确定性冲击对工业增加值同比增长率的负面影响最大。方差分解结果表明，贸易政策不确定性冲击对宏观景气指数的解释力度在冲击出现之后的前 5 期中逐步上升，并在长期中稳定在高位；在反映宏观经济运行的具体指标方面，贸易政策不确定性冲击对工业增加值同比增长率、社会消费品总额同比增长率和进口贸易总额同比增长率的解释力度都超过了20%。贸易政策不确定性冲击的时变分析表明，在本次中美贸易摩擦出现之前，宏观景气指数的脉冲响应相对稳定，但在本次中美贸易摩擦期间，贸易政策不确定性冲击的"负面影响"明显增强；在反映宏观经济运行的具体指标方面，在本次中美贸易摩擦期间，工业增加值同比增长率的脉冲响应值在短期内迅速下降，而后逐步回升，并未体现出"先逐步下降，后逐步回升"的特点；和其他两项指标相比，社会消费品零售总额同比增长率的脉冲响应峰值出现较晚，且具有一定的长期效应；进口贸易总额同比增长率的脉冲响应值呈现出明显的先上升后下降的特点，且在本次中美贸易摩擦期间变动幅度明显增大。

7.2 政策建议

本书提出以下政策建议：

第一，加强对贸易政策不确定性的监测，为企业经营决策提供参考依据。首先，相关部门组建专业的研究分析团队，对全球范围内影响贸易政策不确定的前瞻性指标进行观测与分析，建立双边或多边贸易政策不确定性的预警机制；其次，实时监测能够反映全球范围内各国贸易政策不确定性变化的相关指标，分析当下国内企业所面临贸易政策不确定性的来源及水平；最后，定期公布与贸易政策不确定性相关的研究成果，为企业经营决策提供参考依据。

第二，优化进出口企业营商环境，降低企业经营的沉没成本。首先，可以通过简化审批流程、缩短审批时间、降低审批收费等方式缩减企业进入市场的时间成本、人员成本、资金成本等，降低企业进入市场的沉没成本；其次，加强大数据平台建设，加快数据要素的流动速度，增强企业对国内国际市场信息的了解程度，降低企业经营过程中由于信息收集所产生的沉没成本；最后，建立企业市场化退出机制，完善企业退出市场的政策供给，降低企业退出市场的沉没成本。

第三，构建国内国际双循环新发展格局，提高宏观经济运行抵御贸易政策不确定性负向冲击的能力。采取积极拉动国内需求增长、调整国内产业发展的政策等，打通堵点连接断点，畅通国内大循环，夯实国内大循环基础；推动共建"一带一路"高质量发展，加快区域全面经济伙伴关系协定（RCEP）的生效实施等，维护全球化和多边贸易体制，以区域经贸协定促进我国开放合作和双循环格局的构建。

第四，加强跨周期政策设计，降低本国贸易政策不确定性。首先，坚持对外开放的政策导向，扩大高水平开放，引导企业对我国的贸易政策形成稳定的预期；其次，加快正在进行的双边或多边贸易协定的谈判进程，积极同尚未缔结贸易协定的各大贸易伙伴展开贸易政策磋商，通过签订贸易协定的形式稳定贸易政策的长期发展方向；最后，在进行贸易政策调整时，应充分考虑贸易政策改变对中国宏观经济运行的长期效应，避免贸易政策在短时间内频繁变动。

参考文献

仝冰，2010. 货币、利率与资产价格 [D]. 北京：北京大学.

梅冬州，龚六堂，2011. 新兴市场经济国家的汇率制度选择 [J]. 经济研究，46（11）：73-88.

洪占卿，郭峰，2012. 国际贸易水平、省际贸易潜力和经济波动 [J]. 世界经济，35（10）：44-65.

毛其淋，盛斌，2013. 中国制造业企业的进入退出与生产率动态演化 [J]. 经济研究，48（4）：16-29.

金雪军，钟意，王义中，2014. 政策不确定性的宏观经济后果 [J]. 经济理论与经济管理（2）：17-26.

康立，龚六堂，2014. 金融摩擦、银行净资产与国际经济危机传导：基于多部门 DSGE 模型分析 [J]. 经济研究，49（5）：147-159.

李坤望，蒋为，2015. 市场进入与经济增长：以中国制造业为例的实证分析 [J]. 经济研究，50（5）：48-60.

佟家栋，李胜旗，2015. 贸易政策不确定性对出口企业产品创新的影响研究 [J]. 国际贸易问题，(6)：25-32.

张浩，李仲飞，邓柏峻，2015. 政策不确定、宏观冲击与房价波动：基于 LSTVAR 模型的实证分析 [J]. 金融研究，10)：32-47.

徐卫章，李胜旗，2016. 贸易政策不确定性与中国出口企业加成率：基于企业异质性视角的分析 [J]. 商业研究（12）：150-160.

张玉鹏，王茜，2016. 政策不确定性的非线性宏观经济效应及其影响机制研究 [J]. 财贸经济（4）：116-133.

陈国进，王少谦，2016. 经济政策不确定性如何影响企业投资行为 [J]. 财贸经济（5）：5-21.

苏理梅，彭冬冬，兰宜生，2016. 贸易自由化是如何影响我国出口产品质量的？：基于贸易政策不确定性下降的视角 [J]. 财经研究，42（4）：

61-70.

钱学锋,龚联梅,2017. 贸易政策不确定性、区域贸易协定与中国制造业出口 [J]. 中国工业经济 (10): 81-98.

饶品贵,岳衡,姜国华,2017. 经济政策不确定性与企业投资行为研究 [J]. 世界经济, 40 (2): 27-51.

孙健,钟凯,卢闯,等,2017. 货币政策不确定性对会计信息质量的影响研究 [J]. 经济理论与经济管理 (8): 34-45.

谭小芬,张文婧,2017. 经济政策不确定性影响企业投资的渠道分析 [J]. 世界经济, 40 (12): 3-26.

田磊,林建浩,张少华,2017. 政策不确定性是中国经济波动的主要因素吗: 基于混合识别法的创新实证研究 [J]. 财贸经济, 38 (1): 5-20.

汪亚楠,2018. 贸易政策不确定性与出口企业利润变动: 基于中美贸易的实证分析 [J]. 当代财经 (5): 91-101.

孙一平,许苏皓,卢仕,2018. 贸易政策不确定性对企业工资不平等影响研究: 中国经验 [J]. 宏观经济研究 (12): 30-39, 66.

才国伟,吴华强,徐信忠,2018. 政策不确定性对公司投融资行为的影响研究 [J]. 金融研究 (3): 89-104.

陈虹,徐阳,2018. 贸易政策不确定性会增加企业就业人数吗: 来自中国加入 WTO 的企业微观数据 [J]. 宏观经济研究 (10): 121-133, 175.

顾夏铭,陈勇民,潘士远,2018. 经济政策不确定性与创新: 基于我国上市公司的实证分析 [J]. 经济研究, 53 (2): 109-123.

龚联梅,钱学锋,2018. 贸易政策不确定性理论与经验研究进展 [J]. 经济学动态 (6): 106-116.

毛其淋,许家云,2018. 贸易政策不确定性与企业储蓄行为: 基于中国加入 WTO 的准自然实验 [J]. 管理世界, 34 (5): 10-27, 62, 179.

彭俞超,韩珣,李建军,2018. 经济政策不确定性与企业金融化 [J]. 中国工业经济 (1): 137-155.

张平南,徐阳,徐小聪,等,2018. 贸易政策不确定性与企业出口国内附加值: 理论与中国经验 [J]. 宏观经济研究 (1): 57-68.

张开,龚六堂,2018. 开放经济下的财政支出乘数研究: 基于包含投入产出结构 DSGE 模型的分析 [J]. 管理世界, 34 (6): 24-40, 187.

张成思,刘贯春,2018. 中国实业部门投融资决策机制研究: 基于经济政策不确定性和融资约束异质性视角［J］．经济研究，53（12）：51-67．

朱军，蔡恬恬，2018．中国财政、货币政策的不确定性与通货膨胀预期：基于中国财政—货币政策不确定性指数的实证分析［J］．财政研究（1）：53-64．

张峰，刘曦苑，武立东，等，2019．产品创新还是服务转型：经济政策不确定性与制造业创新选择［J］．中国工业经济（7）：101-118．

周定根，杨晶晶，赖明勇，2019．贸易政策不确定性、关税约束承诺与出口稳定性［J］．世界经济，42（1）：51-75．

宋全云，李晓，钱龙，2019．经济政策不确定性与企业贷款成本［J］．金融研究（7）：57-75．

宫汝凯，徐悦星，王大中，2019．经济政策不确定性与企业杠杆率［J］．金融研究（10）：59-78．

郭晶，周玲丽，2019．贸易政策不确定性、关税变动与企业生存［J］．国际贸易问题（5）：22-40．

贾盾，孙溪，郭瑞，2019．货币政策公告、政策不确定性及股票市场的预公告溢价效应：来自中国市场的证据［J］．金融研究（7）：76-95．

李敬子，刘月，2019．贸易政策不确定性与研发投资：来自中国企业的经验证据［J］．产业经济研究（6）：1-13．

王博，李力，郝大鹏，2019．货币政策不确定性、违约风险与宏观经济波动［J］．经济研究，54（3）：119-134．

王立勇，纪尧，2019．财政政策波动性与财政规则：基于开放条件 DSGE 模型的分析［J］．经济研究，54（6）：121-135．

魏悦羚，张洪胜，2019．贸易政策不确定性、出口与企业生产率：基于 PNTR 的经验分析［J］．经济科学（1）：57-68．

许志伟，王文甫，2019．经济政策不确定性对宏观经济的影响：基于实证与理论的动态分析［J］．经济学（季刊），18（1）：23-50．

杨君，黄先海，宋学印，2019．降低税收政策不确定性能否提升企业的资本回报率：基于所得税收入分享改革的准自然试验［J］．浙江大学学报（人文社会科学版），49（6）：116-131．

杨鸣京，程小可，钟凯，2019．股权质押对企业创新的影响研究：基于货币政策不确定性调节效应的分析［J］．财经研究，45（2）：139-152．

杨武，李升，2019．税收征管不确定性与外商直接投资：促进还是抑制

[J]．财贸经济，40（11）：50-65．

余淼杰，祝辉煌，2019．贸易政策不确定性的度量、影响及其政策意义[J]．长安大学学报（社会科学版），21（1）：1-8．

于文超，梁平汉，2019．不确定性、营商环境与民营企业经营活力[J]．中国工业经济（11）：136-154．

余智，2019．贸易政策不确定性研究动态综述[J]．国际贸易问题（5）：162-174．

戴泽伟，杨兵，2020．宏观经济政策不确定性对证券分析师预测效果影响研究[J]．中国软科学（1）：171-183．

邓创，曹子雯，2020．中国货币政策不确定性测度及其宏观经济效应分析[J]．吉林大学社会科学学报（1）：50-59，220．

丁剑平，刘璐，2020．中国货币政策不确定性和宏观经济新闻的人民币汇率效应[J]．财贸经济，41（5）：19-34．

顾海峰，卞雨晨，2020．跨境资本流动、资产价格与银行流动性风险：货币政策不确定性与银行业竞争的调节作用[J]．财经科学（12）：13-27．

郝大鹏，王博，李力，2020．美联储政策变化、国际资本流动与宏观经济波动[J]．金融研究（7）：38-56．

何德旭，张雪兰，王朝阳，等，2020．货币政策不确定性、银行信贷与企业资本结构动态调整[J]．经济管理，42（7）：5-22．

胡成春，陈迅，2020．经济政策不确定性、宏观经济与资产价格波动：基于TVAR模型及溢出指数的实证分析[J]．中国管理科学，28（11）：61-70．

胡久凯，王艺明，2020．我国财政政策的调控效果分析：基于政策不确定性视角[J]．财政研究，2020（1）：59-73．

金春雨，张德园，2020．中国不同类型经济政策不确定性的宏观经济效应对比研究[J]．当代经济科学，42（2）：45-58．

李成，于海东，李一帆，2020．货币政策不确定性对宏观经济的非对称影响效应：基于经济周期视角[J]．北京理工大学学报（社会科学版），22（5）：49-58．

刘晴，桂晶晶，程玲，2020．贸易政策不确定性与企业出口依存度：基于国内产品市场一体化视角的分析[J]．财贸研究，31（9）：1-15，110．

罗大庆，傅步奔，2020. 中国货币政策不确定性对宏观经济的影响：基于混合货币政策规则的分析［J］. 世界经济文汇（4）：13-30.

毛其淋，2020. 贸易政策不确定性是否影响了中国企业进口？［J］. 经济研究，55（2）：148-164.

孙林，周科选，2020. 区域贸易政策不确定性对中国出口企业产品质量的影响：以中国—东盟自由贸易区为例［J］. 国际贸易问题（1）：127-143.

汪亚楠，王海成，苏慧，2020. 贸易政策不确定性与中国产品出口的数量、质量效应：基于自由贸易协定的政策背景［J］. 审计与经济研究，35（1）：111-119.

王新，刘俊奇，2020. 中美贸易政策不确定性对我国金融市场的影响［J］. 财会月刊（4）：137-143.

王丽纳，李敬，李玉山，2020. 经济政策不确定性与制造业全要素生产率提升：基于中国各省级党报数据的分析［J］. 财政研究（9）：65-79.

朱军，张淑翠，李建强，2020. 中国财税政策不确定性的度量及其经济影响模拟：基于异质性居民的视角［J］. 社会科学战线（2）：69-82，281-282.

祝梓翔，高然，邓翔，2020. 内生不确定性、货币政策与中国经济波动［J］. 中国工业经济（2）：1-15，25-43.

EICHENGREEN B J, 1981. A dynamic model of tariffs, output and employment under flexible exchange rates［J］. Journal of International Economics, 11（3）：341-359.

ROTEMBERG J, 1982. Sticky prices in the United States［J］. Journal of Political Economy, 90（6）：1187-1211.

BERNANKE B S, 1983. Irreversibility, uncertainty, and cyclical investment［J］. The Quarterly Journal of Economics, 98（1）：85-106.

DIXIT A, 1989. Entry and exit decisions under uncertainty［J］. Journal of political Economy, 97（3）：620-638.

ROMER C D, ROMER D H, 1989. Does monetary policy matter？·A new test in the spirit of Friedman and Schwartz［J］. NBER Macroeconomics Annual（4）：121-170.

RODRIK D, 1991. Policy uncertainty and private investment in developing countries [J]. Journal of Development Economics, 36 (2): 229-242.

FERNANDEZ R, RODRIK D, 1991. Resistance to reform: status quo bias in the presence of individual-specific uncertainty [J]. The American economic review, 81 (5): 1146-1155.

KEATING J, 1992. Structural approaches to vector autoregressions [J]. Federal Reserve Bank of St. Louis Review, 74 (9): 37-57.

CASELLA G, GEORGE E I, 1992. Explaining the Gibbs sampler [J]. The American Statistician, 46 (3): 167-174.

BACKUS D, KEHOE P J, KYDLAND F E, 1992. Dynamics of the trade balance and the terms of trade: the S-curve [R]. Cambridge M A: The National Bureau of Economic Research.

KADIYALA K R, KARLSSON S, 1997. Numerical methods for estimation and inference in Bayesian VAR-models [J]. Journal of Applied Econometrics, 12 (2): 99-132.

ROBERTS M J, TYBOUT J R, 1997. The decision to export in Colombia: an empirical model of entry with sunk costs [J]. The American Economic Review, 87 (4): 545-564.

Snape R H, Gropp L, Luttrell T, 1998. Australian trade policy 1965—1997: a documentary history [M]. London: Allen & Unwin.

RAMEY V A, SHAPIRO M D, 1998. Costly capital reallocation and the effects of government spending [C] //Carnegie-Rochester conference series on public policy. Amsterdam: North-Holland, 48: 145-194.

CANOVA F, DE NICOLO G, 2002. Monetary disturbances matter for business fluctuations in the G-7 [J]. Journal of Monetary Economics, 49 (6): 1131-1159.

HAMILTON J D, 2003. What is an oil shock? [J]. Journal of econometrics, 113 (2): 363-398.

ROMER C D, ROMER D H, 2004. A new measure of monetary shocks: derivation and implications [J]. American Economic Review, 94 (4): 1055-1084.

SCHMITT-GROHÉ S, URIBE M, 2004. Solving dynamic general equilibrium models using a second-order approximation to the policy function [J]. Journal of economic dynamics and control, 28 (4): 755-775.

UHLIG H, 2005. What are the effects of monetary policy on output? Results from an agnostic identification procedure [J]. Journal of Monetary Economics, 52 (2): 381-419.

VAN NIEUWERBURGH S, VELDKAMP L, 2006. Learning asymmetries in real business cycles [J]. Journal of Monetary Economics, 53 (4): 753-772.

BCHIR M H, JEAN S, LABORDE D, 2006. Binding overhang and tariff-cutting formulas [J]. Review of World Economics, 142 (2): 207-232.

BAHMANI-OSKOOEE M, HEGERTY S W, 2007. Exchange rate volatility and trade flows: a review article [J]. Journal of Economic Studies, 34 (3): 211-255.

CHONG A, GRADSTEIN M, 2006. Policy volatility and growth [R]. Washington D C: IDB.

DEDOLA L, NERI S, 2007. What does a technology shock do? A VAR analysis with model-based sign restrictions [J]. Journal of Monetary Economics, 54 (2): 512-549.

FURCERI D, 2007. Is government expenditure volatility harmful for growth? A cross-country analysis [J]. Fiscal Studies, 28 (1): 103-120.

ALESSANDRIA G, CHOI H, 2007. Do sunk costs of exporting matter for net export dynamics? [J]. The Quarterly Journal of Economics, 122 (1): 289-336.

HELPMAN E, MELITZ M, RUBINSTEIN Y, 2008. Estimating trade flows: Trading partners and trading volumes [J]. The Quarterly Journal of Economics, 123 (2): 441-487.

KIM J, KIM S, SCHAUMBURG E, et al., 2008. Calculating and using second-order accurate solutions of discrete time dynamic equilibrium models [J]. Journal of Economic Dynamics and Control, 32 (11): 3397-3414.

KILIAN L, 2009. Not all oil price shocks are alike: Disentangling demand and supply shocks in the crude oil market [J]. American Economic Review, 99 (3): 1053-1069.

BLOOM N, 2009. The impact of uncertainty shocks [J]. Econometrica, 77 (3): 623-685.

PAPPA E, 2009. The effects of fiscal shocks on employment and the real wage [J]. International Economic Review, 50 (1): 217-244.

ROMER C D, ROMER D H, 2010. The macroeconomic effects of tax changes: estimates based on a new measure of fiscal shocks [J]. American Economic Review, 100 (3): 763-801.

AFONSO A, FURCERI D, 2010. Government size, composition, volatility and economic growth [J]. European Journal of Political Economy, 26 (4): 517-532.

FRÜHWIRTH-SCHNATTER S, WAGNER H, 2010. Stochastic model specification search for Gaussian and partial non-Gaussian state space models [J]. Journal of Econometrics, 154 (1): 85-100.

RAMEY V A, 2011. Identifying government spending shocks: it's all in the timing [J]. The Quarterly Journal of Economics, 126 (1): 1-50.

FERNÁNDEZ-VILLAVERDE J, GUERRÓN-QUINTANA P, RUBIO-RAMIREZ J F, et al., 2011. Risk matters: the real effects of volatility shocks [J]. American Economic Review, 101 (6): 2530-2561.

ALTIG D, CHRISTIANO L J, EICHENBAUM M, et al., 2011. Firm-specific capital, nominal rigidities and the business cycle [J]. Review of Economic dynamics, 14 (2): 225-247.

BACHMANN R, MOSCARINI G, 2011. Business cycles and endogenous uncertainty [R] Minneapolis: Society for Economic Dynamics, 36: 82-99.

JULIO B, YOOK Y, 2012. Political uncertainty and corporate investment cycles [J]. The Journal of Finance, 67 (1): 45-83.

LIPPI F, NOBILI A, 2012. Oil and the macroeconomy: a quantitative structural analysis [J]. Journal of the European Economic Association, 10 (5): 1059-1083.

FOSTEL A, GEANAKOPLOS J, 2012. Why does bad news increase volatility and decrease leverage? [J]. Journal of Economic Theory, 147 (2): 501-525.

BADINGER H, 2012. Cyclical expenditure policy, output volatility and economic growth [J]. Applied Economics, 44 (7): 835-851.

PÁSTOR L, VERONESI P, 2012. Uncertainty about government policy and stock prices [J]. The Journal of Finance, 67 (4): 1219-1264.

PÁSTOR L, VERONESI P, 2013. Political uncertainty and risk premia [J]. Journal of Financial Economics, 110 (3): 520-545.

FATÁS A, MIHOV I, 2013. Policy volatility, institutions, and economic growth [J]. Review of Economics and Statistics, 95 (2): 362-376.

BAKER S R, BLOOM N, 2013. Does uncertainty reduce growth? Using disasters as natural experiments [R]. Cambridge M A: The National Bureau of Economic Research.

BACHMANN R, ELSTNER S, SIMS E R, 2013. Uncertainty and economic activity: evidence from business survey data [J]. American Economic Journal: Macroeconomics, 5 (2): 217-49.

MUMTAZ H, ZANETTI F, 2013. The impact of the volatility of monetary policy shocks [J]. Journal of Money, Credit and Banking, 45 (4): 535-558.

NAKAJIMA J, WEST M, 2013. Bayesian analysis of latent threshold dynamic models [J]. Journal of Business & Economic Statistics, 31 (2): 151-164.

NIMARK K P, 2014. Man-bites-dog business cycles [J]. American Economic Review, 104 (8): 2320-2367.

ORLIK A, VELDKAMP L, 2014. Understanding uncertainty shocks and the role of black swans [R]. Cambridge M A: The National Bureau of Economic Research.

GROPPO V, PIERMARTINI R, 2014. Trade policy uncertainty and the WTO [R]. Geneva: WTO.

BORN B, PFEIFER J, 2014. Policy risk and the business cycle [J]. Journal of Monetary Economics (68): 68-85.

HANDLEY K, 2014. Exporting under trade policy uncertainty: theory and evidence [J]. Journal of International Economics, 94 (1): 50-66.

ILUT C L, SCHNEIDER M, 2014. Ambiguous business cycles [J]. American Economic Review, 104 (8): 2368-2399.

JOHANNSEN B K, 2014. When are the effects of fiscal policy uncertainty large? [J]. Finance and Economics Discussion Series (40): 1-48.

JURADO K, LUDVIGSON S C, NG S, 2015. Measuring uncertainty [J]. American Economic Review, 105 (3): 1177-1216.

ZHANG G, HAN J, PAN Z, et al., 2015. Economic policy uncertainty and capital structure choice: evidence from China [J]. Economic Systems, 39 (3): 439-457.

HANDLEY K, LIMÃO N, 2015. Trade and investment under policy uncertainty: theory and firm evidence [J]. American Economic Journal: Economic Policy, 7 (4): 189-222.

TIAN C, 2015. Riskiness, endogenous productivity dispersion and business cycles [J]. Journal of Economic Dynamics and Control (57): 227-249.

LIMÃO N, MAGGI G, 2015. Uncertainty and trade agreements [J]. American Economic Journal: Microeconomics, 7 (4): 1-42.

CLARK T E, RAVAZZOLO F, 2015. Macroeconomic forecasting performance under alternative specifications of time-varying volatility [J]. Journal of Applied Econometrics, 30 (4): 551-575.

OSNAGO A, PIERMARTINI R, ROCHA N, 2015. Trade policy uncertainty as barrier to trade [R]. Geneva: WTO.

PIERCE J R, SCHOTT P K, 2016. The surprisingly swift decline of US manufacturing employment [J]. American Economic Review, 106 (7): 1632-1662.

DECKER R A, D'ERASMO P N, MOSCOSO BOEDO H, 2016. Market exposure and endogenous firm volatility over the business cycle [J]. American Economic Journal: Macroeconomics, 8 (1): 148-198.

BAKER S R, BLOOM N, DAVIS S J, 2016. Measuring economic policy uncertainty [J]. The Quarterly Journal of Economics, 131 (4) 1593-1636.

GULEN H, ION M, 2016. Policy uncertainty and corporate investment [J]. The Review of Financial Studies, 29 (3): 523-564.

CROSS J, POON A, 2016. Forecasting structural change and fat-tailed events in Australian macroeconomic variables [J]. Economic Modelling (58): 34-51.

FAJGELBAUMP D, SCHAAL E, TASCHEREAU-DUMOUCHEL M, 2017. Uncertainty traps [J]. The Quarterly Journal of Economics, 132 (4): 1641-1692.

HIGGINS P, ZHA T, ZHONG W, 2016. Forecasting China's economic growth and inflation [J]. China Economic Review (41): 46-61.

HANDLEY K, LIMÃO N, 2017. Policy uncertainty, trade, and welfare: theory and evidence for China and the United States [J]. American Economic Review, 107 (9): 2731-2783.

HANDLEY K, LIMÃO N, 2017. Trade under TRUMP policies [M] //Economics and policy in the age of Trump. London: CEPR Press: 141.

FENG L, LI Z, SWENSON D L, 2017. Trade policy uncertainty and exports: Evidence from China's WTO accession [J]. Journal of International Economics (106): 20-36.

SCHOTT P, PIERCE J, SCHAUR G, et al., 2017. Trade policy uncertainty and the structure of supply chains [R] Minneapolis: Society for Economic Dynamics.

SHEPOTYLO O, STUCKATZ J, 2017. Quantitative text analysis of policy uncertainty: FDI and trade of Ukrainian manufacturing firms [R]. Rochester: Social Science Electronic Publishing.

CREAL D D, WU J C, 2017. Monetary policy uncertainty and economic fluctuations [J]. International Economic Review, 58 (4): 1317-1354.

LAKATOS C, NILSSON L, 2017. The EU-Korea FTA: anticipation, trade policy uncertainty and impact [J]. Review of World Economics, 153 (1): 179-198.

KOZENIAUSKAS N, ORLIK A, VELDKAMP L, 2018. What are uncertainty shocks? [J]. Journal of Monetary Economics (100): 1-15.

ALBULESCU C T, IONESCU A M, 2018. The long-run impact of monetary policy uncertainty and banking stability on inward FDI in EU countries [J]. Research in International Business and Finance (45): 72-81.

CAI Y, 2018. Predictive power of us monetary policy uncertainty shock on stock returns in Australia and New Zealand [J]. Australian Economic Papers, 57 (4): 470-488.

CARBALLO J, HANDLEY K, LIMÃO N, 2018. Economic and policy uncertainty: Export dynamics and the value of agreements [R]. Cambridge MA: The National Bureau of Economic Research.

CARRIERO A, CLARK T, MARCELLINO M, 2018. Endogenous uncertainty

[R]. Cleveland: Federal Reserve Bank of Cleveland.

CHAN J C C, EISENSTAT E, 2018. Comparing hybrid time-varying parameter VARs [J]. Economics Letters (171): 1-5.

CHAN J C C, EISENSTAT E, 2018. Bayesian model comparison for time-varying parameter VARs with stochastic volatility [J]. Journal of Applied econometrics, 33 (4): 509-532.

CROWLEY M, MENG N, SONG H, 2018. tariff scares: Trade policy uncertainty and foreign market entry by Chinese firms [J]. Journal of International Economics (114): 96-115.

MUMTAZ H, SURICO P, 2018. Policy uncertainty and aggregate fluctuations [J]. Journal of Applied Econometrics, 33 (3): 319-331.

RITZEL C, KOHLER A, MANN S, et al., 2018. The causal effect of reducing trade policy uncertainty: a comparative case study of Bangladesh's textile exports to Switzerland [J]. International Economics (156): 31-44.

DAHLHAUS T, SEKHPOSYAN T, 2018. Monetary policy uncertainty: a tale of two tails [R]. Montreal: Bank of Canada.

GRAZIANO A, HANDLEY K, LIMAO N, 2018. Brexit uncertainty and trade disintegration [R]. Cambridge M A: The National Bureau of Economic Research.

GABAUER D, GUPTA R, 2018. On the transmission mechanism of country-specific and international economic uncertainty spillovers: evidence from a TVP-VAR connectedness decomposition approach [J]. Economics Letters (171): 63-71.

ISTREFI K, MOUABBI S, 2018. Subjective interest rate uncertainty and the macroeconomy: a cross-country analysis [J]. Journal of International Money and Finance (88): 296-313.

STRAUB L, ULBRICHT R, 2018. Endogenous uncertainty and credit crunches [R]. London: Robert Ulbricht.

STEINBERG J B, 2019. Brexit and the macroeconomic impact of trade policy uncertainty [J]. Journal of International Economics (117): 175-195.

TRUNG N B, 2019. The spillover effects of US economic policy uncertainty on the global economy: a global VAR approach [J]. The North American Journal of Economics and Finance (48): 90-110.

IMBRUNO M, 2019. Importing under trade policy uncertainty: evidence from China [J]. Journal of Comparative Economics, 47 (4): 806-826.

GOZGOR G, TIWARI A K, DEMIR E, et al., 2019. The relationship between Bitcoin returns and trade policy uncertainty [J]. Finance Research Letters (29): 75-82.

GREENLAND A, ION M, LOPRESTI J, 2019. Exports, investment and policy uncertainty [J]. Canadian Journal of Economics/Revue canadienne d'économique, 52 (3): 1248-1288.

DANG D, FANG H, HE M, 2019. Economic policy uncertainty, tax quotas and corporate tax burden: evidence from China [J]. China Economic Review (56): 101303.

DAVIS S J, LIU D, SHENG X S. 2019. Economic policy uncertainty in China since 1949: the view from mainland newspapers [R]. Washington D C: Fourth Annual IMF-Atlanta Fed Research Workshop on China's Economy Atlanta (19): 1-37.

CHADWICK M G, 2019. Dependence of the "Fragile Five" and "Troubled Ten" emerging market financial systems on US monetary policy and monetary policy uncertainty [J]. Research in International Business and Finance (49): 251-268.

BIANCONI M, ESPOSITO F, SAMMON M, 2019. Trade policy uncertainty and stock returns [J]. Journal of International Money and Finance (119): 102492.

ALESSANDRIA G, CHOI H, 2019. Entry, trade, and exporting over the cycle [J]. Journal of Money, Credit and Banking (51): 83-126.

ALESSANDRIA G A, KHAN S Y, KHEDERLARIAN A, 2019. Taking stock of trade policy uncertainty: evidence from China's Pre-WTO accession [R]. Cambridge M A: The National Bureau of Economic Research.

ANDREASEN M M, FERNáNDEZ-VILLAVERDE J, RUBIO-RAMÍREZ J F, 2018. The pruned state-space system for non-linear DSGE models: theory and empirical applications [J]. The Review of Economic Studies, 85 (1): 1-49.

ANGELINI G, BACCHIOCCHI E, CAGGIANO G, et al., 2019. Uncertainty across volatility regimes [J]. Journal of Applied Econometrics, 34 (3): 437-455.

ANGELINI G, FANELLI L, 2019. Exogenous uncertainty and the identification of structural vector autoregressions with external instruments [J]. Journal of Applied Econometrics, 34 (6): 951-971.

ANTONAKAKIS N, GABAUER D, GUPTA R, 2019. Greek economic policy uncertainty: Does it matter for Europe? Evidence from a dynamic connectedness decomposition approach [J]. Physica A: Statistical Mechanics and its Applications (535): 122280.

FACCHINI G, LIU M Y, MAYDA A M, et al., 2019. China's "great migration": the impact of the reduction in trade policy uncertainty [J]. Journal of International Economics (120): 126-144.

FASOLO A M, 2019. Monetary policy volatility shocks in Brazil [J]. Economic Modelling (81): 348-360.

APOSTOLOU A, BEIRNE J, 2019. Volatility spillovers of unconventional monetary policy to emerging market economies [J]. Economic Modelling (79): 118-129.

KASTNER G, 2019. Dealing with stochastic volatility in time series using the R package stochvol [J]. Journal of Statistical Software, 69 (5): 1-30.

CALDARA D, IACOVIELLO M, MOLLIGO P, et al., 2020. The economic effects of trade policy uncertainty [J]. Journal of Monetary Economics (109): 38-59.

CHEN X, CHIANG T C, 2020. Empirical investigation of changes in policy uncertainty on stock returns-evidence from China's Market [J]. Research in International Business and Finance (53): 101183.

HE F, LUCEY B, WANG Z, 2020. Trade policy uncertainty and its impact on the stock market-evidence from China-US trade conflict [J]. Finance Research Letters (40): 101753.

HUANG Y, LUK P, 2020. Measuring economic policy uncertainty in China [J]. China Economic Review (59): 101367.

HUYNH T L D, NASIR M A, NGUYEN D K, 2020. Spillovers and connectedness in foreign exchange markets: the role of trade policy uncertainty [J]. The Quarterly Review of Economics and Finance, 87 (1): 191-199.

LIU Q, MA H, 2020. Trade policy uncertainty and innovation: firm level evidence from China's WTO accession [J]. Journal of International Economics (127): 103387.

LUDVIGSON S, MA S, NG S, 2020. Uncertainty and business cycles: exogenous impulse or endogenous response? [J]. American Economic Journal, 13 (4): 369-410.

MUMTAZ H, THEODORIDIS K, 2020. Dynamic effects of monetary policy shocks on macroeconomic volatility [J]. Journal of Monetary Economics (114): 262-282.

ILUT C, SAIJO H, 2021. Learning, confidence, and business cycles [J]. Journal of Monetary Economics (117): 354-376.

附录

附录 A　贝叶斯估计

由于在实证研究过程中通常只能使用相对较短的样本对 SVAR 模型中的参数进行估计，在很多时候参数估计结果的准确性很难得到保证。针对这一问题，一些研究者想要通过对 SVAR 模型中的待估参数进行先验性的假定，例如，将参数估计值先验性地限定在某些特殊范围可能有助于减少参数估计值的方差。贝叶斯估计方法提供了一个相对规范的统计分析框架，使用这种方法可以在参数估计时将研究者们对待估参数的先验假设和数据中体现的信息结合，最终得到理想的后验估计结果。在这里，本书将简要介绍贝叶斯估计的基本思想，接着引入一些贝叶斯估计中的基本概念，最后通过一个简单的算例来介绍贝叶斯估计的基本统计推断方法。

A.1　贝叶斯估计的基本思想

贝叶斯学派和频率学派在参数估计方面的根本性区别在于：频率学派认为决定数据产生过程的参数是确定的，研究者手中掌握的数据是随机的，如果想要从数据样本中估计出这些参数，可以进行尽可能多地重复抽样，在满足"大数定律"的情况下对待估参数进行统计推断；而贝叶斯学派认为，待估参数是随机的，而研究者手中掌握的数据是固定的，单纯的通过重复试验无法对待估参数进行准确估计，因此贝叶斯学派主张在对待估参数进行统计推断前，需要研究者主观提供一些关于待估参数的先验信息（这些先验信息的来源通常是历史资料、研究者经验和专业知识等），并在统计推断过程中将先验信息和数据中体现出来的样本信息进行结合，最终得到关于待估参数的后验分布信息。换句话说，贝叶斯估计的核心思想在于,研究者本身对于所要研究的现象存在一个认识,并在研究过程中通过样本中包含的相关信息对自身的主观认识进行修正,进而得出最终结论。

A.2 贝叶斯估计的相关概念

A.2.1 先验与后验的关系

如前文所述,贝叶斯学派认为手中的数据 $y = (y_1, \cdots, y_n)'$ 是非随机的,而待估参数 $\theta = (\theta_1, \cdots, \theta_k)'$ 是未知的,在进行统计推断之前,研究者应该提供一些关于待估参数的先验(prior)信息,该先验信息通常以概率分布的形式出现,在这里,本书将其记为 $p(\theta)$。例如,研究者可以假设待估参数 θ 服从正态分布,即 $p(\theta) \sim N(\theta_0, \Sigma_0)$。在设定好先验之后,研究者需要提取出数据中包含的相关信息,具体而言是基于所建立模型的似然函数求出给定参数 θ 的前提下,关于样本 y 的似然函数值 $f(y \mid \theta)$,进而将先验信息和数据中包含的信息进行结合,通过条件概率公式 $f(\theta, y) = f(y \mid \theta) p(\theta)$ 求得样本 y 与待估参数 θ 的联合概率密度 $f(\theta, y)$。此时,θ 的后验分布可由贝叶斯定理求得

$$p(\theta \mid y) = \frac{f(\theta, y)}{f(y)} = \frac{f(y \mid \theta) p(\theta)}{f(y)} \tag{A.1}$$

其中,$p(\theta \mid y)$ 为给定样本 y 时的后验(posterior)分布,通过上述计算过程,后验分布 $p(\theta \mid y)$ 已经融合了先验信息 $p(\theta)$ 和数据中包含的信息 $f(y \mid \theta)$,$f(y)$ 为不依赖于参数 θ 的边际似然值,是一个标量,对整个估计过程不产生实质性影响,因此式(A.1)中贝叶斯定理可写为

$$p(\theta \mid y) \propto f(y \mid \theta) p(\theta) \tag{A.2}$$

通常待估参数向量 θ 中包含的参数不止一个,因此在实际估计过程中,需要将根据似然函数求得所有参数的联合后验(joint posterior distribution)分布 $p(\theta_1, \theta_2, \cdots, \theta_k \mid y)$,然后对联合后验分布求多重积分,计算某个参数的边缘后验分布(marginal posterior distribution)$p(\theta_i \mid y)$,即

$$p(\theta_i \mid y) = \int \cdots \int_0^\infty p(\theta_1, \theta_2, \cdots, \theta_k \mid y) d\theta_1 \cdots d\theta_j, j \in [1, k] \& j \neq i$$

虽然上述方法在研究过程中可以帮助研究者求得每个参数的边缘后验分布,但是当模型中的待估参数较多时,上述计算过程会十分复杂,很难求得解析解。因此在实际研究过程中,更多的是将其他参数视为已知,根据似然函数求得其条件后验(conditional posterior)分布 $p(\theta_1 \mid \theta_2, \cdots, \theta_k, y)$,然后运

用吉布斯抽样（Gibbs sampling）法，将条件后验分布中的抽样结果作为边缘后验分布的近似。

A.2.2 吉布斯抽样

假设已知 k 个变量的联合分布为 $f(x_1, \cdots, x_k)$，此时可以通过吉布斯抽样得到所有变量 x_i 的边际分布 $f(x_i)$，$i = 1, \cdots, k$，吉布斯抽样的具体步骤如下：

（1）在初次抽样前，假设变量的条件概率分布 $f(x_i \mid x_j)$，$j \neq i$ 已知。并将变量 $x_1, \cdots, x_k$ 的初始值设为 $x_1^0, \cdots, x_k^0$，其中上标 0 表示变量 x_i 的初始值。

（2）在给定 $x_2, \cdots, x_k$ 取值的情况下，从 x_1 的条件概率分布 $f(x_1^1 \mid x_2^0, \cdots, x_k^0)$ 中对 x_1^1 进行抽样。

（3）在给定 $x_1, \cdots, x_k$ 取值的情况下，从 x_2 的条件概率分布 $f(x_2^1 \mid x_1^1, x_3^0, \cdots, x_k^0)$ 中对 x_2^1 进行抽样，并以此类推，直到对所有变量均完成一次抽样。

（4）在对所有变量完成一轮吉布斯抽样之后，继续依照上述顺序对每个变量进行重复抽样，直到完成指定轮次的抽样工作。

随着上述抽样伦次的增加，从条件概率分布中抽取的样本会逐步收敛到其边缘概率分布（Casella & George，1992），也就是说，只要对变量 $x_1, \cdots, x_k$ 进行了足够多轮次的吉布斯抽样，就可以从其联合概率分布 $f(x_1, \cdots, x_k)$ 中得到每个变量的边缘概率分布 $f(x_i)$。假设在进行 M 轮吉布斯抽样之后，各变量的条件概率分布已经收敛至边缘概率分布，此时可以开始对接下来的 N 轮抽样结果进行保存，并对保存的样本取算术平均，作为 x_i 的边缘概率分布。注意，此处是对 $M + N$ 轮抽样结果中的前 M 轮结果进行丢弃，对后 N 轮结果取算术平均值，而非总计抽样 M 轮，并从中挑选 N 轮的结果取算术平均值。

A. 3　运用贝叶斯方法估计 VAR 模型中的参数

考虑如下 SVAR 模型：

$$Y_t = c + \sum_1^p B_i Y_{t-i} + \mu_t, \mu_t \sim (0, \Omega) \qquad (A.3)$$

其中，Y_t 为一 $T \times K$ 维的时间序列变量所组成的矩阵，c 为常数项组成的矩阵，μ_t 为残差项，Ω 为 μ_t 的方差—协方差矩阵。令 $X_t = \{c_i, Y_{i,t-1}, Y_{i,t-2}, \cdots, Y_{i,t-p}\}_{i \in (1, K)}$，此时式（A.3）中的 VAR 模型可写为如下形式：

$$Y_t = X_t B + \mu_t \qquad (A.4)$$

VAR 模型中的每个方程具有相同的回归变量，因此可以将（A.4）写为

$$y = (I_N \otimes X) b + V \qquad (A.5)$$

其中，$y = vec(Y_t)$，$b = vec(B)$，$V = vec(\mu_t)$。假定上述 VAR 模型中系数先验服从一个正态分布 $N(\tilde{b}_0, H)$，$\tilde{b}_0$ 为 b 的先验均值而 H 为 b 的先验方差—协方差矩阵。此时，在给定残差项的方差—协方差矩阵 Ω 时，VAR 模型中系数向量 b 的条件后验 $p(b \mid \Omega, Y_t)$ 服从正态分布（Kadiyala & Karlsson，1997），即 $p(b \mid \Omega, Y_t) \sim N(M^*, V^*)$，并且有

$$M^* = (H^{-1} + \Omega^{-1} \otimes X_t' X_t)^{-1} (H^{-1} \tilde{b}_0 + \Omega^{-1} \otimes X_t' X_t \hat{b}_0) \qquad (A.6)$$

$$V^* = (H^{-1} + \Omega^{-1} \otimes X_t' X_t)^{-1} \qquad (A.7)$$

其中，$\hat{b}_0$ 为运用 OLS 估计方法估计出的系数向量，即 $\hat{b}_0 = vec[(X_t' X_t)^{-1} (X_t' Y_t)]$，从式（A.6）可以看出，$b$ 的条件后验分布是其先验分布和 OLS 估计结果 $\hat{b}_0$ 的加权平均，权重主要受到先验分布方差的倒数 H^{-1} 上，换句话说，如果研究者设置的方差先验越小，说明其对于先验的信心越强，先验对于后验结果的影响也就越大。假定估计残差 μ_t 的方差—协方差矩阵 Ω 先验服从一个逆威沙特分布（inverse Wishart distribution），即 $p(\Omega) \sim IW(\bar{S}, \alpha)$。此时，在给定 VAR 模型中系数向量 b 时，残差项的方差—协方差矩阵 Ω 的条件后验 $p(\Omega \mid b, Y_t)$ 同样服从该分布，即

$p(\Omega \mid b, Y_t) \sim \text{IW}(\bar{\Omega}, T + \alpha)$，并且有

$$\bar{\Omega} = \bar{S} + (Y_t - X_t B)'(Y_t - X_t B) \tag{A.8}$$

其中，$\bar{S}$ 为 Ω 的先验规模矩阵，α 为 Ω 的先验自由度，T 为样本容量。

在如上所述设置好先验之后，将方差—协方差矩阵 Ω 的初始值和系数 b 的初始值分别设为 Ω^0 和 b^0，并按照如下步骤进行吉布斯抽样：

（1）在 Ω^0 和 Y_t 给定的情况下从条件后验分布 $p(b \mid \Omega^0, Y_t)$ 中对 VAR 模型中的系数 b 进行抽样，并通过下式求得 b 的首次抽样结果 b^1：

$$b^1 = M^* + [b^0 \times (V^*)^{0.5}] \tag{A.9}$$

（2）在得到抽样结果 b^1 后，在给定 b^1 和样本 Y_t 的情况下，从后验分布 $p(\Omega \mid b^1, Y_t)$ 中进行抽样，得到 Ω 的首次抽样结果 Ω^1。

（3）在得到首轮抽样结果 b^1 和 Ω^1 后，更换初始值并不断重复进行前两步抽样过程。在进行 $M + N$ 轮次的吉布斯抽样后，舍弃前 M 轮的抽样结果，并将后 N 轮的抽样结果作为待估参数 b 和 Ω 的后验分布结果。

附录 B 结构向量自回归（SVAR）模型

在目前分析时间序列数据的相关实证研究中，SVAR 模型无疑是最受欢迎的分析工具之一，该模型已被广泛运用于宏观经济波动的研究领域。由于在实证研究过程中，通常将 SVAR 模型转化为 VAR 模型的形式进行参数估计，然后再施加相关约束进行冲击识别，本部分将首先介绍 VAR 模型和 SVAR 模型之间的关系，进而引出 SVAR 模型的识别问题，然后介绍与本书相关的冲击识别方法，最后对具有随机波动率的时变参数 VAR 模型进行简单介绍。

B.1 从向量自回归（VAR）到结构向量自回归（SVAR）

当利用时间序列数据进行实证研究时，可以将时间序列数据看作确定性成分和随机成分相加得到的结果，即

$$y_t = \mu_t + x_t \tag{B.1}$$

其中，y_t 为一 K 维的时间序列变量，μ_t 为确定性成分，x_t 为随机成分。为简化分析，通常将时间序列数据中的确定性成分假设为一常数，且随机成分

服从一个 p 阶的向量自回归（VAR）过程，即 $x_t = \sum_{i=1}^{p} A_i x_{t-i} + u_t$，$\mu_t = \mu_0$，其中，$u_t$ 为残差项且 $u_t \sim (0, \Sigma_u)$，Σ_u 为 u_t 的方差—协方差矩阵。此时可定义一个带有滞后算子 L 的多项式 $A(L) = I_K - \sum_{i=1}^{p} A_i L^i$，随机成分 x_t 的表达式变形为 $A(L) x_t = u_t$，将该表达式代入式（B.1）中，可得

$$y_t = \tau + \sum_{i=1}^{p} A_i y_{t-i} + u_t \qquad (B.2)$$

式（B.2）便是一个标准的 p 阶线性 VAR 模型，其中 τ 为一常数组成的向量且 $\tau = A(L) \mu_0$。虽然此时已经可以基于式（B.2）中的 VAR 模型进行时间序列分析，但是该 VAR 模型缺乏对各种变量间同期作用机制的刻画，这种分析方式仍然是停留在纯数理分析层面，并未对时间序列变量间包含的经济学原理进行探讨。因此，在进行经济学研究时需要构建如下所示的结构向量自回归（SVAR）模型进行实证分析：

$$B_0^{-1} y_t = c + \sum_{i=1}^{p} B_i y_{t-i} + e_t \qquad (B.3)$$

式（B.3）是一个标准的 p 阶线性 SVAR 模型，其中 y_t 为一 $K \times 1$ 维的时间序列变量，B_0 为一个可逆的 $K \times K$ 维的矩阵，该矩阵刻画了各经济变量间的同期影响，因此在相关研究中通常将 B_0 称为"同期效应矩阵"。e_t 为一个 K 维列向量，代表着该 SVAR 模型所刻画的经济系统中各变量所受到的结构性冲击，在实证研究中通常假设这些结构性冲击相互正交。将式（A.3）两侧同时左乘 B_0，则有

$$y_t = B_0 c + \sum_{i=1}^{p} B_0 B_i y_{t-i} + B_0 e_t \qquad (B.4)$$

此时，式（B.3）中的 SVAR 模型便被转化为了式（B.4）中具有 VAR 形式的计量经济学模型，对比式（B.2）与式（B.4）可以发现，$u_t = B_0 e_t$，即 VAR 模型估计结果中的残差项 u_t 是 SVAR 模型中结构性冲击 e_t 经过线性变换所得到的结果，而非结构性冲击 e_t 本身。

B.2 结构向量自回归（SVAR）的识别问题

由前文可知，VAR 模型估计结果中的残差项并不等同于 SVAR 模型中的结构冲击，而结构冲击也不能被直接观测，研究者无法准确分析结构冲击对整个经济系统的影响及其作用机制，即无法对 SVAR 模型中的结构冲

击进行识别。想要解决这个问题，最为直接的方法是估计出同期效应矩阵 B_0 中的所有元素，但是令人遗憾的是，在不人为施加约束条件的情况下，同期效应矩阵 B_0 中的全部元素无法被准确求出，这是因为 SVAR 模型自身仅能提供如下约束条件：

$$\Sigma_u = E(u_t u_t') = B_0 E(e_t e_t') B_0' = B_0 \Sigma_e B_0' \qquad (B.5)$$

其中，Σ_u 和 Σ_e 分别为残差项和结构冲击的方差—协方差矩阵，由于在包含 K 个变量的 SVAR 模型中，矩阵 Σ_u 中共计有 $K(K+1)/2$ 个元素，而 $B_0 \Sigma_e B_0'$ 中却有 $K(K+1)$ 个待估参数，如果想要识别 SVAR 模型中的结构冲击，就必须以经济学理论或经济生活中的基本事实为基础，对 SVAR 模型施加一些约束条件。

从 Σ_u 和 $B_0 \Sigma_e B_0'$ 中包含的元素数量来看，想要准确估计同期效应矩阵 B_0 中的每一个元素，就需要额外施加 $K(K+1)/2$ 个约束条件。在过去的研究进程中，一个被学界普遍接受的约束条件是同期效应矩阵 B_0 中主对角线上的所有元素均为 1，该约束条件意味着 SVAR 中某个变量所受到的结构冲击会使该变量当期的预测误差发生同样的变化。在施加了该约束的基础上，研究者还需要再施加 $K(K-1)/2$ 个约束条件才能够实现精确的"点识别"。在成功识别 SVAR 模型中的相关结构冲击之后，便可以在识别结果的基础上通过脉冲响应、预测误差方差分解和历史分解等方式分析结构冲击对整个经济系统的影响。

B.3 与本书相关的冲击识别方法

B.3.1 短期约束

短期约束是指针对结构冲击引起的同期效应所施加的约束条件。从前文可知，结构冲击的同期效应主要是受到式（B.4）中同期效应矩阵 B_0 中元素构成的影响，而包含 K 个变量的 p 阶 SVAR 模型需要在施加 $K(K-1)/2$ 个约束条件之后才能够进行点识别。因此，研究者可以通过假设同期效应矩阵中某些元素为零的方式来施加短期约束，而根据假设的不同又可以将短期约束分为递归约束和非递归约束。接下来，本书将通过两个例子分别介绍递归约束和非递归约束。

递归约束是指通过假设 B_0 为一下三角矩阵的方式来施加短期约束，在该假设下，同期效应矩阵 B_0 中主对角线右上方的元素全部为 0，由于 B_0 为一个 $K \times K$ 维的矩阵，这样就相当于对整个 SVAR 模型施加了 $K(K-1)/2$

个约束，为准确识别 B_0 中的元素创造了条件。在这里，本书将以 Kilian（2009）中的 SVAR 模型为例，简要介绍采用递归约束在结构冲击识别过程中的运用。为研究不同类型冲击对国际原油价格的影响，其构建了一个 $y_t = (\Delta prod_t, rea_t, rpo_t)'$ 的三变量 SVAR 模型：

$$B_0^{-1} y_t = \alpha + \sum_{i=1}^{24} B_i y_{t-i} + \varepsilon_t \qquad (B.6)$$

其中，$\Delta prod_t$ 为国际原油产量的月度变化率，rea_t 为实体经济活跃度指数，rpo_t 为原油实际价格。$\varepsilon_t = (\varepsilon_t^{OS}, \varepsilon_t^{AD}, \varepsilon_t^{OD})'$ 为结构冲击列向量，ε_t^{OS} 为原油供给冲击，ε_t^{AD} 为总需求冲击，ε_t^{OD} 为原油需求冲击。将式（B.6）中的 SVAR 模型转化为形如式（B.2）中的 SVAR 模型之后，可以估计出简化式残差 u_t 和 u_t 的方差—协方差矩阵 Σ_u，对 Σ_u 进行 Cholesky 分解可得 $\Sigma_u = PP'$，其中 P 为一下三角矩阵，同时令 $B_0 = P$，则简化式残差 u_t 和结构冲击 ε_t 之间的关系满足：

$$u_t = \begin{pmatrix} u_t^{\Delta prod} \\ u_t^{rea} \\ u_t^{rpo} \end{pmatrix} = \begin{bmatrix} a_{11} & 0 & 0 \\ a_{21} & a_{22} & 0 \\ a_{31} & a_{32} & a_{33} \end{bmatrix} \begin{pmatrix} \varepsilon_t^{OS} \\ \varepsilon_t^{AD} \\ \varepsilon_t^{OD} \end{pmatrix} = B_0 \varepsilon_t \qquad (B.7)$$

此时，同期效应矩阵 B_0 中的剩余未知元素可以通过计算得到，进而可以求出三个结构冲击的短期效应。

式（B.7）中同期效应矩阵各元素构成形式除了可以使研究者识别结构冲击的短期效应之外，还具有十分重要的经济学含义：只有原油供给冲击 ε_t^{OS} 可以对模型中的所有变量产生影响；总需求冲击 ε_t^{AD} 均可对实体经济活跃度指数 rea_t 和油实际价格 rpo_t 产生影响；原油需求冲击 ε_t^{OD} 仅能影响油实际价格 rpo_t。因此，在使用递归约束对 SVAR 模型进行冲击识别时，需要仔细斟酌模型中各变量的排序，以确保冲击识别结果具有经济学含义。

虽然在冲击识别过程中采用递归约束可以帮助研究者高效地识别 SVAR 模型中的结构冲击，但其背后所蕴含的经济学意义却无法运用到全部的实证分析中。因此部分学者在进行冲击识别时并未将同期效应矩阵设置为式（B.7）中的形式，而是基于经济学原理对同期效应矩阵中的元素进行设定。如 Keating（1992）在刻画一个四变量经济系统时施加了如下约束进行冲击识别：

$$B_0^{-1} u_t = \begin{bmatrix} 1 & 0 & 0 & 0 \\ a_1 & 1 & a_2 & a_3 \\ 0 & 0 & 1 & a_4 \\ a_5 & a_5 & a_6 & 1 \end{bmatrix} \begin{pmatrix} u_t^p \\ u_t^y \\ u_t^r \\ u_t^m \end{pmatrix} = \begin{pmatrix} \varepsilon_t^{AS} \\ \varepsilon_t^{IS} \\ \varepsilon_t^{MS} \\ \varepsilon_t^{MD} \end{pmatrix} = \varepsilon_t \qquad (B.8)$$

其中，u_t^p、u_t^y、u_t^r 和 u_t^m 分别代表通过 VAR 模型估计得到的价格、实际产出、利率和名义货币需求量的简化式残差。式（B.8）代表了如下经济学含义：首先，价格在该经济系统中被设置为一个前定变量，只有总供给冲击可以引起价格变动；其次，产出会受到该经济系统中所有变量的影响；再次，央行采取价格型货币政策条件货币供给量，且其单一货币政策目标是根据货币需求量来调节货币供给；最后，名义货币持有量为名义产出和利率的函数。

B.3.2 符号约束

从前面的介绍中可以看到，虽然研究者可以通过施加短期约束的方式对结构冲击实现精准的点识别，但是这种识别方式却在经济学含义方面存在一些争议。以式（B.7）中的 SVAR 模型为例，同期效应矩阵右上方的三个元素为零意味着原油需求冲击和总需求冲击无法对国际原油产量产生影响，换句话说，在原油产能已经饱和的情况下，式（B.7）才能够成立，这种假设条件无疑是十分严格的，因此也就限制了短期约束的适用范围。

与短期约束不同，符号约束并未直接对同期效应矩阵中的元素进行赋值，而是给该矩阵中的相关元素限定一个取值范围。还是以式 Kilian(2009) 中的三变量 SVAR 模型为例，可以对其施加如下符号约束进行冲击识别：

$$u_t = \begin{pmatrix} u_t^{\Delta prod} \\ u_t^{rea} \\ u_t^{rpo} \end{pmatrix} = \begin{bmatrix} + & + & + \\ + & + & - \\ - & + & + \end{bmatrix} \begin{pmatrix} \varepsilon_t^{OS} \\ \varepsilon_t^{AD} \\ \varepsilon_t^{OD} \end{pmatrix} = B_0\, \varepsilon_t \qquad (B.9)$$

其中，+ 代表对应位置上的元素符号严格为正，- 代表该元素符号严格为负。式（B.9）中施加的符号约束代表着如下经济学含义：总需求冲击和原油需求冲击会导致国际原油产量同向变动，而原油供给冲击会导致国际原油价格反向变动。和式（B.7）中的同期效应矩阵相比，式（B.9）中同期效应矩阵所代表的经济学含义更容易让人接受。

符号约束是在识别货币政策冲击的相关研究（Canova & De Nicolo, 2002; Uhlig, 2005）被率先使用，由于利用该方法进行冲击识别时施加的约束较弱，且前期经济学理论的研究成果可以为同期效应矩阵中元素的符号设置提供参考，该方法后续被广泛运用于其他冲击识别的文献中，如财政政策冲击（Pappa, 2009）、石油冲击（Lippi & Nobili, 2012）与技术冲击（Dedola & Neri, 2007）。

B.3.3 叙事法

叙事法由 Friedman 和 Schwartz（1963）在研究货币政策冲击时被首次使用，随后 Romer 和 Romer（1989）对该方法进行了扩展，并正式提出了基于叙事法进行货币政策冲击识别的一般做法。和前述三种冲击识别方法不同的是，叙事法并非完全基于数理分析手段进行冲击识别。研究者通常都是基于对过去一段时间内的相关资料进行梳理与总结，并基于这些基本事实对 SVAR 模型施加特定约束，以达到冲击识别的目的。

其在研究 1948—1987 年美国货币政策冲击时构建了如下单方程 VAR 模型：

$$\Delta y_t = c + \sum_{i=0}^{m} \gamma_i d_{t-i} + \sum_{i=1}^{p} \beta_i \Delta y_{t-i} + \varepsilon_t \quad (B.17)$$

其中，Δy_t 为工业产值增长率，d_t 为货币政策冲击的虚拟变量，若第 t 期该经济体受到了紧缩货币政策冲击则 $d_t = 1$，反之，则 $d_t = 0$。ε_t 为简化式残差，可以通过选择合适的滞后阶数 p 来消除 ε_t 的序列自相关性。实际上式（B.17）中的 VAR 模型可转化为一个双变量 SVAR 模型，当 $p = m = 1$ 且 $c = 0$ 时，该 SVAR 模型可描述为

$$d_t = \theta \Delta y_t + \beta_{11} d_{t-1} + \beta_{12} \Delta y_{t-1} + \varepsilon_{1t} \quad (B.18)$$

$$\Delta y_t = \gamma d_t + \beta_{21} d_{t-1} + \beta_{22} \Delta y_{t-1} + \varepsilon_{2t} \quad (B.19)$$

在研究过程中，假设 d_t 是严格外生且没有序列自相关性，这就意味着式（B.18）中 $\theta = \beta_{11} = \beta_{12} = 0$，此时上述 SVAR 模型可以写为如下形式：

$$d_t = \varepsilon_{1t} \quad (B.20)$$

$$\Delta y_t = \gamma d_t + \beta_{21} d_{t-1} + \beta_{22} \Delta y_{t-1} + \varepsilon_{2t} \quad (B.21)$$

此时，SVAR 模型的同期效应矩阵中仅存在三个待估参数，满足冲击识别条件。在构建货币政策冲击虚拟变量 d_t 时，其对美国货币政策相关历史发展过程进行了仔细梳理与分析，认为外生的美联储紧缩货币政策一共

有 6 次①，并将对应时间 d_t 的值设置为 1，其余时间 d_t 的值为 0。在 d_t 序列设置完成之后，便可基于式（B.20）与式（B.21）所构建的 SVAR 模型进行脉冲响应分析。除研究货币政策冲击外，叙事法还被广泛运用于研究财政政策冲击与石油冲击：如 Ramey 和 Shapiro（1998）在研究美国财政政策冲击时，将美国被动扩张军备时的财政支出变量 f_t 设为 1，其他时间 f_t 则为 0；Hamilton（2003）将石油供给冲击设置为一个服从两点分布的虚拟变量，当中东地区发生外源性政治事件的一段时期内，该虚拟变量取值为 −1，其他时间段内该变量为 0。

尽管上述识别方法避免了从理论角度对 SVAR 模型进行约束可能引起的相关争议，但是该方法依然具有两个相对明显的缺陷：一是货币政策冲击 d_t 是一个服从两点分布的虚拟变量，在进行脉冲响应分析时难以对紧缩的货币政策冲击进行精确的定量分析；二是货币政策冲击 d_t 中并未包含扩张型货币政策的信息。针对这些问题，Romer 和 Romer（2004）采用预期的联邦基金利率在联邦公开市场委员会（FOMC）会议前后的回归残差序列构建货币政策冲击序列 d_t，并通过控制其他相关变量来确保货币政策冲击是外生的。

B.3.4 具有随机波动率的时变参数 VAR 模型（TVP-SV-VAR）

考虑一个如下式所示的 SVAR 模型：

$$y_t = c(t) + \sum_{i=1}^{p} A_i(t) y_{t-i} + B_0(t) e_t \qquad (\text{B}.22)$$

该 SVAR 模型中的系数均依赖于 t，即模型中的系数会随着时间的改变而改变。估计残差 $\mu_t = B_0(t) e_t$，且 μ_t 为一个均值为零，但方差—协方差矩阵具有时变特点的列向量，即 $\mu_t \sim (0, \Sigma_\mu(t))$。估计残差 μ_t 和结构冲击 e_t 各自的方差—协方差矩阵满足 $\Sigma_\mu(t) = B_0(t) \Sigma_e(t) B_0'(t)$，其中 $\Sigma_e(t) = diag[\sigma_1^2(t), \cdots, \sigma_n^2(t)]$ 为结构冲击 e_t 的方差—协方差矩阵。为方便分析，假设同期效应矩阵 B_0 满足递归形式，即

$$B_0 = \begin{bmatrix} 1 & 0 & \cdots & 0 \\ b_{2,1,0}(t) & 1 & \cdots & 0 \\ \vdots & & \ddots & \vdots \\ b_{n,1,0}(t) & \cdots & b_{n,n-1,0}(t) & 1 \end{bmatrix} \qquad (\text{B}.23)$$

---

① 时间分别为：1947 年 10 月、1955 年 9 月、1968 年 12 月、1974 年 4 月、1978 年 8 月和 1979 年 10 月。

此时，将式（B. 22）中常数项与滞后项系数同时放入列向量 $\alpha(t)$ 中，即 $\alpha(t) = vec[c(t)，A_1(t)，\cdots，A_p(t)]$，并将同期效应矩阵 B_0 中未被约束的元素放入向量 $\beta(t)$ 中，即 $\beta(t) = [b_{2,1,0}(t)，b_{3,1,0}(t)，b_{3,2,0}(t)，\cdots，b_{n,1,0}(t)，\cdots，b_{n,n-1,0}(t)]'$，同时令 $\sigma(t)$ 为结构冲击 e_t 的标准差向量，即 $\sigma(t) = [\sigma_1(t)，\cdots，\sigma_n(t)]'$。

在进行时变参数 VAR 建模时，假设 $\alpha(t)$、$\beta(t)$ 和 $\sigma(t)$ 满足如下关系式：

$$\alpha(t) = \alpha(t-1) + \eta_t^\alpha \tag{B.24}$$

$$\beta(t) = \beta(t-1) + \eta_t^\beta \tag{B.25}$$

$$log\sigma(t) = log\sigma(t-1) + \eta_t^\sigma \tag{B.26}$$

其中，η_t^α、η_t^β 和 η_t^σ 均为白噪声。从模型假设可以看出，虽然上述 TVP-SV-VAR 模型中的系数在每一期中是随机变化的，但是系数的变化路径却是固定的。从式（B. 24）至式（B. 26）反映的参数运动关系式来看，$\alpha(t)$ 和 $\beta(t)$ 为一个随机游走过程，其变化分别取决于 η_t^α 和 η_t^β，对外生冲击的波动率 $\sigma(t)$ 而言，是其对数 $log\sigma(t)$ 具有随机游走的特点，而非其本身，正是因为存在如式（B. 26）中的设置，才使得前述 TVP-VAR 模型具有随机波动率的特征。在研究中，通常假定模型方程中的结构冲击和系数误差项相互独立，因而具有如下所示的方差—协方差矩阵：

$$Cov\begin{bmatrix} e_t \\ \eta_t^\alpha \\ \eta_t^\beta \\ \eta_t^\sigma \end{bmatrix} = \begin{bmatrix} \Sigma_e(t) & 0 & 0 & 0 \\ 0 & \Sigma_\alpha & 0 & 0 \\ 0 & 0 & \Sigma_\beta & 0 \\ 0 & 0 & 0 & \Sigma_\sigma \end{bmatrix} \tag{B.27}$$

其中，Σ_α、Σ_β 和 Σ_σ 分别代表 η_t^α、η_t^β 和 η_t^σ 的方差-协方差矩阵。对于上述 TVP-SV-VAR 模型可以采用极大似然估计或贝叶斯估计两种估计方式估计时变参数，似然函数的非线性特点和参数向量的维度较多，因此在实证研究过程中常采用贝叶斯估计的方式进行参数估计。

附录 C 中间品生产商最优决策方程

首先求解中间品生产商最优产品定价问题，当其他条件给定时，在位中间品生产商的最优定价问题可描述为

$$\max_{p_{H,t}(j),\, p^*_{H,t}(j)} p_{H,t}(j) y_{H,t}(j) + m_t(j) p^*_{H,t}(j) y^*_{H,t}(j) - w_t l_t(j) \quad (C.1)$$

同时受到生产技术约束和产品需求量约束：

$$y_{H,t}(j) + m_t(j) y^*_{H,t}(j) = e^{A_t \tilde{z}_t(j)} k_t(j)^\alpha l_t(j)^{1-\alpha} \quad (C.2)$$

$$y_{H,t}(j) = \left[\frac{P_{H,t}(j)}{P_{H,t}}\right]^{-\varepsilon_D} D_{H,t} \quad (C.3)$$

$$y^*_{H,t}(j) = (N_t)^{-\lambda\varepsilon_D} \left[\frac{P^*_{H,t}(j)}{P^*_{H,t}}\right]^{-\varepsilon_D} D^*_{H,t} \quad (C.4)$$

由于不存在价格粘性，在位中间品生产商的最优产品价格的一阶条件为

$$p_{H,t}(j) = e_t p^*_{H,t}(j) = \frac{\varepsilon_D}{\varepsilon_D - 1} \frac{w_t l_t(j)}{(1-\alpha)[y_{H,t}(j) + m_t(j) y^*_{H,t}(j)]} \quad (C.5)$$

即在满足"一价定律"的条件下，中间品生产商的商品在本国市场还是在外国市场进行销售没有差异，且产品价格应等于边际生产成本乘以常数加成率 $\frac{\varepsilon_D}{\varepsilon_D - 1}$。

将式（C.5）与式（C.3）、式（C.4）结合，可得

$$y_{H,t}(j) + m_t(j) y^*_{H,t}(j) = p_{H,t}^{-\varepsilon_D}(j) p_{H,t}^{\varepsilon_D} [D_{H,t} + m_t(j) (N_t)^{-\lambda\varepsilon_D} D^*_{H,t}] \quad (C.6)$$

其中，$p_{H,t} = \frac{P_{H,t}}{P_t}$，为以实物计价的本国中间品集 $D_{H,t}$ 的价格。

将式（C.2）和式（C.5）代入式（C.6），可得

$$e^{A_t \tilde{z}_t(j)} k_t(j)^\alpha l_t(j)^{1-\alpha} = \left\{ \frac{\varepsilon_D}{\varepsilon_D - 1} \frac{w_t l_t(j)}{(1-\alpha)[e^{A_t \tilde{z}_t(j)} k_t(j)^\alpha l_t(j)^{1-\alpha}]} \right\}^{-\varepsilon_D} \Psi_t[m_t(j)]$$

其中，$\Psi_t[m_t(j)]$ 表示由在位中间品生产商当地出口地位决定的市场份额，且 $\Psi_t[m_t(j)] = p_{H,t}^{\varepsilon_D} D_{H,t} + (p^*_{H,t} e_t)^{\varepsilon_D} m_t(j) (N^X_t)^{-\lambda\varepsilon_D} D^*_{H,t}$。

进而可得在位中间品生产商的劳动雇佣量为

$$l_t^{m_t(j)}(j) = k_t(j)^{1-\mu} e^{A_t z_t(j)(\varepsilon_D-1)\mu} \left(\frac{w_t}{\varphi}\right)^{-\mu\varepsilon_D} \Psi_t(m_t(j))^\mu \qquad (C.7)$$

其中，$\mu = \dfrac{1}{1-\alpha(\varepsilon_D-1)}$、$\varphi = \dfrac{\varepsilon_D-1}{\varepsilon_D}(1-\alpha)$。

接下来求解在位中间品生产商的最优投资量问题，此时在位中间品生产商的目标函数为

$$\max_{i_t(j)} L(k_{t+1}) = E_t \Lambda_{t|t+1} \{(1-\phi)[e^{A_{t+1}z_{t+1}(j)} k_{t+1}(j)^\alpha l_{t+1}(j)^{1-\alpha} + (1-\delta) p_{t+1}^k k_{t+1}(j) - w_{t+1} l_{t+1}(j)] + \phi p_{t+1}^k k_{t+1}(j)\} - p_t^k k_{t+1}(j)$$

同时受到资本积累方程约束：

$$k_{t+1}(j) = (1-\delta) k_t(j) + i_t(j)$$

求解上述最优化问题，则有

$$\frac{\partial L(k_{t+1})}{\partial i_t(j)} = \frac{\partial L(k_{t+1})}{\partial k_{t+1}(j)} = E_t \Lambda_{t|t+1} \{(1-\phi)[\alpha e^{A_{t+1}z_{t+1}(j)} k_{t+1}(j)^{\alpha-1} l_{t+1}(j)^{1-\alpha} + (1-\delta) p_{t+1}^k k_{t+1}(j)] + \phi p_{t+1}^k\} - p_t^k = 0$$

$$\frac{\partial L(k_{t+1})}{\partial l_{t+1}(j)} = E_t \Lambda_{t|t+1}(1-\phi)[(1-\alpha) e^{A_{t+1}z_{t+1}(j)} k_{t+1}(j)^\alpha l_{t+1}(j)^{-\alpha} - w_{t+1}] = 0$$

进而有

$$p_t^k - E_t \Lambda_{t|t+1} \phi p_{t+1}^k = E_t \Lambda_{t|t+1}(1-\phi)$$
$$[\alpha e^{A_{t+1}z_{t+1}(j)} k_{t+1}(j)^{1-\alpha} l_{t+1}(j)^{1-\alpha} + (1-\delta) p_{t+1}^k k_{t+1}(j)] \qquad (C.8)$$

$$E_t \Lambda_{t|t+1}(1-\phi) w_{t+1} = E_t \Lambda_{t|t+1}(1-\phi) \alpha e^{A_{t+1}z_{t+1}(j)} k_{t+1}(j)^{1-\alpha} l_{t+1}(j)^{1-\alpha}$$
$$(C.9)$$

将式（C.9）代入式（C.8）可得在位中间品厂商的最优投资量决定方程：

$$p_t^k = E_t \Lambda_{t|t+1}\left\{(1-\phi)\left[\frac{\alpha}{1-\alpha}\frac{l_{t+1}(j)}{k_{t+1}(j)} w_{t+1} + p_{t+1}^k(1-\delta)\right] + \phi p_{t+1}^k\right\}$$

$$(C.10)$$

由式（C.7）与式（C.10）可知，在位中间品生产商的劳动雇佣量 $l_t^{m_t(j)}$ 依赖于其当期出口地位 $m_t(j)$，中间品生产商的投资行为 $i_t(j)$ 主要取决于对 $t+1$ 期的预期，而 $t+1$ 期企业出口的沉没成本主要取决于第 t 期的出口状态，因此，均衡时中间品生产商的资本存量由于各企业上一期的出口地位不同而服从伯努利分布，即

$$K_{t+1} = \begin{cases} K_{t+1}^0, & m_t = 0 \\ K_{t+1}^1, & m_t = 1 \end{cases}$$

最后，求解中间品生产厂商出口决策问题，由正文可知，在中间品生产商的企业价值为

$$V_t(z_t(j), m_{t-1}(j), k_t(j)) = \prod_t^R(j) +$$
$$E_t \Lambda_{t|t+1} \{(1-\phi) V_{t+1}[z_{t+1}(j), m_t(j), k_{t+1}(j)] + \phi p_{t+1}^k k_{t+1}(j)\}$$

其中，

$$\prod_t^R(j) = p_{H,t}(j) y_{H,t}(j) + m_t(j) p_{H,t}^* y_{H,t}^*(j) e_t - w_t l_t(j) - p_t^k i_t(j) - m_t(j) S_t[m_{t-1}(j)]$$

此时在位中间品生产厂商的出口决策问题可被描述为

$$V_t(j) = \max\{V_t^1[z_t(j), m_{t-1}(j), k_t(j)], V_t^0[z_t(j), m_{t-1}(j), k_t(j)]\} \quad (C.11)$$

其中，$V_t^1[z_t(j), m_{t-1}(j), k_t(j)]$ 为在位中间品生产商在本期进入出口市场的企业价值，$V_t^0[z_t(j), m_{t-1}(j), k_t(j)]$ 为在位中间品生产商本期不进入出口市场的企业价值。若 $V_t^0(z_t(j), m_{t-1}(j), k_t(j)) < V_t^1[z_t(j), m_{t-1}(j), k_t(j)]$，则该在位中间品生产商本期会进入出口市场，反之，则不进入出口市场，当二者相等时，厂商出口行为不会影响其企业价值。

由企业价值表达式可知：

$$V_t^1(z_t(j), m_{t-1}(j), k_t(j)) = \frac{\varepsilon_D}{\varepsilon_D - 1} \frac{w_t l_t^1(j)}{(1-\alpha)} - w_t l_t^1(j) - p_t^k i_t^1(j) - S_t(m_{t-1}(j)) + E_t \Lambda_{t|t+1}[(1-\phi) V_{t+1}(z_{t+1}(j), 1, k_{t+1}^1(j)) + \phi p_{t+1}^k k_{t+1}^1(j)]$$

$$V_t^0(z_t(j), m_{t-1}(j), k_t(j)) = \frac{\varepsilon_D}{\varepsilon_D - 1} \frac{w_t l_t^0(j)}{(1-\alpha)} - w_t l_t^0(j) - p_t^k i_t^0(j) + E_t \Lambda_{t|t+1} \{(1-\phi) V_{t+1}[z_{t+1}(j), 0, k_{t+1}^0(j)] + \phi p_{t+1}^k k_{t+1}^0(j)\}$$

当 $V_t^0[z_t(j), m_{t-1}(j), k_t(j)] = V_t^1[z_t(j), m_{t-1}(j), k_t(j)]$ 时，有

$$\frac{\varepsilon_D w_t[l_t^1(j) - l_t^0(j)]}{(\varepsilon_D - 1)(1-\alpha)} - p_t^k[i_t^1(j) - i_t^0(j)] - S_t[m_{t-1}(j)] =$$
$$E_t \Lambda_{t|t+1} \left\{ \begin{array}{c} (1-\phi)[V_{t+1}(z_{t+1}(j), 1, k_{t+1}^1(j)) - V_{t+1}(z_{t+1}(j), 0, k_{t+1}^0(j))] \\ + \phi p_{t+1}^k[k_{t+1}^1(j) - k_{t+1}^0(j)] \end{array} \right\}$$

$$(C.12)$$

将式 (C.7) 代入式 (C.12)，并利用 $\sum_{t=0}^{+\infty} [i_t^1(j) - i_t^0(j)] = k_{t+1}^1(j) - k_{t+1}^0(j)$ ，可得对称均衡下在位中间品生产商的边际出口条件：

$$p_t^k(K_{t+1}^1 - K_{t+1}^0) + S_t(m_{t-1}) = \left[(K_{t-1}^{m_{t-1}})^{1-\mu} e^{A_t z_t(\varepsilon_D - 1)} \mu (1-\varphi) \left(\frac{w_t}{\varphi}\right)^{1-\mu \varepsilon_D} \right]$$
$$* [\Psi_t(1)^\mu - \Psi_t(0)^\mu] +$$
$$E_t \Lambda_{t|t+1} \left\{ \begin{array}{c} \phi p_{t+1}^k (K_{t+1}^1 - K_{t+1}^0) \\ + (1-\phi)[V_t(z_{t+1}, 1, K_{t+1}^1) - V_t(z_{t+1}, 0, K_{t+1}^0)] \end{array} \right\}$$

(C.13)

式 (C.13) 中，$\mu = \dfrac{1}{1 - \alpha(\varepsilon_D - 1)}$、$\varphi = \dfrac{\varepsilon_D - 1}{\varepsilon_D}(1-\alpha)$。等号左边为中间品生产商选择出口所需要额外支付的成本，即进入出口市场不仅需要支付出口沉没成本 $S_t(m_{t-1})$，还需要拥有更大规模的资本存量 $(K_{t+1}^1 - K_{t+1}^0)$；等式右边为中间品生产商进行出口以后所增加的企业价值，包括市场份额的增加 $[\Psi_t(1)^\mu - \Psi_t(0)^\mu]$ 和企业价值预期的提高 $E_t \Lambda_{t|t+1}(\bullet)$。当 $m_{t-1} = 1$ 时，利用式 (C.13) 可以求出一个针对出口商的边际技术阈值 z_t^1，若 $t-1$ 期出口的中间品生产商在第 t 期的生产技术水平 $z_t^1(j) \geq z_t^1$，则该厂商则会继续进行产品出口，否则，该厂商将会停止出口。当 $m_{t-1} = 0$ 时，利用式 (C.13) 可以求出一个针对非出口商的边际技术阈值 z_t^0，若 $t-1$ 期出口的中间品生产商在第 t 期的生产技术水平 $z_t^0(j) \geq z_t^0$，则该厂商则会进入出口市场，否则，该厂商将会继续仅在本国市场中销售商品。假设 $\Phi(\bullet)$ 为 $z_t(j)$ 的累积分布函数，由于 $z_t(j) \sim N(0, \sigma_z)$，因此，在 $t-1$ 期出口的中间品生产商在第 t 期有 $1 - \Phi(z_t^1)$ 的概率继续出口，或者说，所有在 $t-1$ 期出口的中间品生产商里，有 $1 - \Phi(z_t^1)$ 比例的中间品生产商会在第 t 期继续出口，剩余的中间品生产商则会在第 t 期退出出口市场；在 $t-1$ 期未出口的中间品生产商在第 t 期有 $1 - \Phi(z_t^0)$ 的概率会进入出口市场，或者说，所有在 $t-1$ 期未出口的中间品生产商里，有 $1 - \Phi(z_t^0)$ 比例的中间品生产商会在第 t 期进入出口市场，剩余的中间品生产商则会继续不出口。

假设第 t 期市场中的在位中间品生产商数量设为 N_t，且在位中间品厂商中出口商和非出口商的数量分别为 N_t^X 与 N_t^N，则 N_t、N_t^X、N_t^N 和 N_t^E 之间的关系满足：

$$N_t = (N_{t-1}^E + N_{t-1})(1 - \phi) \tag{C.14}$$

$$N_t^X = (1 - \phi)\{[1 - \Phi(z_t^1)] N_{t-1}^X + [1 - \Phi(z_t^0)][N_{t-1}^N + N_{t-1}^E]\} \tag{C.15}$$

$$N_t^N = (1 - \phi)\{\Phi(z_t^1) N_{t-1}^X + \Phi(z_t^0)[N_{t-1}^N + N_{t-1}^E]\} \tag{C.16}$$

附录 D　高阶近似与剪枝算法

在目前研究政策不确定性冲击的相关文献中，主流的 DSGE 建模方法是通过二阶矩冲击的形式引入不确定性冲击，由于利用一阶泰勒展开的扰动算法求得的政策函数中无法体现高阶效应，在分析时就需要在模型稳态附近进行高阶近似。为处理高阶近似后出现的爆炸路径问题，Kim 等（2008）提出了剪枝算法（pruning）并将其运用到二阶模拟中，随后 Andreasen 等（2018）将剪枝算法的思想扩展至高阶近似，并将其与 Schmitt 和 Uribe（2004）提出的扰动近似（perturbation approximations）相结合。

D.1　二阶近似剪枝算法

通常情况下，DSGE 模型的精确解可以由下列状态空间系统给出：

$$z_t = g(y_t, \sigma) \tag{D.1}$$

$$y_{t+1} = h(y_t, \sigma) + \sigma \eta \epsilon_{t+1} \tag{D.2}$$

其中，式（D.1）为观测方程，式（D.2）为状态方程，z_t 控制变量组成的列向量，y_t 为一个由 n_y 个状态变量组成的列向量，$\sigma \geq 0$ 为随机调节参数，ϵ_{t+1} 为 n_ϵ，η 为 $n_y \times n_\epsilon$ 维矩阵。对于状态变量 y_t 而言，其二阶近似 $y_t^{(2)}$ 可分解为一阶效应 y_t^f 和二阶效应 y_t^s，此时状态方程的二阶泰勒展开式为

$$y_{t+1}^{(2)} = h_y(y_t^f + y_t^s) + \frac{1}{2} H_{yy}[(y_t^f + y_t^s) \otimes (y_t^f + y_t^s)] + \frac{1}{2} h_{\sigma\sigma} \sigma^2 + \sigma \eta \epsilon_{t+1} \tag{D.3}$$

其中，h_y 为一个 $n_y \times n_y$ 维的矩阵，矩阵中的元素为 $h(y_t, \sigma)$ 对 y_t 的导数，H_{yy} 表示 $n_y \times n_y^2$ 维矩阵，包含 $h(y_t, \sigma)$ 对 (y_t, y_t) 的导数，$h_{\sigma\sigma}$ 为 $n_y \times 1$ 维矩阵，包含 $h(y_t, \sigma)$ 对 (σ, σ) 的导数。通过观察式（D.3）可以发现，

等式右侧包含了一阶效应项 $(h_y y_t^f + \sigma \eta \epsilon_{t+1})$、二阶效应项 $\left[h_y y_t^s + \frac{1}{2} H_{yy}(y_t^f \otimes y_t^f) + \frac{1}{2} h_{\sigma\sigma} \sigma^2\right]$、三阶效应项 $(y_t^s \otimes y_t^f)$ 和四阶效应项 $(y_t^s \otimes y_t^s)$。类似地，对式（D.1）进行二阶泰勒展开可得

$$z_t^{(2)} = g_y y_t^{(2)} + \frac{1}{2} G_{yy}(y_t^{(2)} \otimes y_t^{(2)}) + \frac{1}{2} g_{\sigma\sigma} \sigma^2 \quad (D.4)$$

其中，$z_t^{(2)}$ 为控制变量 z_t 的二阶近似，g_y 为一个 $n_y \times n_y$ 维的矩阵，矩阵中的元素为 $g(y_t, \sigma)$ 对 y_t 的导数，G_{yy} 表示 $n_y \times n_y^2$ 维矩阵，包含 $g(y_t, \sigma)$ 对 (y_t, y_t) 的导数，$g_{\sigma\sigma}$ 为 $n_y \times 1$ 维矩阵，包含 $g(y_t, \sigma)$ 对 (σ, σ) 的导数。

仔细观察式（D.3）和式（D.4）可知，如果直接对状态空间系统进行二阶展开并向前迭代，$(y_t^f + y_t^s) \otimes (y_t^f + y_t^s)$ 和 $y_t^{(2)} \otimes y_t^{(2)}$ 会不断产生更高阶的结构冲击效应，最终出现爆炸路径问题。如果想要避免这个问题，就必须对高阶项进行裁剪，具体而言，是在计算 $(y_t^f + y_t^s) \otimes (y_t^f + y_t^s)$ 和 $y_t^{(2)} \otimes y_t^{(2)}$ 时，仅输入 $y_t^{(2)}$ 的一阶效应，此时由结构冲击导致 z_t 变化的二阶效应 z_t^s 为

$$z_t^s = g_y y_t^s + \frac{1}{2} G_{yy}(y_t^f \otimes y_t^f) + \frac{1}{2} g_{\sigma\sigma} \sigma^2 \quad (D.5)$$

由式（D.4）可得结构冲击导致 z_t 变化的一阶效应 z_t^f 为

$$z_t^f = g_y y_t^f \quad (D.6)$$

此时在二阶近似后利用剪枝算法求得的结构冲击总效应为

$$\tilde{z}_t^{(2)} = g_y(y_t^f + y_t^s) + \frac{1}{2} G_{yy}(y_t^f \otimes y_t^f) + \frac{1}{2} g_{\sigma\sigma} \sigma^2 \quad (D.7)$$

D.2 三阶近似剪枝算法

和前文中的二阶展开类似，将状态变量 y_t 的三阶近似 $y_t^{(3)}$ 分解为一阶效应 y_t^f、二阶效应 y_t^s 和三阶效应 y_t^{rd}，并将状态空间系统中的状态方程在均衡解附近进行三阶泰勒展开可得

$$y_{t+1}^{(3)} = h_y(y_t^f + y_t^s + y_t^{rd}) + \frac{1}{2} H_{yy}\left[(y_t^f + y_t^s + y_t^{rd}) \otimes (y_t^f + y_t^s + y_t^{rd})\right] +$$
$$\frac{1}{2} h_{\sigma\sigma} \sigma^2 + \frac{1}{6} H_{yyy}\left[(y_t^f + y_t^s + y_t^{rd}) \otimes (y_t^f + y_t^s + y_t^{rd}) \otimes (y_t^f + y_t^s + y_t^{rd})\right] +$$
$$\frac{3}{6} h_{\sigma\sigma y} \sigma^2 (y_t^f + y_t^s + y_t^{rd}) + \frac{1}{6} h_{\sigma\sigma\sigma} \sigma^3 + \sigma \eta \epsilon_{t+1} \quad (D.8)$$

其中，H_{yyy} 表示 $n_y \times n_y^3$ 维矩阵，包含 $h(y_t, \sigma)$ 对 (y_t, y_t, y_t) 的导数，$h_{\sigma\sigma\sigma}$ 为 $n_y \times 1$ 维矩阵，矩阵中元素为 $h(y_t, \sigma)$ 对 (σ, σ, σ) 的导数，$h_{\sigma\sigma y}$ 为 $n_y \times n_y$ 维矩阵，矩阵中元素为 $h(y_t, \sigma)$ 对 (y_t, y_t, σ) 的导数，h_y、H_{yy} 与 $h_{\sigma\sigma}$ 的含义与前文二阶近似表达式中相同。类似地，对式（D.1）进行三阶泰勒展开可得

$$z_t^{(3)} = g_y y_t^{(3)} + \frac{1}{2} G_{yy}(y_t^{(3)} \otimes y_t^{(3)}) + \frac{1}{6} G_{yyy}(y_t^{(3)} \otimes y_t^{(3)} \otimes y_t^{(3)})$$
$$+ \frac{1}{2} g_{\sigma\sigma} \sigma^2 + \frac{3}{6} g_{\sigma\sigma y} \sigma^2 y_t^{(3)} + \frac{1}{6} g_{\sigma\sigma\sigma} \sigma^3 \qquad (D.9)$$

其中，G_{yyy} 表示 $n_y \times n_y^3$ 维矩阵，包含 $g(y_t, \sigma)$ 对 (y_t, y_t, y_t) 的导数，$g_{\sigma\sigma\sigma}$ 为 $n_y \times 1$ 维矩阵，矩阵中元素为 $g(y_t, \sigma)$ 对 (σ, σ, σ) 的导数，$g_{\sigma\sigma y}$ 为 $n_y \times n_y$ 维矩阵，矩阵中元素为 $g(y_t, \sigma)$ 对 (y_t, y_t, σ) 的导数，g_y、G_{yy} 与 $g_{\sigma\sigma}$ 的含义与前文二阶近似表达式中相同。为避免路径爆炸问题，需要对 $(y_t^f + y_t^s + y_t^{rd}) \otimes (y_t^f + y_t^s + y_t^{rd})$、$y_t^{(3)} \otimes y_t^{(3)}$、$(y_t^f + y_t^s + y_t^{rd}) \otimes (y_t^f + y_t^s + y_t^{rd}) \otimes (y_t^f + y_t^s + y_t^{rd})$ 和 $y_t^{(3)} \otimes y_t^{(3)} \otimes y_t^{(3)}$ 进行裁剪再进行迭代，此时由结构冲击导致 z_t 变化的三阶效应 z_t^{rd} 为

$$z_t^{rd} = g_y y_t^{rd} + \frac{1}{2} G_{yy}[2(y_t^f \otimes y_t^s)] + \frac{1}{6} G_{yyy}(y_t^f \otimes y_t^f \otimes y_t^f)$$
$$+ \frac{3}{6} g_{\sigma\sigma y} \sigma^2 y_t^f + \frac{1}{6} g_{\sigma\sigma\sigma} \sigma^3 \qquad (D.10)$$

结构冲击导致 z_t 变化的二阶效应 z_t^s 为

$$z_t^s = g_y y_t^s + \frac{1}{2} G_{yy}(y_t^f \otimes y_t^f) + \frac{1}{2} g_{\sigma\sigma} \sigma^2 \qquad (D.11)$$

结构冲击导致 z_t 变化的二阶效应 z_t^f 为

$$z_t^f = g_y y_t^f \qquad (D.12)$$

此时在二阶近似后利用剪枝算法求得的结构冲击总效应为

$$\tilde{z}_t^{(3)} = g_y(y_t^f + y_t^s + y_t^{rd}) + \frac{1}{2} G_{yy}[(y_t^f \otimes y_t^f) + 2(y_t^f \otimes y_t^s)] + \frac{1}{2} g_{\sigma\sigma} \sigma^2$$
$$+ \frac{1}{6} G_{yyy}(y_t^f \otimes y_t^f \otimes y_t^f) + \frac{3}{6} g_{\sigma\sigma y} \sigma^2 y_t^f + \frac{1}{6} g_{\sigma\sigma\sigma} \sigma^3 \qquad (D.13)$$